BONAVENTURE
DES PERIERS

NOUVELLES RECREATIONS
ET JOYEUX DEVIS

Paris. Imprimé par GUIRAUDET et JOUAUST, 338, rue S.-Honoré,
avec les caractères elzeviriens de P. JANNET.

ŒUVRES FRANÇOISES

DE BONAVENTURE

DES PERIERS

Revues sur les éditions originales
et annotées

PAR M. LOUIS LACOUR

———

TOME II

NOUVELLES RECREATIONS ET JOYEUX DEVIS

A PARIS
Chez P. Jannet, Libraire
—
MDCCCLVI

PRÉFACE.

L'introduction générale placée en tête du premier volume apprécie les *Nouvelles Récréations* aux points de vue de l'histoire et de la langue ; je ne donnerai donc ici qu'un essai bibliographique.

La présente édition est, à ma connoissance, la vingtième.

Comme la plupart de mes devanciers se sont copiés les uns les autres, et que j'ai pris la peine de remonter à la source, de les comparer entre eux, je crois mettre sous les yeux du lecteur un travail nouveau.

Je ne sais si j'ai fourni, dans le tableau suivant, la preuve suffisante de ce que je viens d'avancer; il a fallu un aussi grave motif pour me déterminer à relever des erreurs depuis long-temps oubliées, au risque de voir attribuer mon zèle plutôt à un esprit de dénigrement qu'à l'amour de la vérité.

Tableau comparatif et examen critique des éditions des NOUVELLES RÉCRÉATIONS ET JOYEUX DEVIS.

1. *Les Nouvelles Récréations*, etc.... Lyon, R. Granjon, 1558, petit in-4 de CVIII feuillets, tous cotés au recto.

Cette édition, que nous avons prise pour guide

et reproduite jusqu'au titre, est la meilleure de toutes ; les quelques fautes qu'on y rencontre, et que je me suis efforcé d'éviter, sont celles d'un copiste. Elle est imprimée en caractères dits de *civilité*, jadis appelés *lettres françoises*. Ces caractères furent employés pour la première fois en 1556, par Granjon, leur inventeur. *L'Alexandréide*, de Ph. Gautier, nos Récréations, et autres ouvrages, les firent connoître au public.

On a plusieurs fois dit que cette édition étoit intitulée : *Les nouvelles Récréations... contenans quatre-vingt-huit contes en prose.* C'est une erreur. Robert Granjon a donné quatre-vingt-dix Nouvelles de Des Périers et n'en a point annoncé moins ; on peut s'en assurer sur le titre que nous avons réimprimé.

L'exemplaire qui nous a servi appartient à la Bibliothèque impériale (Y² 609), après avoir passé par les mains de François Rasse des Neux, fameux chirurgien, contemporain de l'auteur.

2. *Les mêmes...* Lyon, Rouille, 1561, pet. in-4 de 240 pages et 4 feuillets de table.

Le privilége accordé à Granjon y est reproduit avec le transfert au nouvel imprimeur.

Cette édition, moins rare que la précédente, est cependant fort recherchée. Elle ne se trouve pas à la Bibliothèque impériale.

3. *Les mêmes...* Paris, pour Galliot du Pré, tenant sa boutique au premier pillier de la grande salle du Palais, 1564, in-16 de 258 feuillets.

Reproduction des éditions précédentes. — La table est incorrecte, les titres de plusieurs Nouvelles y manquent.

4. *Les mêmes...* Chez le même, 1565, même format.

5. *Les mêmes...* Chez le même, 1568, même format.

On a ajouté trente-deux Nouvelles, classées dans notre édition sous les rubriques XCIII-CXXIV.

6. *Les mêmes, reveues et augmentées oultre toutes les precedentes impressions...* Chez le même, en la grande salle du Palais, et en la rue Saint-Jacque, à l'enseigne de la *Galère d'Or* [sans date], même format.

Les Nouvelles dont j'ai fait dans mon édition une classe à part, parcequ'elles n'existoient pas dans l'édition de Granjon, se trouvent au complet ici. Elles commencent page 230, et sont intitulées : *Additions aux Nouvelles Récréations de Bon-Adventure Des Periers*; néanmoins, l'imprimeur a mis au premier rang de cette série la dernière Nouvelle de la première édition.

7. *Les mêmes...* Lyon, Benoît Rigaud, même format.

8. *Les mêmes...* Chez le même, 1571, même format.

9. *Les mêmes...* Paris, Nicolas Bonfons, 1572, même format.

Edition faite avec une négligence inouie. On en conserve deux exemplaires à la Bibliothèque impériale. L'un d'eux, le n° Y^2 612, contient les notes de la Monnoye, que l'on a mises au jour en 1735. M. Brunet (*Manuel du libraire*, art. Des Periers) nous apprend qu'il est possesseur d'un manuscrit de l'abbé de Saint-Léger, où celui-ci dit que les éditeurs de 1735 n'ont pas exactement reproduit ces notes et que quelques unes même ont été oubliées. L'abbé de Saint-Léger se trompe : il n'y a point eu de notes omises sciemment, mais plusieurs ont été tronquées : celles dont il a remarqué l'absence dans l'exemplaire qu'il conféroit avoient été remplacées par des cartons. Voyez plus bas nos observations sur l'édition de 1735.

10. *Les mêmes...* Paris, Cl. Bruneval, 1582 ou 1583, même format.

Les nouvelles LXXXI et suivantes jusqu'à la LXXXVIIIe inclusivement manquent. La XCe nouvelle est classée à la suite de huit autres, tirées en manière d'addition des *Cent nouvelles nouvelles*.

11. *Les mêmes...* Didier Millot, 1588, même format.

12. *Les joyeuses Adventures et nouvelles Recreations, contenans plusieurs Comptes et facecieux Devis...* à Paris, chez P. Mesnier, portier de la porte Saint-Victor, 1602, in-24.

Ce petit livre renferme cinquante-huit nouvelles, dont huit seulement appartiennent à Des Periers; ce sont : f° 5, la Ve; f° 11 v°, la IIe; f° 14 v°, la VIe; f° 28, la Xe; f° 32, la XIe; f° 46, la XCVe; f° 93 v°, la XCIVe; f° 99, la CXXIIIe. Le tout avec variantes.

13. *Les mêmes...* Rouen, Raphael du Petit-Val, 1606, in-12.

14. *Les mêmes...* Chez le même, 1608, même format.

J'ai trouvé cette indication dans les bibliographes, mais je n'ai pas vu le livre.

15. *Les mêmes...* Rouen, David du Petit-Val, 1615, in-12.

16. *Contes et nouvelles Recreations et joyeux Devis...* A Amsterdam, chez Jean-Frédéric Bernard, ou Cologne, Gaillard, 1711, 2 vol. in-12.

Cette édition est ornée d'un frontispice gravé, qu'on retrouve dans la suivante. Toutes deux contiennent le même nombre d'additions et d'omissions et presque les mêmes fautes.

17. *Les Contes, ou les nouvelles Récréations...* nouvelle édition, avec des notes par M. de la Monnoye... A Amsterdam, Z. Chatelain (Paris, Piget), 1735, 3 vol. in-12.

On y trouve les CXXIX nouvelles des éditions précédentes.

Nous savons déjà que plusieurs des notes de la Monnoye ont été tronquées ; ajoutons que l'éditeur anonyme (on a cru reconnaître Saint-Hyacinthe ou Prosper Marchand) en a glissé quelques unes de sa façon, qu'on auroit d'ailleurs bien reconnues sans le signe qui les précède.

Ici se présente une question de probité littéraire fort délicate. La Monnoye a-t-il eu recours ou non à l'édition princeps? J'affirme que non, malgré la phrase suivante de son libraire : « M. de la Monnoye avoit écrit ses notes sur les marges de son exemplaire, qui étoit de l'éd. de Paris, chez Nic. Bonfons, en 1572; *il avoit conféré cette édition très exactement avec la première*, qui est de 1558. » (T. 1, p. 5.)

La Monnoye, du reste, répète la même chose ; il ne me sera pas difficile de prouver la fausseté de ses allégations : trois ou quatre exemples, et des plus simples, me suffiront.

Au tome 1 de l'édition en question, p. 281, dernière ligne, se trouvent ces mots : « Elle a retourné son maître », qu'on annote de la sorte : « On lit *retrouvé* dans les autres éditions ; mais *retourné*, qui se lit dans celle de 1558, est la veritable leçon. » Notre texte, qui est la reproduction fidèle de celui que l'on prend ici à témoin, dément cette affirmation si précise. Voyez page 112.

Au commencement de certaine Nouvelle (t. 2, p. 264, ligne 12) on lit : « Il s'en alloit par les rues, tantost en magister, tantost en *cuilleur* de prunes. » — « Je lis *cuilleur*, dit La Monnoye, suivant l'orthographe de la première édition. » Or la première édition (f° LXXXV v°, ligne 26) dit *cueilleur*.

Jannette dit à Janicot (t. 3, p. 28, ligne 21) : « Je n'ay que faire de boire… Venras-tu ? » Notre commentateur répète encore en précisant bien : « C'est comme il y a dans l'édition de 1558, et c'est comme il faut lire. » Malheureusement, le texte allégué porte (f° XCII, v°, ligne 30): « Verras-tu ? »

Ces contradictions sont trop flagrantes pour qu'on puisse rien leur opposer ; j'en ai cité une autre dans une note de la page 196, et je pourrois en signaler bon nombre encore.

Je pourrois aussi relever trente fautes de texte

comme celle-ci : « Il hayssoit les femmes et les salades comme poison » (t. 3, p. 34, ligne 11). Or l'on parle d'un ivrogne et des mets qu'il abhorre ; il faut lire *pommes* au lieu de *femmes*. On verra ci-dessous que ce mot de *pommes* porte malheur à cette édition.

Dans l'avertissement que l'imprimeur adresse au lecteur au commencement des *Nouvelles Récréations* se trouve cette phrase : « De faire à nostre age offre de chose tant gentille, je l'ai estimé convenable, mesmement en ces jours tant *calamiteux* et troublés. » Ici l'avant-dernier mot, transformé en *calomnieux*, fait un incroyable non-sens.

Plus loin, dans une des dernières nouvelles, on lira : « Le prud'homme Avertin », au lieu du « preudhomme Aretin » ; ou plus joliment encore (nouvelle CXII) : « Il prenoit son passe-temps à leur jouer plusieurs tours, qui etoient (comme on dit en proverbe), *jeux de pommes*, c'est-à-dire jeux qui plaisent à ceux qui les font. » Or c'est *jeux de princes* qu'il faut lire. Adorables *jeux de pommes* !

De tout ceci que conclure ? Que La Monnoye, ce *lynx de la littérature*, comme l'appeloient ses contemporains[1], s'est vu contraint, l'on ne sait par quel concours de circonstances, à tromper plusieurs générations de lecteurs. Son éditeur, le voyant en si bon train, a augmenté le nombre des supercheries dont son ouvrage étoit déjà suffisam-

---

1. Préface de la table générale du Journal de Verdun, 1759, in-12, p. 63. Ce recueil contient un éloge de l'édition des contes de Des Periers dont nous parlons (p. 159 du numéro d'août 1735).

ment orné. Je me suis aperçu que plusieurs des notes de La Monnoye avoient été falsifiées et détournées de leur véritable sens. Voici la première qui me tombe sous les yeux.

Dans la nouvelle v, p. 31, ligne 20, se trouvent ces mots : « Les lits se font, les trois pucelles se couchent. » Comme il s'agit de demoiselles *aux talons courts*, La Monnoye écrivit sous le mot *pucelles* : « Ironie, comme *la belle* pour une laideron. Celui qui a pris soin de l'édition in-16 de Nicolas Bonfons, 1572, crut bien raffiner en mettant ici *les trois pucelles de Marolles*, proverbe dont je rapporterai l'origine d'autant plus volontiers qu'elle est connue de peu de personnes... » C'étoit clair. Que fait le réviseur? Voici son raisonnement : J'ai prévenu que je reproduisois l'édition de 1558; celle de 1572 doit l'avoir copiée : donc *les pucelles de Marolles* est la bonne version; conservons-la; le commencement de la note de La Monnoye nous gêne, supprimons-le. Et le tour est fait. (Conférez aux notes manuscrites le t. 1, p. 69, de l'édit. de 1735.)

Nous nous amenderons et nous conclurons en disant que, si la mort n'avoit pas ravi La Monnoye à ses importantes études, nous sommes persuadé qu'il n'auroit pas publié sans une révision complète l'édition que nous venons d'examiner. On sait, du reste, que dans le t. 4, p. 417, du *Menagiana*, il avoit promis de résumer ses opinions sur les récits du célèbre conteur.

Les plus curieux des exemplaires de cette édition sont ceux dont de pudiques cartons n'ont pas changé la physionomie tant soit peu libre. Il doit n'en exister qu'un petit nombre; quelques

PRÉFACE.

autres ont été plus ou moins maltraités. Ai-je besoin d'ajouter que ces suppressions n'ont atteint que des notes?

Il y a deux catégories de notes supprimées. Dans les unes se trouvoient des allusions grossières, comme celle-ci : « Chevauchez la », dit un passage de la nouvelle LX. Sur quoi la note : « Une remarque à faire sur *chevaucher*, c'est qu'on n'a guère commencé à donner une signification obscène à ce mot que sous François Ier. Marot, entre autres, en usa de la manière du monde la plus hardie dans l'Etrenne à madame de Bernai, où il lui dit :

> *Votre mari a fortune*
>   *Opportune :*
> *Si de jour ne veut marcher,*
> *Il aura beau chevaucher*
>   *Sur la brune.*

« On s'en est neanmoins servi encore long-temps depuis dans un sens honnête. Mais enfin l'obscénité a prévalu, et les officiers qui étoient en possession de faire des procès-verbaux de leurs *chevauchées* ont été, de notre temps, obligez de substituer à ce terme celui de *tournées*. Les anciens latins n'ont point été si modestes. *Equus*, dans Ovide, est pris pour le galant qui servoit de palefroi à la donzelle quand elle étoit un peu naine : *Parva vehatur equo*, dit-il sur la fin du 3e livre de l'*Art d'aimer*. Dans Petrone, *equus*, c'est le Ganymède. Certaines femmes, dans Juvénal, font l'office entre elles, réciproquement, de montures : *inque vices equitant*. Les latins modernes n'ont pas fait scrupule non plus d'employer *equi-*

tare au figuré. Le pape Pie II, dans le petit roman qu'il fit, étant jeune, des amours d'Euryale et de Lucrèce, dit qu'Euryale, ayant prêté son cheval au mari de sa belle, disoit en lui-même : *In meum equum ascendes, ego uxorem tuam equitabo.* Mais celui, à mon gré, qui a le mieux su placer ce mot, est le poète Jean Stigelius : *Per lunam monachus gradu*, etc. »

Au commencement de la nouvelle LXVI il est question d'un juge nommé *de Alta Domo*; ce nom amène une anecdote sous la plume de l'annotateur : « C'est celui dont on fait le conte, qu'un jour, vantant sa noblesse : « Il suffit qu'on sache, « disoit-il, que je suis sorti de Haut Manoir. — « Vous ! lui répondit un rieur, vous, sorti de Haut « Manoir ! Et comment cela pourroit-il être ? Vo- « tre mère étoit une Angloise de la maison de Ba- « con ! »

Cette note a subi le sort de la précédente.

D'autres ont rapport à des fonctionnaires publics, que jamais les gouvernements n'ont aimé voir tourner en ridicule. Dans la nouvelle LXVIII, sur ce passage : « Maistre Berthaud *comptoit vingt et onze* », existoit un commentaire que l'on fit supprimer, ainsi que d'autres conçus dans le même esprit : « Le maître des comptes Lopin faisoit bien pis. Jouant chez Faubert au piquet à écrire, et ayant à marquer cent dix sur une carte, il mit 100 pour faire cent, et ajouta 10 pour faire cent dix ; j'y estois present. »

Somme toute, le texte donné en 1735 est des plus fautifs, et les notes, annoncées comme de La Monnoye, ont été modifiées par un annotateur inepte, qui ne les a pas même su défendre contre les ciseaux de la censure.

18. *Les Contes ou les nouvelles Récréations, avec un choix des anciennes notes*, par P. L. Jacob, bibliophile... Paris, collection du *Panthéon littéraire*, le volume intitulé : *Les vieux Conteurs françois*.

Voyez notre note sur l'édition suivante, qui en est la reproduction intégrale.

19. *Les mêmes*... par le même. Paris, Gosselin, 1841, un vol. in-12.

Nous n'avons à remarquer sur cette édition que ce que l'éditeur en a dit lui-même : « C'est ce texte (*Amsterdam*, 1735, 3 vol. in-12) que nous avons suivi, car il avoit été collationné par La Monnoye sur les éditions originales. »

De tout ceci il résulte que notre édition aura, la première, l'avantage d'offrir des *Nouvelles Récréations et joyeux devis* un texte convenable.

Ajoutons que, pour la plus grande facilité de la lecture et des recherches, les mots tombés en désuétude ont trouvé asile dans le glossaire, augmenté d'une table alphabétique des noms de personnes et de lieux, qui se trouve au précédent volume.

---

*Aperçu des origines et imitations
des Nouvelles Récréations et joyeux devis.*

NOUVELLE II. ORIG. : Pogge, *Facetiarum liber*. Antverpiæ, 1487, in-8, facétie cclxxvii. — *Les Cent nouvelles nouvelles*, la xcix. — IMIT. : Bouchet, *Les serées*. Lyon, Rigaud, 1614, la xiv.
NOUVELLE VI. ORIG. : *Les Cent nouvelles nouvelles*, la lxxi.
NOUVELLE IX. ORIG. : Boccace, Nouv. 8 de la viii. journ. — *Les Cent nouvelles*, la iii. — *Libro della origine delli volgari proverbi di* Aloyse Cynthio degli Fabritii, della po-

derosa et inclyta citta di Venegia cittadino. Venegia, Bernardino, 1526, in-fol. Le xvi. — *Le piacevoli notti di Giovanfrancesco Straparola.* Venegia, per Comin da Trino, 1550, in-8, vi. nuit, conte 1er. — IMIT. : La Fontaine, *Contes*, le Faiseur d'oreilles et le Raccommodeur de moules.

NOUVELLE XI. ORIG. : Pogge, *Hist. de Florence*, p. 455. C'étoit un cardinal de Bordeaux qui avoit raconté ce conte au Pogge, et il le mettoit sur le compte d'un Bordelois.

NOUVELLE XII. ORIG. : Rabelais, *Gargantua*, ch. xxxiii.

NOUVELLE XIV. ORIG. : Cette nouvelle a pris naissance dans l'Inde. M. Ed. Lancereau en a fort savamment tracé l'histoire dans l'*Hitopadésa*, recueil d'apologues édité par M. P. Jannet, *Bibliothèque elzevirienne*, 1855, in-16, p. 239-240. — IMIT. : La Fontaine, *Fables*, liv. iii, f. 9.

NOUVELLE XVI. ORIG. : *Les Cent nouvelles nouvelles*, la xxxvii.

NOUVELLE XIX. ORIG. : Æneas Sylvius (Barthol. Piccolomini, postea Pius II, papa), *Commentarii in dict. et fact. Alphonsi regis.*

NOUVELLE XXI. ORIG. : Straparola, etc., *loc. cit.*, ix. nuit, conte iv.— IMIT. *Discours facétieux et très récréatifs.* Rouen, 1610, in-12, p. 16.

NOUVELLE XXIII. ORIG. : Ch. de Bourdigné, *la Légende dorée, ou Vie plaisante de maître Pierre Fai-feu.* Angers, 1532, pet. in-4, xxi. chap.

NOUVELLE XXVI. ORIG. : Æneas Sylvius, etc., *Epistolæ omnes.* Lovanii, Joh. de Vestphalia, 1483, in-fol. La cxi. —Johan. de Nevizanis, *Sylvæ nuptialis libri* v, etc. Lugduni, 1524, lib. II, n. 102.

NOUVELLE XXXVI. ORIG. : Thib. Auguilbert, *Mensa philosophica*, etc., traité iv. — IMIT. : Bouchet, *Serées*, etc., la xv.

NOUVELLE XXXIX. ORIG. : *Les Cent nouvelles nouvelles,* la lxxv.

NOUVELLE XL. ORIG. : Pogge, *Hist. du concile de Constance*, p. 439. Un berger s'accuse d'avoir dérobé quelques gouttes de lait et oublie de dire qu'il a détroussé les passants. — Voy. ci-dessous, p. 166, note.

NOUVELLE XLIV. ORIG. : *Les Cent nouvelles nouvelles,* la lxxv.

NOUVELLE LII. IMIT. : Bouchet, *Serées*, etc., la iii. — Tabourot, *les Bigarrures et touches du seigneur des Accords,* etc. Paris, 1614, 2 vol. in-12. Ch. vii.

NOUVELLE LIV. IMIT. : *Discours facétieux*, etc., p. 3.

NOUVELLE LVI. Imit. : H. Estienne, *Apologie pour Hérodote*, ch. xv[1].

NOUVELLE LX. Orig. : *Facetie, motti e burle di diversi signori, di* Lodovico Domenichi. Venegia, in-8. L. i. — *Les Cent nouvelles nouvelles*, la lxxxv.

NOUVELLE LXI. Imit. : *Apologie pour Hérodote*, ch. xvii.

NOUVELLE LXII. Imit. : La Fontaine, *Contes* : Les lunettes.

NOUVELLE LXX. Orig. : Pogge, *Facetiarum*, etc., la cclxviii.

NOUVELLE LXXIII. Orig. : *Les Cent nouvelles nouvelles*, la lxxxiii.

NOUVELLE LXXXII. Imit. : Bouchet, *Serées*, etc., la xiv.

NOUVELLE LXXXVIII. Orig. : Pogge, *Hist. de Florence*, p. 485.

NOUVELLE XC. Orig. : *Les Cent nouvelles nouvelles*, la xlvii. — Malespini, *Ducento novelle*, etc. Venetia, 1509, in-4. Part. ii, nouv. xvi. — *Les heures de récréations et après-dîners de Louis Guicchiardin*, etc., in-16, 1576; p. 28. — *L'Heptameron des nouvelles de la reine Marguerite*, la xxxvi.

NOUVELLE XCII. Imit. : *Apologie pour Hérodote*, ch. xxi.

NOUVELLE XCIII Imit. : *Apologie pour Hérodote*, ch. xv.

NOUVELLE XCIV. Orig. : Pogge, *Facetiarum*, etc., la lxxxvii. — *Les Cent nouvelles nouvelles*, la lxxix. — *Recueil des plaisantes nouvelles*. Anvers, Spelman, 1555. La lviii. — Imit. : Bouchet, *Serées*, etc., la x.

NOUVELLE XCV. Orig. : *Recueil des plaisantes nouvelles*, etc., la xiv.

NOUVELLE XCVI. Orig. : Erasmus, *Opera omnia, ex editione Clerici*. Lugd. Batav., Vander-Aa, 1703. In convivio fabulosa. — Imit. : *Apologie pour Hérodote*, ch. xv.

NOUVELLE XCVII. Orig. : *Recueil de divers discours*. Poitiers, 1556, in-4. P. 36.

NOUVELLE XCVIII. Orig. : *Recueil des plaisantes nouvelles*, etc., la lxviii.

NOUVELLE XCIX. Orig. : Oliverii Maillardi *Sermones dominicales*. Parisiis, 1511-1530, xxe sermon (dim. de l'Avent). — Imit. : *Apologie pour Hérodote*, ch. vi.

NOUVELLE C. Orig. : *Recueil de divers discours*, etc., p. 38.

---

1. Henri Estienne a-t-il *imité* ? C'est une question que nous examinons dans le premier volume.

NOUVELLE CI. IMIT. : *Apologie pour Hérodote*, ch. xxxix.
NOUVELLE CII. ORIG. : Du Fail, *Œuvres*, 1732, 3 vol. in-12 ; Propos rustiques, 6e et 14e chap.
NOUVELLE CIII. IMIT. : *Apologie pour Hérodote*, ch. xxxvi.
NOUVELLE CIV. IMIT. : *Apologie pour Hérodote*, ch. xv.
NOUVELLE CVI. IMIT. : *Apologie pour Hérodote*, ch. xvi.
NOUVELLE CVII. IMIT. : *Apologie pour Hérodote*, ch. xv.
NOUVELLE CVIII. IMIT. : *Apologie pour Hérodote*, ch. xvii.
NOUVELLE CIX. IMIT. : *Apologie pour Hérodote*, ch. xxxvi.
NOUVELLE CX. ORIG. : Domenichi, *Facetie*, etc., l. ii, p. 86, 87. — J. J. Pontanus, *Opera omnia soluta oratione composita*. Venetiis, Aldus, 1518 et 1519, 2 vol. in-8. *De sermone*, 2. — Chassaneus, *Catalogus gloriæ mundi*, part. xi, cons. 48.
NOUVELLE CXI. IMIT. : *Apologie pour Hérodote*, ch. xv.
NOUVELLE CXII. IMIT. : *Apologie pour Hérodote*, ch. xviii.
NOUVELLE CXIII. ORIG. : *Les Cent nouvelles nouvelles*, la lxiv. — IMIT. : *Apologie pour Hérodote*, ch. xv.
NOUVELLE CXIV. ORIG. : Boccace, Nouv. 5e, journ. iii.— IMIT. : *Apologie pour Hérodote*, ch. xv. — La Fontaine, *Contes*, le Magnifique.
NOUVELLE CXV. ORIG. : Henrici Bebelii *Facetiarum libri tres*. Tubingæ, 1542, in-8. L. ii, f. 136. — Domenichi, *Facetie*, etc., l. iii.
NOUVELLE CXVI. IMIT. : *Apologie pour Hérodote*, ch. xvi.
NOUVELLE CXVII. ORIG. : Du Fail, *Œuvres*, etc.; Propos rustiques, ch. iii, p. 28.— IMIT. : *Apologie pour Hérodote*, ch. xxxvii.
NOUVELLE CXVIII. IMIT. : *Apologie pour Hérodote*, ch. xv.
NOUVELLE CXIX. ORIG. : *Recueil des plaisantes nouvelles*, etc., p. 249.
NOUVELLE CXX. IMIT. : *Apologie pour Hérodote*, ch. xv.
NOUVELLE CXXI. IMIT. : *Apologie pour Hérodote*, ch. xviii.
NOUVELLE CXXII. ORIG. : Pogge, *Facetiarum*, etc., la cclix.
NOUVELLE CXXIII. ORIG. : *Les Cent nouvelles nouvelles*, la lxxxvi. — *Recueil des plaisantes nouvelles*, p. 198.
NOUVELLE CXXVII. ORIG. : Erasto, *Historia septem sapientium Romæ*, in-4 goth. [s. l. n. d.], fo 13 vo.
NOUVELLE CXXVIII. ORIG. : Parabosco, *Novelle*. Venetia, 1547, in-8. Journ. 1, nouv. 2. — IMIT. : La Fontaine, *Contes*, Le gascon puni.

TABLE DES MATIÈRES.

Préface. . . . . Page v

PREMIÈRE PARTIE. — *Reproduction de l'édition originale de 1558.*

Extrait du privilège. 2
L'imprimeur au lecteur. 3
Sonnet. 5
Première Nouvelle, en forme de preambule. 7
Nouvelle II. — Des troys folz Caillette, Triboulet et Polite. 14
Nouvelle III.—Du chantre bassecontre de Sainct-Hilaire de Poytiers, qui accompara les chanoines à leurs potages. 18
Nouvelle IV. — Du bassecontre de Reims, chantre, Picard et maistre ès ars. 22
Nouvelle V. — Des trois sœurs nouvelles espousées qui respondirent chacune un bon mot à leur mary la première nuict de leurs nopces. 25
Nouvelle VI. — Du mary de Picardie qui retira

sa femme de l'amour par une remonstrance
qu'il luy fit en la presence des parens d'elle. 33

Nouvelle VII. — Du Normand allant à Romme,
qui fit provision de latin pour porter au Sainct-
Père, et comme il s'en ayda. 38

Nouvelle VIII. — Du procureur qui fit venir une
jeune garse du village pour s'en servir, et de
son clerc qui la luy essaya. 42

Nouvelle IX. — De celuy qui acheva l'oreille de
l'enfant à la femme de son voisin. . . . 46

Nouvelle X. — De Fouquet, qui fit accroire au
procureur en Chastelet, son maistre, que le
bonhomme estoit sourd, et au bonhomme que
le procureur l'estoit, et comment le procureur
se vengea de Fouquet. 50

Nouvelle XI. — D'un docteur en decret qu'un
beuf blessa si fort qu'il ne sçavoit en quelle
jambe c'estoit. 54

Nouvelle XII. — Comparaison des alquemistes
à la bonne femme qui portoit une potée de lait
au marché. 57

Nouvelle XIII. — Du roy Salomon, qui fit la
pierre philosophale, et la cause pourquoy les
alquemistes ne viennent au dessus de leurs intentions. 58

Nouvelle XIV. — De l'advocat qui parloit latin
à sa chambrière, et du clerc qui estoit le truchement. 65

Nouvelle XV. — Du cardinal de Luxembourg et
de la bonne femme qui vouloit faire son filz
prebstre, qui n'avoit point de tesmoings, et

comment ledict cardinal se nomma Philippot. 71

Nouvelle XVI. — De l'enfant de Paris nouvellement marié, et de Beaufort, qui trouva moyen de jouir de sa femme nonobstant la songneuse garde de dame Pernette. 75

Nouvelle XVII. — De l'advocat en parlement qui fit abbattre sa barbe pour la pareille, et du disner qu'il donna à ses amys. . . . 84

Nouvelle XVIII. — De Gillet le menuzier : comment il se vengea du levrier qui luy venoit manger son disner. 88

Nouvelle XIX. — Du savetier Blondeau, qui ne fut oncq en sa vie melancholique que deux fois, et comment il y pourveut, et de son epitaphe. 91

Nouvelle XX. — De trois frères qui cuidèrent estre pendus pour leur latin. 94

Nouvelle XXI. — Du jeune filz qui fit valoir le beau latin que son curé lui avoit monstré. 95

Nouvelle XXII. — D'un prebstre qui ne disoit aultre mot que JESUS en son Evangile. . 99

Nouvelle XXIII. — De maistre Pierre Fai-feu, qui eut des bottes qui ne lui coustèrent rien, et des copieux de la Flèche en Anjou. . 102

Nouvelle XXIV. — De maistre Arnaud, qui emmena la haquenée d'un Italien en Lorraine, et la rendit au bout de neuf mois. . . . 108

Nouvelle XXV. — Du conseillier et de son pallefrenier, qui luy rendit sa mule vieille en guise d'une jeune 113

Nouvelle XXVI. — Des copieux de la Flèche en Anjou : comme ilz furent trompez par Piquet au moyen d'une lamproye. 115

Nouvelle XXVII. — De l'asne umbrageux qui avoit peur quand on ostoit le bonnet, et de Sainct-Chelaut et Croisé, qui chaussèrent les chausses l'un de l'aultre. 119

Nouvelle XXVIII. — Du prevost Coquillaire, malade des yeux, auquel les medecins faisoient accroire qu'il voyoit 125

Nouvelle XXIX. — Des finesses et actes memorables d'un regnard qui estoit au bailly de Maine-la-Juhés. 127

Nouvelle XXX. — De maistre Jehan du Pont-Alais : comment il la bailla bonne au barbier d'estuves, qui faisoit le brave. 133

Nouvelle XXXI. — De madame la Fourrière, qui logea le gentilhomme au large. . . 139

Nouvelle XXXII. — Du gentilhomme qui avoit couru la poste et du coq qui ne pouvoit chaucher. 142

Nouvelle XXXIII. — Du curé de Brou et des bons tours qu'il faisoit en son vivant. . 144

Nouvelle XXXIV. — Du mesme curé et de sa chambrière, et de sa laiscive qu'il lavoit, et comment il traicta son evesque, et ses chevaulx, et tout son train. 147

Nouvelle XXXV. — Du mesme curé et de la carpe qu'il achepta pour son disner. 152

Nouvelle XXXVI. — Du mesme curé qui excommunia tous ceux qui estoient dedans un trou. 154

Nouvelle XXXVII. — De Teiran, qui, estant sur sa mule, ne paroissoit point par dessus l'arçon de la selle. 156

Nouvelle XXXVIII. — Du docteur qui blasmoit les danses et de la dame qui les soustenoit, et des raisons alleguées d'une part et d'aultre. 158

Nouvelle XXXIX. — De l'Escossois et sa femme, qui estoit un peu trop habile au maniement. 161

Nouvelle XL. — Du prebstre et du masson qui se confessoit à luy. 164

Nouvelle XLI. — Du gentilhomme qui crioit la nuict après ses oiseaux et du chartier qui fouettoit ses chevaux. 167

Nouvelle XLII. — De la bonne femme vefve qui avoit une requeste à presenter et la bailla au conseiller lay pour la rapporter. 171

Nouvelle XLIII. — De la jeune fille qui ne vouloit point d'un mary pour ce qu'il avoit mangé le doz de sa première femme. 173

Nouvelle XLIV. — Du bastard d'un grand seigneur qui se laissoit pendre à credit et qui se faschoit qu'on le sauvast. 174

Nouvelle XLV. — Du sieur de Raschault, qui alloit tirer du vin, et comment le fausset lui eschappa dedans la pinte. 177

Nouvelle XLVI. — Du tailleur qui se desroboit

soy-mesmes, et du drap gris qu'il rendit à son compère le chaussetier. 181

Nouvelle XLVII. — De l'abbé de Saint-Ambroise et de ses moines, et d'autres rencontres dudict abbé. 184

Nouvelle XLVIII.—De celuy qui renvoya ledit abbé avec une responce de nez. . . . 188

Nouvelle XLIX. — De Chichouan, tabourineur, qui fit adjourner son beau-père pour se laisser mourir, et de la sentence qu'en donna le juge. 191

Nouvelle L. — Du Gascon qui donna à son père à choisir des œufs. 195

Nouvelle LI. — Du clerc des finances qui laissa cheoir deux detz de son escriptoire devant le roy. 196

Nouvelle LII. — De deux pointz pour faire taire une femme. 198

Nouvelle LIII. — La manière de devenir riche. 199

Nouvelle LIV. — D'une dame d'Orleans qui aymoit un escolier qui faisoit le petit chien à sa porte, et comment le grand chien chassa le petit. 200

Nouvelle LV. — De Vaudrey et des tours qu'il faisoit. 202

Nouvelle LVI. — Du gentilhomme qui coupa l'oreille à un coupeur de bourses. . . . 204

Nouvelle LVII. — De la damoiselle de Thoulouse qui ne souppoit plus, et de celuy qui faisoit la diette. 205

Nouvelle LVIII. — Du moyne qui respondoit tout par monosyllabes rymez. 207

Nouvelle LIX. — De l'escolier legiste et de l'apotiquaire qui luy apprint la medecine. . 208

Nouvelle LX. — De messire Jehan, qui monta sur le mareschal pensant monter sur sa femme 214

Nouvelle LXI. — De la sentence que donna le prevost de Bretaigne, lequel fit pendre Jehan Trubert et son filz. 217

Nouvelle LXII. — Du jeune garson qui se nomma Thoinette pour estre receu à une religion de nonnains, et comment il fit sauter les lunettes de l'abbesse qui le visitoit 220

Nouvelle LXIII. — Du regent qui combatit une harangère du Petit-Pont à belles injures. 223

Nouvelle LXIV. — De l'enfant de Paris qui fit le fol pour jouir de la jeune vefve, et comment elle, se voulant railler de luy, receut une plus grande honte. 228

Nouvelle LXV. — De l'escolier d'Avignon et de la vieille qui le print à partie 235

Nouvelle LXVI. — D'un juge d'Aigues-Mortes, d'un Pasquin et du concile de Latran. . 236

Nouvelle LXVII. — Des gensdarmes qui estoient chez la bonne femme de village. . . . 239

Nouvelle LXVIII. — De maistre Berthaud, à qui on fit accroire qu'il estoit mort. . . . 241

Nouvelle LXIX. — Du Poytevin qui enseigne le chemin aux passans. 244

Nouvelle LXX. — Du Poytevin et du sergent qui mit sa charette et ses beufs en la main du roy. 247

Nouvelle LXXI. — D'un aultre Poytevin, et de son filz Micha. 248

Nouvelle LXXII. — Du gentilhomme de Beausse et de son disner. 250

Nouvelle LXXIII. — Du prebstre qui mangea à desjeuner toute la pitance des religieux de Beau-Lieu. 252

Nouvelle LXXIV. — De Jehan Doingé, qui tourna son nom par le commandement de son père. 256

Nouvelle LXXV. — De Janin, nouvellement marié. 259

Nouvelle LXXVI. — Du legiste qui se voulut exercer à lire, et de la harangue qu'il fit à sa première lecture. 260

Nouvelle LXXVII. — Du bon yvrogne Janicot et de Jeannette sa femme. 262

Nouvelle LXXVIII. — D'un gentilhomme qui mit sa langue en la bouche d'une damoyselle en la baisant. 267

Nouvelle LXXIX. — Des coupeurs de bourses et du curé qui avoit vendu son blé. . . . 270

Nouvelle LXXX. — Des mesmes coupeurs de bourses et du prevost La Voulte 273

Nouvelle LXXXI. — D'eux-mesmes encores, et du coultelier à qui fut couppé la bourse. 276

Nouvelle LXXXII. — Du bandoulier Cambaire

et de la responce qu'il fit à la court de Parlement. 279

Nouvelle LXXXIII. — De l'honnesteté de monsieur Salzard. 281

Nouvelle LXXXIV. — De deux escolliers qui emportèrent les cizeaux du tailleur. . . 282

Nouvelle LXXXV. — Du cordelier qui tenoit l'eau auprès de soy à table et n'en beuvoit point. 284

Nouvelle LXXXVI. — D'une dame qui faisoit garder les coqs sans cognoissance de poulles. 285

Nouvelle LXXXVII. — De la pie et de ses piaux. 288

Nouvelle LXXXVIII. — Du singe d'un abbé, qu'un Italien entreprint de faire parler. . . . 289

Nouvelle LXXXIX. — Du singe qui beut la medecine. 294

Nouvelle XC. — De l'invention d'un mary pour se venger de sa femme. 296

Sonnet. 302

Deuxième partie. — *Les nouvelles Récréations et joyeux devis attribués à Bonaventure Des Periers dans les éditions postérieures à 1558.*

Nouvelle XCI. — De l'assignation donnée par messire Itace, curé de Baignolet, à une belle vendeuse de naveaux, et de ce qui en advint. 305

Nouvelle XCII. — Des moyens qu'un plaisantin

donna à son roy afin de recouvrer argent promptement. 309

Nouvelle XCIII. — D'un larron qui eut envie de desrober la vache de son voisin 311

Nouvelle XCIV. — D'un pauvre homme de village qui trouva son asne, qu'il avoit esgaré, par le moyen d'un clistaire qu'un medecin luy avoit baillé. 313

Nouvelle XCV. — D'un superstitieux medecin qui ne vouloit rire avec sa femme sinon quand il plouvoit, et de la bonne fortune de ladicte femme après son trespas 315

Nouvelle XCVI. — D'un bon compaignon hollandois qui fit courir après luy un cordouannier qui luy avoit chaussé des bottines. . 317

Nouvelle XCVII. — De l'escolier qui fueilleta tous ses livres pour sçavoir que signifioient *ramon, ramonner, hart, sur peine de la hart*, etc. 319

Nouvelle XCVIII. — De Triboulet, fol du roy Françoys premier, et de ses facetieux actes. 320

Nouvelle XCIX. — Des deux playdans qui furent plumez à propos par leurs advocats. . . 322

Nouvelle C. — Des joyeux propos que tenoit celuy qu'on menoit pendre au gibbet de Montfaulcon. 324

Nouvelle CI. — Du souhait que feit un certain conseiller du roy Françoys premier. . . 326

Nouvelle CII. — De l'escolier qui devint amoureux de son hostesse, et comment ilz finèrent leurs amours. 327

Nouvelle CIII. — Du curé qui se coleroit en sa chaire de ce que ses semblables ne faisoyent le debvoir comme luy de prescher leurs paroissiens. 332

Nouvelle CIV. — D'un tour de Villon joué dextrement par un Italien à un François estant à Venise. 333

Nouvelle CV. — Des facetieuses rencontres et façons de faire d'un Hybernois pour avoir sa vie en tous païs. 335

Nouvelle CVI. — Des moyens dont usa un medecin afin d'estre payé d'un abbé malade, lequel il avoit pansé. 341

Nouvelle CVII. — De l'apprenty larron qui fut pendu pour avoir trop parlé. 342

Nouvelle CVIII. — De celuy qui se laissa pendre sous ombre de devotion. 343

Nouvelle CIX. — D'un curé qui n'employa que l'autorité de son cheval pour confondre ceux qui nyent le purgatoire. 345

Nouvelle CX. — Du bastelleur qui gagea contre un duc de Ferrare qu'il y avoit plus grand nombre de medecins en sa ville que d'autres gens, et comment il fut payé de sa gageure. 347

Nouvelle CXI. — Des tourdions jouez par deux compaignons larrons qui depuis furent penduz et estranglez. 349

Nouvelle CXII. — D'un gentilhomme qui foueta deux cordeliers pour son plaisir. . . .   352

Nouvelle CXIII.—Du curé d'Onzain, près d'Amboyse, qui se feit chastrer à la persuasion de son hostesse.   354

Nouvelle CXIV. — D'une finesse dont usa une jeune femme d'Orleans pour attirer à sa cordelle un jeune escolier qui lui plaisoit. . . .   355

Nouvelle CXV. — La manière de faire taire et dancer les femmes lorsque leur avertin les prend.   357

Nouvelle CXVI.—De celluy qui s'ingera de servir de truchement aux ambassadeurs du roy d'Angleterre, et comment s'en acquitta, avec grande honte qu'il y receut.   359

Nouvelle CXVII. — Des menuz propos que tient un curé au feu roy de France Henry deuxiesme de ce nom.   360

Nouvelle CXVIII.—De celuy qui presta argent sur un gaige qui estoit à luy, et comment il en fut mocqué.   361

Nouvelle CXIX. — De la cautelle dont usa un jeune garson pour estranger plusieurs moynes qui logeoient en une hostellerie. . . .   363

Nouvelle CXX. — Du larron qui fut apperceu fouillant en la gibbecière du feu cardinal de Lorraine, et comment il eschappa. . .   365

Nouvelle CXXI. — Du moyen dont usa un gentilhomme italien afin de n'entrer au combat qui luy avoit esté assigné, et de la comparaison que fit un Picard des François aux Italiens. 367

Nouvelle CXXII.— De celuy qui paya son hoste en chansons 368

Nouvelle CXXIII. — Du procès meu entre une belle-mère et son gendre pour n'avoir depucelé sa fille le premier jour de ses nopces . . 370

Nouvelle CXXIV.— Comment un Escossois fut guary du mal de ventre au moyen que luy donna son hostesse. 372

Nouvelle CXXV.— Des epitaphes de l'Aretin, surnommé Divin, et de son amie Magdaleine. 374

Nouvelle CXXVI.— De la harengue qu'entreprint de faire un jeune homme en sa reception de conseiller, et comment il fut rembarré 377

Nouvelle CXXVII.— D'un chevalier aagé qui feit sortir les grillons de la teste de sa femme par une saignée, et laquelle auparavant il ne pouvoit tenir soubz bride qu'elle ne luy feist souvent des traitz trop gaillards et brusques. 381

Nouvelle CXXVIII.— De deux jouvenceaux sienois amoureux de deux damoyselles espagnolles, l'un desquelz se presenta au danger pour faire planchette à la jouissance de son amy, ce qui luy tourna à grand contentement et plaisir. 387

Nouvelle CXXIX.— D'une jeune fille surnommée *Peau-d'Asne*, et comment elle fut mariée par le moyen que luy donnèrent les petitz formiz 392

Diverses leçons. 395

FIN DE LA TABLE.

LES NOUVELLES
RECREATIONS
ET
JOYEUX DEVIS

DE FEU

BONAVENTURE DES PERIERS

Valet de chambre de la royne de Navarre.

Ex æquitate et prudentia honos.

PREMIÈRE PARTIE.

Reproduction de l'édition originale de 1558.

A LYON

De l'imprimerie de Robert Granjon

Mil Vᶜ LVIII

Avec privilége du roy.

EXTRAIT DU PRIVILÉGE DU ROY.

Il ha pleu au Roy, nostre sire, de donner privilége et permission à Robert Granjon d'imprimer ce present livre (intitulé : *Les Nouvelles Recreations*) de sa lettre françoise d'art de main ; et, pour remuneration de son invention, veult iceluy seigneur que nul autre (quel qu'il soit) en ce royaume n'ayt à tailler poinssons ne contrefaire ladite lettre françoise d'art de main, ne d'icelle vendre ne distribuer aucune impression, fors celle qui sera imprimée par ledict Granjon, sur certaines et grandes peines contenues aux lettres de privilége dudit Granjon. Et ce, pour le temps et terme de dix consequutifs, à compter du jour et date des presentes, quant à l'imitation desdits caractères d'art de main ; et quant à l'impression dudit livre, du jour et date qu'il sera achevé d'imprimer. Et outre ce, ledit seigneur, tant pour ceste œuvre que pour autres contenues et mentionnées en ses dites lettres, veult et entend que, par l'extraict et inscription qui sera faicte d'iceluy en chacun livre, les deffences et inibitions mentionnées audit privilége soyent tenues pour suffisamment signifiées à tous imprimeurs et autres qu'il appartiendra, comme plus à plain est contenu aux lettres patentes dudit seigneur données à Saint-Germain-en-Laye le xxvie jour de decembre, l'an de grace mil cinq cens cinquante sept. Ainsi signées :

Par le Roy,

Maistre JEHAN NICOT,
Maistre des requestes de l'hostel, *present.*

FIZES.

L'IMPRIMEUR AU LECTEUR

SALUT.

Le temps glouton, devorateur de l'humaine excellence, se rend souventes fois coustumier (tant nous est-il ennemy) de suffoquer la gloire naissante de plusieurs gentilz esprits, ou ensevelir d'une ingrate oubliance les œuvres exquises d'iceux; desquelles si la congnoissance nous estoit permise, ô Dieu tout bon, quel avancement aux bonnes lettres[1]. De ceste injeure les siècles anciens, et nos jours mesmes, nous rendent espreuve plus que suffisante. Et vous ose bien persuader (ami lecteur) que le semblable fust advenu de ce present volume, duquel demeurions privez sans la diligence de quelque vertueux personnage[2] qui n'ha voulu souffrir ce tort nous estre faict, et la memoire de feu Bonavanture des Periers, excellent poète[3], rester frustrée du loz

---

1. Voyez une amplification assez curieuse de cette idée dans un *Recueil de plusieurs pièces burlesques et divertissantes sur differens sujets*, publié à La Haye, chez Jean Strik, 1686, in-16.
2. Jacques Pelletier, sans doute.
3. Avant ce mot, dans toutes les éditions postérieures à celle de 1558, on lit *orateur*; c'est une superfluité.

qu'elle merite. Or, l'ayant arraché de l'avare main de ce faucheur importun, je le vous presente avec telle eloquence que chacun congnoist ses autres labeurs estre jouez [1]. D'une chose je m'asseure, que l'envieux pourra abbayer à l'encontre tant qu'il voudra; mais y mordre, non. Davantage, le front tetrique icy trouvera dequoy desrider sa severité et rire une bonne fois, tant gentille est la grace que nostre autheur ha à traicter ses faceties. Les personnes tristes et angoissées s'y pourront aussi heureusement recréer, et tuer aisement leurs ennuys. Quant à ceux qui sont exempts de regrès et s'y voudront esbatre, ilz sentiront croistre leur plaisir en telle force que le rude chagrin n'osera entreprendre sur leur felicité, se servans de ce discours comme d'un rampart contre toute sinistre [2] fascherie. De faire à nostre age offre de chose tant gentille, je l'ay estimé convenable, mesmement en ces jours tant calamiteux et troublez. Vostre office sera (debonnaire lecteur) de le recevoir d'une main affable [3], et nous sçavoir gré de nostre travail; lequel sentans bien receu, serons excitez à continuer en [4] si louable exercice, pour vous faire jouir de choses plus ardues et serieuses. Adieu. De Lyon, ce 25 de janvier 1558.

1. VAR., *doués.*
2. VAR., *inopinée.*
3. VAR., *courtoise.*
4. VAR., *un.*

SONNET[1].

Hommes pensifz, je ne vous donne à lire
Ces miens devis si vous ne contraignez
Le fier maintien de voz frons rechignez :
Icy n'y ha seulement que pour rire.

Laissez à part vostre chagrin, vostre ire
Et vos discours de trop loing desseignez.
Un autre fois vous serez enseignez.
Je me suis bien contrainct pour les escrire.

J'ay oublié mes tristes passions,
J'ay intermis mes occupations.
Donnons, donnons quelque lieu à folie,

Que maugré nous ne nous vienne saisir,
Et en un jour plein de melancholie
Meslons au moins une heure de plaisir.

1. Ce sonnet manque dans quelques éditions.

LES NOUVELLES
RECREATIONS
ET
JOYEUX DEVIS.

―――――

Première Nouvelle

en forme de preambule.

Je vous gardoys ces joyeux propos à quand la paix seroit faicte, affin que vous eussiez dequoy vous resjouir publiquement et privément et en toutes manières; mais, quand j'ay veu qu'il s'en falloit le manche, et qu'on ne sçavoit par où la prendre [1], j'ay mieux aymé m'avancer pour vous donner moyen de tromper le temps, meslant des

―――――

1. C'est-à-dire qu'au lieu d'une paix durable, sur laquelle on avoit compté, une trêve seulement fut conclue. Voy. plus bas, p. 9, note 1.

resjouissances parmy vos fascheries, en attendant qu'elle se face de par Dieu. Et puys je me suys avisé que c'estoit icy le vray temps de les vous donner, car c'est aux malades qu'il fault medecine ; et vous asseurez que je ne fais pas peu de chose pour vous en vous donnant dequoy vous resjouir, qui est la meilleure chose que puysse faire l'homme. Le plus gentil enseignement pour la vie, c'est *Bene vivere et lætari*. L'un vous baillera pour ung grand notable qu'il fault reprimer son courroux ; l'autre peu parler, l'autre croire conseil, l'autre estre sobre, l'autre faire des amis. Et bien ! tout cela est bon ; mais vous avez beau estudier, vous n'en trouverez point de tel qu'est : Bien vivre et se resjouir. Une trop grand patience vous consume ; ung taire vous tient gehenné ; ung conseil vous trompe ; une diéte vous desseiche ; ung amy[1] vous abandonne. Et pour cela vous faut-il desesperer ? Ne vault-il pas mieux se resjouir en attendant mieux que se fascher d'une chose qui n'est pas en nostre puissance[2] ? Voire mais, comment me resjouiray-je, si les occasions n'y sont ? direz-vous. Mon amy, accoustumez-vous y ; prenez le temps comme il vient ; laissez passer les plus chargez ; ne vous chagrinez point d'une chose irremediable : cela ne fait que donner mal sur mal. Croyez-moy, et vous vous en trouverez bien : car j'ay bien esprouvé que pour cent francs de melancolie n'acquitent pas pour cent solz de debtes. Mais laissons-là ces beaux enseignemens. Ventre d'ung petit poysson ! rions. Et

---

1. Var., *une amye*.
2. Var., *vostre puissance*.

dequoy? De la bouche, du nez, du menton, de la gorge, et de tous noz cinq sens de nature. Mais ce n'est rien qui ne rit du cuer; et, pour vous y aider, je vous donne ces plaisans Comptes; et puis nous vous en songerons bien d'assez serieux quand il sera temps [1]. Mais sçavez-vous quelz je les vous baille? Je vous prometz que je n'y songe ny mal ni malice; il n'y ha point de sens allegorique, mystique, fantastique. Vous n'aurez point de peine de demander comment s'entend cecy, comment s'entend cela; il n'y fault ny vocabulaire ne commentaire [2] : telz les voyez, telz les prenez. Ouvrez le livre : si ung compte ne vous plait, hay à l'aultre! Il y en ha de tous boys, de toutes tailles, de tous estocz, à tous pris et à toutes mesures, fors que pour plorer. Et ne me venez point demander quelle ordonnance j'ay tenue, car quel ordre fault-il garder quand il est question de rire? Qu'on ne me vienne non plus faire des difficultez : « Oh! ce ne fut pas cestuy-cy qui fit cela. Oh! cecy ne fut pas faict en ce cartier-là. Je l'avoys desjà ouy compter! Cela fut faict en nostre pays. » Riez seulement, et ne vous chaille si ce fut Gaultier ou

---

[1]. N'est-ce pas une allusion au *Cymbalum mundi*? Quant à moi, je n'hésite pas à le croire, d'autant plus que ce préambule paraît avoir été composé lors de la trêve conclue entre François Ier et Charles-Quint, l'année même ou parut la première édition de cet audacieux pamphlet (1537).

[2]. Aujourd'hui cette observation fait sourire; mais ce n'est point un motif pour étouffer l'auteur sous le fatras de notes mal digérées, sans raison d'être. Voulant laisser Des Périers se développer en toute liberté et n'entraver pas sa joyeuse marche, nous avons non seulement, comme nous l'avons dit dans l'Introduction, fait du glossaire un appendice, mais encore abrégé autant que possible le nombre des notes.

si ce fut Garguille [1]. Ne vous souciez point si ce fut à Tours en Berry, ou à Bourges en Tourayne [2] : vous vous tourmenteriez pour neant; car, comme les ans ne sont que pour payer les rentes, aussi les noms ne sont que pour faire debatre les hommes. Je les laisse aux faiseurs de contractz et aux intenteurs de procez. S'ils y prennent l'ung pour l'autre, à leur dam ; quant à moy, je ne suis point si scrupuleux. Et puis j'ay voulu faindre quelques noms tout exprès pour vous monstrer qu'il ne faut point plorer de tout cecy que je vous compte, car peult-estre qu'il n'est pas vray. Que me chaut-il, pourveu qu'il soit vray que vous y prenez plaisir ? Et puis je ne suis point allé chercher mes Comptes à Constantinople, à Florence, ny à Venise, ne si loing que cela : car, s'ilz sont telz que je les vous veulx donner, c'est-à-dire pour vous recréer, n'ay-je pas mieux faict d'en prendre les instrumens que nous avons à nostre porte, que non pas les aller emprunter si loing ? Et, comme disoit le bon compagnon quand la chambrière, qui estoit belle et galante, luy venoit faire les messages de sa maistresse : A quoy faire iray-je à Romme? les pardons sont par deçà [1]. Les nouvelles qui viennent de si loing-

---

1. Ce passage nous apprend que le comédien Hugues Guéru n'adopta qu'un nom populaire : Gautier Garguille étoit un type auquel il donna une vie nouvelle. Voy. sur ce farceur, dans la collection de M. Jannet : *Les Caquets de l'Accouchée*, p. 281, et les *Variétés historiques*, t. II, p. 350, ouvrages édités par E. Fournier.

2. Rabelais, avant Des Périers, avoit placé Londres en Cahors et Bordeaux en Brie (Harangue de Janotus de Bragmardo, *Gargantua*, ch. 19).

3. C'est une plaisanterie de huguenots; les catholiques di-

tain pays, avant qu'elles soient rendues sus le lieu, ou elles s'empirent [1] comme le saffran, ou s'encherissent comme les draps de soye, ou il s'en pert la moitié comme d'espiceries, ou se buffetent comme les vins, ou sont falsifiées comme les pierreries, ou sont adulterées comme tout. Brief, elles sont subgettes à mille inconveniens, sinon que vous me vueillez dire que les nouvelles ne sont pas comme les marchandises, et qu'on les donne pour le prix qu'elles coustent. Et vrayement je le veux bien; et pour cela j'ayme mieulx les prendre près, puis qu'il n'y ha rien à gaigner : Ha! ha! c'est trop argüé! Riez si vous voulez, autrement vous me faites un mauvais tour. Lisez hardiment, dames et damoyselles, il n'y ha rien qui ne soit honneste; mais, si d'aventure il y en ha quelques-unes d'entre vous qui soyent trop tendrettes et qui ayent peur de tomber en quelques passages trop gaillars, je leur conseille qu'elles se les facent eschansonner par leurs frères ou par leurs cousins, affin qu'elles mangent peu de ce qui est trop appetissant : Mon frère, marquez moy ceulx qui ne sont pas bons, et y faictes une croix [2]. —Mon cousin, cestuy-cy est-il bon?—Ouy.—Et cestuy-cy?—Ouy. Ah! mes fillettes, ne vous y fiez pas; ilz vous tromperont, ilz vous feront lire ung

---

soient dans le même sens, et un peu plus irrévérencieusement: « Par le sang Dieu! les pardons sont à Rome, vous en aurez! » (Noel du Faïl, *Propos rustiques*, éd. 1732, p. 105.)

1. Var., *elles souspirent*.
2. Si le frère faisoit bien, il rendroit le livre intact : « Quoi! rien de défendu ? » Et celui-ci de répondre, comme Piron : « J'aurois fait du livre un cimetière! » C'étoit le cas de rappeer cet excellent *mot*.

Quid pro quod[1] ! Voulez-vous me croyre? Lisez tout; lisez, lisez! Vous faictes bien les estroictes. Ne les lisez donc pas. A ceste heure verra l'on si vous faictes bien ce qu'on vous defend[2]. O quantes dames auront bien l'eau à la bouche quand elles orront les bons tours que leurs compagnes auront faictz, et qu'elles diront bien qu'il n'y en ha pas à demy ! Mais je suis content que devant les gens elles facent semblant de couldre ou de filler, pourveu qu'en destournant les yeux elles ouvrent les oreilles, et qu'elles se reservent à rire quand elles seront à part elles. Eh! mon Dieu, que vous en comptez de bonnes quand il n'y ha qu'entre vous femmes, ou qu'entre vous fillettes! Grand dommage! Ne faut-il pas rire ? Je vous dy que je ne croy point ce qu'on dict de Socrate, qu'il fust ainsi sans passions. Il n'y ha ne Platon, ne Xenophon, qui le me fist accroyre. Et quand bien il seroit vray, pensez-vous que je loue ceste grande severité, rusticité, tetricité, gravité ? Je loueroys beaucoup plus celuy de nostre temps qui ha esté si plaisant en sa vie que, par une antonoma-

---

1. Quiproquo.
2. Sous ce rapport, il y auroit certainement un choix à faire dans les contes de Des Périers ; mais ne seroit-ce pas désigner à la lecture de certaines gens ceux qui seroient laissés de côté, et tomber dans le défaut de Gueudeville, traducteur de Plaute ? Il dit dans sa préface : « Plaute n'est-il pas aussi censurable pour les obscenités ? On ne peut guère, ce me semble, l'excuser sur ce point là ? » Et savez-vous ce qu'il fait, le grave personnage ? A la fin de son Xe volume, il donne, sous une rubrique spéciale : « *Les obscenitez qui se trouvent dans les comedies de Plaute exactement marquées, et que le lecteur pourra passer s'il lui plait.* » (*Les Comedies de Plaute, nouvellement traduites en style libre, naturel et naïf...* Leide, P. Vander Aa, 1719, in-12, t. X, p. 164.)

sie ¹, on l'ha appellé le Plaisantin² : chose qui luy estoit si naturelle et si propre qu'à l'heure mesme de la mort, combien que tous ceulx qui y estoyent le regretassent, si ne purent-ilz jamais se fascher, tant il mourut plaisamment. On luy avoit mis son lict au long du feu, sus le plastre du foyer, pour estre plus chaudement ; et, quand on luy de-demandoit : Or ça, mon amy, où vous tient-il ? il respondoit tout foiblement, n'ayant plus que le cuer et la langue : Il me tient, dist-il, entre le banc et le feu, qui estoit à dire qu'il se portoit mal de toute la personne. Quand ce fut à luy bailler l'extrême onction, il avoit retiré ses piedz à cartier tous en ung monceau, et le prestre disoit : Je ne sçay où sont ses piedz.— Et regardez, dit-il, au bout de mes jambes, vous les trouverez !— Et, mon amy, ne vous amusez point à railler, luy disoit-on ; recommandez-vous à Dieu. — Et qui y va ? dist-il.— Mon amy, vous irez aujourd'huy, si Dieu plaist. — Je voudrois bien estre asseuré, disoit-il, d'y pouvoir estre demain pour tout le jour. — Recommandez-vous à luy, et vous y serez en-huy.— Et bien ! disoit-il, mais que j'y sois, je feray mes recommandations moy-mesmes. Que voulez-vous de plus naïf que cela ? quelle plus

---

1. On dit aujourd'hui *antonomase*. Voyez un autre exemple de cette expression à la fin de la nouvelle XXXVI.
2. Ce Plaisantin ne sauroit être Rabelais, comme on l'a pensé : il vivoit encore à l'époque où ces contes furent composés. Ne seroit-ce pas Triboulet, ce bouffon sur lequel Des Périers revient si complaisamment à tant de reprises, et dont la mort arriva vers 1537, puisque son épitaphe se trouve dans les poésies latines de J. Voulté, publiées pour la première fois en 1538 ? Nous le trouvons justement appelé *Plaisantin* dans la seconde nouvelle de notre seconde partie.

grande felicité ? Certes, d'autant plus grande qu'elle est octroyée à si peu d'hommes.

Nouvelle II.

Des troys folz, Caillette, Triboulet et Polite[1].

Les pages avoyent attaché l'oreille à Caillette avec un clou contre un posteau, et le povre Caillette demouroit là et ne disoit mot, car il n'avoit point d'autre apprehension, sinon qu'il pensoit estre confiné là pour toute sa vie. Il passe un des seigneurs de court qui le voit ainsi en conseil avec ce pillier, qui le fait incontinent desgager de là, s'enquerant bien expressement qui avoit faict cela, et qui l'ha mis là. Que voulez-vous ? un sot l'ha mis là, un sot là l'ha mis[2]. Quand on disoit : Ce ont

---

1. Polite étoit le bouffon de l'abbé de Bourgueil. Triboulet, d'abord fou en titre d'office du roi Louis XII, passa au service du roi François Ier, où il eut Caillette pour confrère et successeur. On trouvera Triboulet maintes fois en action dans ces contes ; peut-être plusieurs où il n'est pas nommé ont-ils été inspirés par ses extravagances.

« *Triboulet fut un fol de la tête écorné,*
Aussi sage à trente ans que le jour qu'il fut né ;
Petit front et grands yeux, nez grand, taillé à vote,
Estomach plat et long, haut dos à porter hote,
Chacun contrefaisoit, chanta, dansa, prêcha,
Et de tout si plaisant qu'onc homme ne facha. »
(Jean Marot, *Description du Voyage de Venise*, Lyon, F. Juste, 1537, in-16, fol. 110.)

2. Jeu de mots sur les notes de musique *sol*, *la*, *mi*, etc.,

esté les pages? Caillette respondoit bien en son idiotisme : Ouy, ouy, ce ont esté les pages. — Sçauras-tu congnoistre lequel ce ha esté? — Ouy, ouy, disoit Caillette, je sçay bien qui ç'ha esté. L'escuyer, par commandement du seigneur, fait venir tous ses gens de bien de pages en la presence de ce sage homme Caillette, leur demandant à tous l'un après l'autre : Venez çà, ha-ce esté vous? Et mon page de le nier, hardy comme un saint Pierre. Nenny, Monsieur, ce n'ha pas esté moy. — Et vous? — Ny moy. — Et vous? — Ny moy aussi. Mais allez faire dire ouy à un page quand il y va du fouet! Caillette estoit là devant qui disoit en caillettois : Ce n'ha pas esté moy aussi. Et, voyant qu'ilz disoient tous nenny, quand on luy demandoit: Ha-ce point esté cestuy-cy? — Nenny, disoit Caillette. — Et cestuy-cy? — Nenny. Et, à mesure qu'ilz respondoyent nenny, l'escuyer les faisoit passer à costé, tant qu'il n'en resta plus qu'un, lequel n'avoit garde de dire ouy, après tant d'honnestes jeunes gens qui avoient tous dict nenny ; mais il dict comme les autres : Nenny, Monsieur, je n'y estois pas. Caillette estoit tousjours là, pensant qu'on le deust aussi interroger si ç'avoit esté luy : car il ne luy souvenoit plus qu'on parlast de son oreille. De

---

bien souvent imité depuis. Nous lisons dans Bachaumont : « 18 *septembre* 1764. Mlle du Miré, de l'Opéra, plus célèbre courtisane que bonne danseuse, vient d'enterrer son amant. Les philosophes de Paris, qui rient de tout, lui ont fait l'épitaphe suivante, qu'on suppose gravée en musique sur son tombeau: *Mi, ré, la, mi, la.* »

(*Mémoires secrets*, etc., tom. II, p. 104.)

sorte que, quand il veit qu'il n'y avoit que luy, il s'en va dire : Je n'y estois pas aussi. Et s'en va remettre avec les pages, pour se faire coudre l'aultre oreille au pilier qui se trouveroit.

A l'entrée de Rouen, je ne dis pas que Rouen entrast, mais l'entrée se faisoit à Rouen, Triboulet fut envoyé devant pour dire : Voy les cy venir, qui estoit le plus fier du monde d'estre monté sur un beau cheval caparassonné de ses couleurs, tenant sa marotte des bonnes festes. Il picquoit, il couroit, il n'alloit que trop; il avoit un maistre avec luy pour le gouverner. Et, povre maistre ! tu n'avoys pas besogne faicte : il y avoit belle matière pour le faire devenir Triboulet luy-mesmes. Ce maistre luy disoit : Vous n'arresterez pas, vilain ? Si je vous prens... Arresterez-vous ?... Triboulet, qui craignoit les coups (car quelquefois son maistre luy en donnoit), vouloit arrester son cheval; mais le cheval se sentoit de ce qu'il portoit, car Triboulet le picquoit à grands coups d'esperons, il luy haussoit la bride, il la luy secouoit. Et le cheval d'aller. Meschant, vous n'arresterez pas ? disoit son maistre.— Par le sang Dieu, disoit Triboulet (car il juroit comme un homme), ce meschant cheval, je le pique tant que je puis, encores ne veut-il pas demeurer ! Que diriez-vous là, sinon que nature ha envie de s'ebatre quand elle se met à faire ces belles pièces d'hommes; lesquelz seroient heureux, mais ilz sont trop ignoramment plaisans et ne sçavent pas congnoistre qu'ilz sont heureux, qui est le plus grand malheur du monde. Il y avoit un autre fol nommé Polite, qui estoit à un abbé de Bourgueil. Un jour, un matin, un soir, je ne sçaurois dire l'heure [1], monsieur l'abbé avoit une belle garse toute vive couchée auprès de luy, et Polite le vint trouver au lict et mit le bras entre les linceux par les piedz du lit, là où il trouve premierement un pied de creature humaine; il va demander à l'abbé : — Moyne, à qui est ce pied ? — Il est à moy, dit l'abbé. — Et cestuy-ci ? — Il est encore à moy. Et ainsi qu'il prenoit ces piedz, il les mettoit à part et les tenoit d'une main, et de l'autre main il en print encore un, en demandant : — Et cestuy-cy, à qui est-il ? — A moy, ce dict l'abbé. — Ouay, di Polyte; et cestui-cy ? — Va, va, tu n'es qu'un fol, dict l'abbé, il est aussy à moy. — A tous les diables soit le moine ! dict Polite, il ha quatre piedz comme un cheval. Et bien pour cela, encores n'est-il fol que de bonne sorte. Mais Triboulet et Caillette estoyent folz à vingt et cinq quarraz, dont les vingt et quatre font le tout [2]. Or ça les folz ont fait l'entrée, mais quelz folz ! Moy tout le premier, à vous en compter, et vous le second, à m'escouter, et cestuy là le troiziesme, et l'autre le quatriesme. Oh ! qu'il y en ha ! Jamais ce ne seroit faict. Laissons-les icy et allons chercher les sages; esclairez près, je n'y voy goutte.

---

1. C'est évidemment ce passage que Verville désigne dans son *Moyen de parvenir*: « *Or un jour, une nuit, un soir, un matin, c'est le commencement d'un conte.* » (Chapitre 26.)

2. Extrêmement fou. C'est ainsi que Rabelais définit la folie la plus avancée. (*Pantagruel*, l. 3.)

Nouvelle III.

Du chantre bassecontre de Saint-Hilaire de Poytiers, qui accompara les chanoines à leurs potages.

En l'eglise Sainct-Hilaire de Poitiers y eut jadis un chantre qui servoit de bassecontre, lequel, parce qu'il estoit bon compaignon et qu'il beuvoit bien (ainsi que volentiers font telles gens), estoit bien venu entre les chanoines, qui l'appeloyent bien souvent à disner et à soupper, et, pour la familiarité qu'ilz luy faisoient, luy sembloit qu'il n'y avoit celuy d'eux qui ne desirast son avancement; qui estoit cause que souvent il disoit à l'un et puis à l'autre :

Monsieur, vous sçavez combien de temps il y ha que je sers en l'eglise de ceans ; il seroit desormais temps que je fusse pourveu : je vous prie le vouloir remonstrer en chapitre. Je ne demande pas grand chose : vous autres, Messieurs, avez tant de moyens, je me contenterai de l'un des moindres. Sa requeste estoit bien prise et escoutée, et chascun d'eux en particulier luy faisoit bonne response, disant que c'estoit chose raisonnable. Et quand chapitre n'auroit la commodité de te recompenser (luy disoyent-ils), je t'en bailleray plustost du mien. Somme, à toutes les entrées et issues de chapitre, où il se trouvoit tousjours pour se ramentevoir à messieurs, ilz luy disoient à une voix : Atten encores un petit, chapitre ne t'oubliera pas, tu auras le premier qui vacquera. Mais quand ce venoit au fait, il y avoit tousjours quelque excuse : ou que le benefice estoit trop gros, et pourtant l'un de messieurs l'avoit eu ; ou qu'il estoit trop petit et qu'on ne luy voudroit faire present de si peu de chose ; ou qu'ilz avoient esté contraintz de le bailler à l'un des neveuz de leur frère [1], mais qu'il n'y auroit faute qu'il n'eust le premier vacquant. Et de ces belles parolles ilz entretenoient ce bassecontre tant que le temps se passoit, et servoit tousjours sans rien avoir. Et cependant il faisoit tousjours quelque present selon sa petite faculté à messieurs tel et tel, de ceux qu'il congnoissoit avoir plus grande voix en chapitre, comme fruitz nouveaux, poulletz, pigeonneaux, perdriaus, selon la saison, que le povre chantre acheptoit au marché vieux, où à la regretterie, leur faisant à croire qu'ilz ne luy coustoyent rien. Et tousjours ilz prenoient. A la fin, le bassecontre, voyant qu'il n'en estoit jamais meilleur, ains qu'il y perdoit son temps, son argent et sa peine, se delibera de ne s'y attendre plus ; mais il se proposa de leur montrer quelle opinion il avoit d'eux, et pour ce faire, il trouva fasson de mectre cinq ou six escuz ensemble, et tandis qu'il les amassoit (car il y falloit du temps), il commença à tenir plus grand compte de messieurs qu'il n'avoit de coustume et à user de plus grande discretion. Quand il veit son jour à point, il s'en vint aux principaux d'en-

---

1. Ainsi disoit-on *à la cour, où tout se voit en beau*, pour désigner ceux que d'autres appeloient moins civilement leurs bâtards.

tr'eux, et les pria l'un après l'autre qu'ilz luy voulussent faire cest honneur de disner le dimanche prochain en sa maison, leur disant qu'en neuf ou dix ans qu'il y avoit qu'il estoit à leur service, il ne pouvoit faire moins que leur donner une fois à disner, et qu'il les traiteroit, non pas comme il leur appartenoit, mais au moins mal qu'il luy seroit possible ; tousjours usant de telles parolles de respect. Ilz luy promirent ; mais ilz ne furent pas si mal songneux, quand ce vint le jour assigné, qu'ilz ne fissent faire leur cuisine ordinaire chascun chez soy, de peur d'estre mal disnez chez ce bassecontre, se fians plus en sa voix qu'en sa cuisine. A l'heure du disner, chascun envoye son ordinaire chez le chantre, lequel disoit aux varletz qui l'apportoyent : — Comment, mon amy ? Monsieur vostre maistre me fait-il ce tort ? Ha-il[1] si grand peur d'estre mal traitté ? Il ne devoit rien envoyer. Et cependant il prenoit tout, et, à mesure qu'ilz venoyent, il mettoit tous les potages ensemble en une grande marmite qu'il avoit expressement apprestée en un coing de cuisine. Voicy messieurs venuz pour disner, qui s'assirent tous selon leurs indignitez. Le chantre leur presente de belle entrée de table les pota-

---

1. Le *t* se prononçoit toujours, quoiqu'on ne l'écrivît pas. C'est ce que nous apprend Jacques Peletier en 1550: « Souvent nous prononçons des lettres qui ne s'escrivent pas, comme quand nous disons : dîne-ti ? ira-ti ? et escrivons dine-il ? ira-il ? et seroit chose ridicule si nous les escrivions selon qu'ils se prononcent. » (PELETIER, *De l'orthographe*, liv. I, p. 57.)

Bèze (1584, *De fr. linguæ recta pronunt.*, p. 36) confirme l'observation de Peletier. Antérieurement, ce *t* caractéristique s'écrivoit toujours adhérent au verbe : *vat-il ? aimet-il ?* comme on dit au pluriel vont-ils ? aiment-ils ?

ges de ceste marmite, et Dieu sçait de quelle grace ilz estoyent : car l'un avoit envoyé un chappon aux porreaux, l'aultre au safran ; l'aultre avoit la pièce de beuf poudrée aux naveaux, l'aultre un poullet aux herbes, l'aultre bouilly, l'aultre rosty. Quand ilz virent ce beau service, ilz n'eurent pas le courage d'en manger ; mais ilz attendoyent chascun que leur potage vinst, sans prendre garde qu'ilz les heussent devant eux. Mon chantre, qui alloit et venoit, faisant bien l'empesché à les servir, regardoit tousjours leur contenance de table. Estant le service un peu long, ils ne se peurent tenir de luy dire : — Oste-nous ces potages, bassecontre, et nous apporte les nostres. — Ce sont bien les vostres (dict-il). — Les nostres ! non sont pas. — Si sont bien, dit-il ; à l'un, voylà voz naveaux ; à l'autre, voilà voz choux ; à l'autre, voilà vos porreaux. Lors ilz commencèrent à recongnoistre chacun leurs souppes et à s'entreregarder. — Vrayement ! dirent-ilz, nous en avons d'une ? Est-ce ainsi que tu traictes tes chanoines, bassecontre ? — Le diable y ayt part ! je disois bien que ce fol nous tromperoit, disoit l'un ; j'avois le meilleur potage que je mangeay de cest an. — Et moy, disoit l'autre, j'avois tant bien faict accoustrer à disner ! je me doubtois bien qu'il le valloit mieulx manger chez moy. Quand le bassecontre les eut bien escoutez : — Messieurs (dit-il), si voz potages estoyent tous si bons, comment seroyent-ilz empirez en si peu de temps ? Je les ay faict tenir auprès du feu, bien couvertz ; il me semble que je ne pouvois mieulx faire. — Voire mais, dirent-ilz, qui t'ha appris à les mettre ainsi tous ensemble ? Sçavois-tu pas bien qu'ilz ne vaudroyent rien en la sorte ? — Et doncq, dit-il, ce qui est bon à part n'est pas bon assemblé ? Vrayement (dit-il) je vous en croy, et ne fust-ce que vous autres, messieurs : car, quand vous estes chascun à part soy, il n'est rien meilleur que vous estes ; vous promettez monts et vaulx, vous faictes tout le monde riche de voz belles parolles ; mais quand vous estes ensemble en vostre chapitre, vous ressemblez à voz potages. Alors ilz entendirent bien ce qu'il vouloit dire. — A ha ! dirent-ilz, c'estoit donc là que tu nous attendois ! Vrayement, tu as raison, va ! Mais ce pendant, ne disnerons-nous point ? — Si ferez, si ferez (dist-il), mieulx qu'il ne vous appartient. Et leur apporta ce qu'il leur avoit faict accoustrer, dont ilz mangèrent très bien, et s'en allèrent contens ; et conclurent ensemble dès l'heure qu'il seroit pourveu, ce qu'ilz firent. Ainsi son invention de souppes luy valut plus que toutes ses requestes et importunitez du temps passé.

Nouvelle IV.

Du bassecontre de Reims, chantre, Picard et maistre ès ars.

Un chantre de nostre dame de Reins en Champagne avoit singulierement bonne voix de bassecontre, mais c'estoit l'homme du monde le plus fort à tenir, car il ne passoit jour qu'il ne fist quelque follie : il frappoit l'un, il battoit l'autre, il jouoit aux cartes et aux dez, il estoit tousjours en la taverne ou après les garses; dont les plaintes se faisoyent à toutes heures à messieurs de chapitre, lesquelz le remontroyent souvent à ce bassecontre, le menaçans à part et en public, et luy faisoyent assez de fois promettre qu'il seroit homme de bien; mais incontinent qu'il estoit hors de devant eux, messire Jehan Cevin luy remettoit sa haute game en la teste, qui le faisoit tousjours retourner à ses bonnes coustumes. Or estoient-ilz contraints d'en endurer pour deux raisons : l'une, qu'il chantoit fort bien; l'autre, qu'ilz l'avoient pris de la main d'un archediacre de l'eglise auquel ilz portoient honneur; et ne luy vouloient pas reprocher les follies de l'homme, pensans qu'il les sçeust aussi bien comme eux et qu'il l'en deust reprendre, comme à la vérité il faisoit quand il en estoit adverti; mais il n'en sçavoit pas la moitié. Advint un jour que ce chantre fit une faulte si scandaleuse, que les chanoines furent contraints de le dire pour une bonne fois à monsieur l'archediacre, luy remontrans comme, pour le respect de luy, ilz avoyent longuement supporté les insolences de cest homme; mais, maintenant qu'ilz le voyoient incorrigible et qu'il alloit tousjours en empirant, ilz ne s'en pouvoient plus taire. Il ha, dirent-ilz, ceste nuict passée, batu un prebstre tant qu'il ne dira messe de plus de deux mois. Si n'eust esté pour l'amour de vous, long-temps ha que nous l'eussions chassé; mais, n'y voyans plus autre remède, nous vous prions de ne trouver poinct mauvais si nous vous en disons ce qui en est. L'archediacre leur fit responce qu'ilz avoyent raison et qu'il y donneroit ordre; et, de fait, envoye incontinent querir ce bassecontre, lequel se doubta bien que ce n'estoit pas pour luy donner un benefice. Toutefois il y va. Il ne fut pas si tost entré que monsieur l'archediacre ne luy commençast à chanter une autre leçon que de matines. — Vien ça, dit-il; tu sçais combien de temps il y a que ceux de l'eglise de ceans endurent de toy et combien j'ay eu de reproches pour ta vie. Sçaiz-tu qu'il y ha ? Va t'en, et ne te trouve plus devant moi. Je ne veux plus endurer de reproches pour un homme tel que toy. Tu n'es qu'un fol. Si je faisois mon devoir, je te ferois mettre au pain et à l'eau d'icy à un an. Il ne faut pas demander si mon chantre fut peneux. Toutesfois, il ne fut pas si estonné qu'il ne se mist en responce. — Monsieur, dit-il, vous qui vous congnoissez si bien en gens, vous esbahissez-vous si je suis fol ? Je suis chantre, je suis Picard et maistre aux arts. L'archediacre, à cette responce, ne sçavoit que faire, de s'en fascher ou de s'en rire; mais il se tourna du bon costé, car il appaisa un peu sa colère, et lui fut force de faire comme l'evesque[1] du *Courtisan*[2], lequel pardonna au prebstre qui avoit engrossé cinq nonnains, ses filles spirituelles, pour la soudaine responce qu'il luy fit : « *Domine, quinque talenta tradidisti mihi, ecce alia quinque superlucratus sum*[3]. Un Picard ha la teste

---

1. Gerardo Landriano, cardinal évêque de Côme, au rapport du Bandel. (*La terza parte de le novelle*, Lucca, per il Busdrago, 1554, in-4, nouv. LVI.)
2. Baltasar Castiglione, *le Courtisan*, nouv. reveu et corrigé par Est. Dolet, Lyon, Juste, 1558, in-8.
3. *Seigneur, vous m'avez donné cinq talents et j'en ai gagné*

près du bonnet, un chantre ha tousjours quelques minimes en son cerveau, un maistre aux arts [1] est si plein d'ergotz [2] qu'on ne sçauroit durer auprès de luy. Et vrayement, quand ces trois bonnes qualitez sont en un personnage, on ne se doit pas esmerveiller s'il est un petit peu coquelineux, mais se faudroit bien plus esmerveiller s'il ne l'estoit point.

Nouvelle V.

Des trois sœurs nouvelles espousées qui respondirent chascune un bon mot à leur mary la première nuict de leurs nopces.

Au pais d'Anjou y eut jadis un gentilhomme qui estoit riche et de bonne maison, mais il estoit un peu suget à ses plaisirs. Il avoit trois filles belles et de bonne grace, et de tel age que la plus petite eust bien attendu le combat corps à corps. Elles estoient demeurées sans mère jà longtemps avoit; et parce que le père estoit encores en bon age, il entretenoit tousjours ses bonnes coustumes, qui estoient de recevoir en sa maison toutes joieuses compaignies, là où l'ordinaire estoit de baller,

---

cinq autres. (MATH., ch. XXV, vers. xx.) Le premier auteur de ce conte est Abstemius, *Fables*, 11e partie; on le retrouve dans Verville, *Moyen de parvenir*, ch. LXIX.

1. Maître ès arts.
à 2. Jeu de mots sur *ergo*, fort usité; Des Periers l'emploie plusieurs reprises.

jouer, et de faire toutes sortes de bonnes chères. Et, d'autant qu'il estoit de sa nature indulgent, facile et sans grand soin du fait de sa maison, ses filles avoient assez de liberté de deviser avec les jeunes gentilz-hommes, lesquelz, communement, ne parlent pas de r'encherir le pain, ni encores du gouvernement de la république[1]. Davantage, le père faisoit l'amour de son costé comme les autres, qui donnoit une hardiesse plus grande aux jeunes damoyselles de se laisser aymer, et, par conséquent, d'aymer aussi : car elles, ayans le cueur en bon lieu et sentant leur bonne maison, estimoient estre chose de reproche et d'ingratitude d'estre aimées et n'aimer point. Pour toutes ces raisons ensemble, estant chascune d'elles prisée, caressée et poursuivie tous les jours et à toutes heures, elles se laissèrent gaigner à l'amour, eurent pitié de leur semblable et commencèrent à jouer au passetemps de deux à deux chascune en leur endroit ; auquel jeu elles exploictèrent si bien que les enseignes en sortirent : car la plus agée, qui estoit meure et drue, ne se print garde que le ventre luy leva, dont elle fut un peu estonnée, car il n'y avoit moien de se tenir couverte, d'autant qu'en un lieu où il n'y ha point de mères, lesquelles se prennent garde que leurs filles ne soient trop tost abusées, ou bien elles sçavent remedier aux inconveniens quand il leur est advenu quelque surprise. Et, la fille n'ayant avis ny moien aucun de se desrober

---

1. Cela revient à ce quolibet des docteurs, que : *Scolasticus cum femina loquens non præsumitur dicere Pater noster.* — L. M. (Nous désignons par ces lettres La Monnoye, dont nous avons conservé quelques unes des notes.)

sans le congé de son père, ce fut force qu'il le sceust.

Quand il eut entendu ceste nouvelle, il en fut fasché de prime face; mais il ne s'en desespera point aultrement, d'autant qu'il estoit de ceste bonne paste de gens qui ne prennent point trop les matières à cueur. Et, à dire vray, de quoy sert se tourmenter d'une chose quand elle est faicte, sinon de l'empirer? Il envoie soudain sa fille aisnée à deux ou trois lieues de là, chez une de leurs tantes, soubs couleur de maladie, et que, par l'advis des médecins, le changement d'air luy estoit necessaire; et ce en attendant que les petits piedz sortissent[1]. Mais comme une fortune ne vient jamais seule, cependant qu'elle sortoit d'affaires, sa seur la seconde y entroit, peut-estre par permission divine, pour s'estre en son cueur mocquée de sa seur aisnée, dont Dieu la voulut punir. Pour faire court, elle s'apperceut qu'elle en avoit dedans le dos[2], dy-je dedans le ventre; et le père le sceut aussi. Et bien, dit-il, Dieu soit loué! c'est le monde qui croist : nous fusmes ainsi faitz. Et là dessus, se doubtant de tout, il

---

1. Qu'elle fût délivrée. C'est ce que l'on rendoit aussi par faire pieds neufs. « Eslargissement du ventre, accroissement de boyaux, pieds neufs, etc. », trouve-t-on dans une pièce des *Variétés historiques* publiées par M. E. Fournier, t. 2, p. 240. Voy. aussi Rabelais, liv. 1, ch. 7. Du Fail dit encore : « Sans difficulté le laict cremera, et bien tost en sortira les petits pieds et esclats. »
(*Contes d'Eutrapel* (1732), t. 2, p. 205.)
Ce sont ces *petits pieds* qui rendent le *ventre cornu*, expression de Des Périers, Nouvelle LXII.

2. C'est l'expression très vulgaire: *en avoir plein le dos*. Substituez *ventre* à *dos*, et vous compléterez même le sens comique de Des Périers.

s'en vint à la plus jeune, laquelle n'estoit pas encores grosse, mais elle en faisoit son debvoir tant qu'elle pouvoit. Et toy, ma fille, comme te portes-tu ? N'as-tu pas bien suivy le train de tes sœurs aisnées ? La fille, qui estoit jeunette, ne se peut tenir de rougir ; ce que le père print pour une confession. Or bien, dit-il, Dieu vous doint bonne aventure, et nous garde de plus grande fortune ! Si se pensa pourtant qu'il estoit temps de pourvoir à ses affaires, ce qu'il congnoissoit fort bien ne pouvoir mieulx faire qu'en mariant ses trois filles ; mais il le trouvoit un petit malaysé, car il sçavoit bien que de les bailler à ses voisins, il n'y avoit ordre, d'autant que le faict de sa maison estoit congneu, ou pour le moins bien suspect. D'aultre part, de les faire prendre à ceulx qui estoyent les faiseurs, ce n'estoit chose qui se peust bonnement faire : car possible qu'il y en avoit plus d'un, et que l'un avoit fait les piedz et l'aultre les oreilles [1], et quelque aultre encores le nez. Que sçait-on comme les choses de ce monde vont ? Et puis, encore qu'il n'y en eust heu qu'un à chascune, un homme ne se fie pas voulontiers à une fille qui luy a presté un pain sus la fournée. Et pour ce, le père trouva le plus expedient d'aller chercher des gendres un peu à l'escart ; et comme les hommes de joyeuse nature et de bonne chère à grand peine jamais finissent ilz mal, il ne faillit pas à rencontrer ce qu'il luy faisoit besoin, qui fut au pays de Bretaigne, où il estoit bien congneu, tant pour le nom de sa maison que pour le bien qu'il avoit audit pays, non guères loin de

---

[1]. Voy. plus bas la Nouvelle IX.

la ville de Nantes ; au moyen de quoy luy fut facile de causer son voyage là dessus. Brief, quant il fut audit pays, tant par personnes interposées que par luy mesmes, il mit en avant le mariage de ses filles ; à quoy les Bretons ouvrirent assez tost les oreilles, de sorte qu'il en trouva à choisir. Mais entre tous, il trouva une riche maison de gentil-homme de Bretaigne, où il y avoit trois filz de bon age et de belle taille, beaux danseurs de passe-piedz et de trihoriz[1], beaux luiteurs, et n'en eussent craint homme collet à collet : de quoy mon gentil-homme fut fort ayse ; et, par ce que le plus-tost estoit le meilleur, il conclud son affaire promptement avec le père et les trois enfans, qu'ilz prendroyent ses trois filles en mariage, et mesmes qu'ilz feroyent de trois nopces unes, sçavoir est, qu'ilz espouseroyent tous trois en un jour. Et pour ce faire, les trois frères s'apprestèrent en peu de temps, et partirent de leur maison pour venir en Anjou avec le père des trois filles. Or, n'y avoit celuy des trois qui ne fust assez accort : car, combien qu'ilz fussent Bretons, tou-

---

1. De ces deux branles le second appartenoit plutôt à la Basse-Bretagne : « La dance du Trihory, dit Noel du Faïl, est trois fois plus magistrale et gaillarde que nulle autre, n'en déplaise à vos branles de Bourgogne, Champagne, passe pied de la Haute-Bretaigne, la standelle d'Angleterre, la volte et la martagalle de Provence. » (*Contes d'Eutrapel*, 1732, in-12, t. 1, p. 302.) Ce même écrivain ajoute ailleurs : « La danse du Trihory, *saltatio trichorica*, l'honneur de long-temps acquis à la Basse-Bretagne, combien que par jalousie les escrivains voisins l'aient ravalé et celé. » Tabourot, dans son *Orchesographie*, fol. 78-81, donne Trihori comme synonyme de passe-pied ; du Faïl nous inspire plus de confiance.

tesfois ilz n'estoyent pas tonnans¹, et s'estoyent meslez de faire bons tours avec ces brettes, qui sont de assez bonne volonté, comme l'on dit, toutesfois hors de combat. Quand ilz furent en la maison du gentil homme, ilz se prindrent à regarder la contenance chascun de sa chascune, et les trouverent toutes trois belles, disposes, et esveillées ; parmy cela, qui faisoyent bien les sages. Les mariages furent concludz, les apprelz se firent ; ilz acheptèrent leurs bancs² et leurs selles de l'evesque. Quand la veille des nopces fut venue, le père appella ses trois filles en une chambre à part, et leur va dire ainsi : « Venez ça. Vous sçavez quelle faulte vous avez faite toutes trois, et en quelle peine vous m'avez mis. Si j'eusse esté de la nature de ces pères rigoureux, je vous eusse desavouées pour filles, et jamais n'eussiez amendé de mon bien ; mais j'ay mieux aymé prendre peine une bonne fois pour r'accoustrer les choses, que non pas vous mettre toutes trois en desespoir, et moy en perpetuel regret pour vostre follie. Je vous ay icy amené à chascune un mary : deliberez-vous de leur faire bonne chère ; ayez bon courage, vous n'en mourrez pas. S'ilz s'apperçoivent de quelque chose, à leur dam ! pourquoy y sont-ilz venus ? Il les falloit aller querir. Quand vous faisiez vos estatz, vous ne songiez pas en eulx, n'est-il pas vray ? » Elles respondirent toutes trois (en soubzriant) que non. — « Et bien donc, dit le père, vous ne leur avez point encores faict de

---

1. Jeu de mot sur *bretonnans* ; ainsi appeloit-on les Bas-Bretons ; on a dit de même : moines moinans, griffons griffans pour greffiers griffonnans. Voy. la Nouvelle LXVI.
2. Allusion au *ban*, proclamation de mariage.

faulte. Mais pour l'advenir ne me mettez plus en cest ennuy par faulte de bien vous gouverner; gardez-vous-en bien. Et je vous asseure que je suis deliberé de mettre en oubly toutes les faultes du temps passé. Et si y ha bien plus (pour vous donner meilleur courage), je vous prometz que celle de vous qui dira le meilleur savouret[1] la première nuict qu'elle sera avec son mary, je luy donneray deux cens escus davantage qu'aux deux autres. Or, allez et pensez bien à vostre cas. » Après ce bon admonestement il se va coucher, et les filles aussi, lesquelles pensèrent bien chascune à part soy quel bon mot elles pourroyent dire la nuict des combatz, pour avoir ces deux cens escus ; mais elles se deliberèrent à la fin d'attendre l'assaut, esperant que le bon Dieu leur donneroit sus l'heure ce qu'elles auroyent à dire. Le jour des nopces fut l'endemain[2] : ilz espousent, ilz font grand chère, ilz ballent; que voulez-vous de plus ! Les lits se font, les trois pucelles[3] se couchent, et les maris après. Celuy de la plus grande, en la mignardant, luy met la main sus le ventre et par tout, qui trouva incontinent qu'il estoit un petit ridé par le bas, qui luy fit souvenir qu'on la luy avoit belle baillée. O ho! dit-il, les oyseaux s'en sont allez. La damoiselle luy respond tout contant : Tenez vous au nid. Et une ! Le mary de

1. VAR. *Sobriquet.*
2. Vers cette époque, l'article s'incorpora dans le mot, et l'on eut *lendemain,* comme *lierre, lendit, luette,* etc.
3. VAR. *Les pucelles de Marolles.* Marolles est un village de Cambraisis voisin d'une abbaye. Les moines, qui vivoient de pair à compagnon avec les filles de Marolles, ne les mirent pas en odeur de sainteté.

la seconde, en la maniant, trouva que le ventre estoit un peu rond. Comment! dit-il, la grange est pleine! — Battez à la porte, luy respondit-elle. Et deux! Le mary de la tierce, en jouant les jeux, cogneut incontinent qu'il n'estoit pas le fol. Le chemin est batu, dit-il. La jeune fille luy dit : Vous ne vous en esgarerez pas si tost. Et trois! La nuit se passe, le l'endemain elles se trouvèrent devant leur père, et chascune luy rapporta ce qui luy estoit advenu et ce qu'elle avoit respondu. *Queritur* à laquelle des trois le père devoit donner les deux cens escus. Vous y songerez, et ne sçay si vous serez point des miens, qui suis d'avis qu'elles devoient toutes troys departir les deux cens escus, ou bien en avoir chascune deux cens, *propter mille rationes, quarum ego dicam tantum unam brevitatis causa* : c'estoit que toutes trois estoyent de bonne volontée ; toute bonne volonté est reputée pour le fait : *ergo intratum* [1] *consequentia est in Barbara* [2], ou ailleurs. Mais ce pendant, s'il ne vous desplait, je vous feray une question à propos de ceste-cy : Lequel vous aymeriez mieulx estre, cocu en herbe, ou en gerbe ? Et ne respondez pas trop tost qu'il vault mieux l'avoir esté en herbe, et ne l'estre point en gerbe : car vous sçavez combien c'est chose rare et de grand contentement que d'espouser une pucelle. Et bien, s'elle vous fait cocu après, le plaisir vous demeure tousjours, je ne dis pas d'estre cocu, je dis de l'avoir depucelée. Et puis vous avez mille

---

1. Var. éd. de 1572 : *In tantum*. Cette leçon paraît meilleure.
2. Il feint de prendre ce terme de logique pour un nom d'auteur.

faveurs, mille avantages, à cause d'elle. Pantagruel le dit bien [1]; mais je ne veux pas en debatre les raisons d'une part et d'autre, je vous en laisse le pensement à vostre loisir; puis vous m'en sçaurez à dire.

NOUVELLE VI.

Du mary de Picardie qui retira sa femme de l'amour par une remonstrance qu'il luy fit en la presence des parens d'elle.

Il y eut jadis un roy de France [2], duquel le nom ne se sçait poinct au vray quant à cest affaire dont nous voulons parler; tant y a qu'il estoit bon roy et digne de sa couronne. Il se rendoit fort communicatif à toutes personnes, et s'en trouvoit bien, car il apprenoit les nouvelles auprès de la verité, ce qu'on ne fait pas quand on n'escoute. Pour venir à nostre compte, ce bon roy se pourmenoit par les contrées de son royaume, et mesmes

---

1. Rabelais, l. III, ch. 28. Frere Jean dit à Panurge : Si tu es coquu, *ergo* ta femme sera belle, *ergo* tu seras bien traité d'elle, *ergo* tu auras des amis beaucoup, *ergo* tu seras sauvé.

2. Les uns ont dit que c'étoit Louis XI, d'autres François Ier. Pourquoi chercher à deviner de semblables énigmes? Des Périers ne nous a-t-il pas avertis qu'il chercheroit à nous embarrasser; qu'il écrivoit des contes, non un traité d'histoire?

quelquesfois alloit par ville en habit dissimulé
pour mieux entendre la verité de toutes sortes
d'affaires. Un jour il voulut visiter son pais de
Picardie en personne royale, portant toutesfois sa
privauté accoustumée. Estant à Soissons, il fit venir les plus apparens de la ville, et les fit seoir à
sa table par signe de grande familiarité, les invitant et enhardissant à luy compter toutes nouvelles, les unes joyeuses, les autres serieuses,
ainsi qu'il vint à propos. Entre autres il y en eut
un qui se mit à compter devant le roy la nouvelle
qui s'ensuit : Sire, il est advenu, dit-il, n'haguères, en une de vos villes de Picardie, qu'un
personnage de robbe longue et de justice, lequel
vit encores, ayant perdu sa femme après avoir esté
assez longuement avec elle, et s'estant assez bien
trouvé d'elle, print envie de se marier en secondes
nopces à une fille qui estoit belle et jeune, et de
bon lieu ; non toutesfois qu'elle fust sa pareille
en biens, et moins encores en autres choses, car
il estoit desjà plus de demy passé, et elle en la
fleur de ses ans et gaillarde à l'advenant, tellement qu'il n'avoit pas le fouet pour mener ceste
trompe. Quand elle eut commencé à gouster un
petit que c'estoit des joyes de ce monde, elle
sentit que son mary ne la faisoit que mettre en
appetit ; et, combien qu'il la traictast bien d'habillemens, de la bouche, de bonne chère, de visage et de parolles, toutesfois cela n'estoit que
mectre le feu auprès des estoupes : si bien qu'il
lui print fantaisie d'emprunter d'ailleurs ce qu'elle
n'avoit pas à son gré à la maison. Elle fait un
amy auquel elle se tint pour quelque temps ; puis,
ne se contentant de luy seul, en fit un autre, et

puis un autre, de manière qu'en peu de temps ilz se trouvèrent si bon nombre qu'ilz nuysoyent les uns aux autres, entrans à heures deues et indeues en la maison pour l'amour de la jeune femme, qui avoit des-jà mis à part la souvenance de son honneur pour entendre du tout à ses plaisirs, cependant que son mary ne s'en advisoit pas, ou par adventure si bien, mais il s'armoit de patience, songeant en luy-mesme qu'il falloit porter la penitence de la follie qu'il avoit faite d'avoir sus le haut de son age prins une fille si jeune d'ans. Ce train dura et continua tant que ceux de la ville en tenoient leurs comptes, dont les parens de luy se faschèrent fort; l'un desquelz ne se peut plus tenir qu'il ne luy vint dire, luy remonstrant la rumeur qui en estoit, et que s'il n'y obvioyt il donneroit à penser qu'il seroit de vil courage, et en fin qu'il seroit laissé de tous ses parens et des gens de sorte. Quand il eut entendu ce propos, il fit semblant devant celuy qui luy tenoit tel que le cas le requeroit, c'est-à-dire d'un grand desplaisir et fascherie, et luy promit que il y mettroit ordre par tous les moyens à luy possibles. Mais quand il fut à part soy il songea bien ce qui en estoit, qu'il estoit hors de sa puissance de nettoyer si bien un tel affaire que les taches n'en demeurassent tousjours ou long-temps. Il pensoit que la femme se deust garder par un respect de la vertu et par crainte de son deshonneur; autrement toutes les murailles de ce monde ne la sçauroyent tenir qu'elle ne fist une fois des siennes. Davantage, luy qui estoit homme de bon discours, raisonnoit en soy-mesmes que l'honneur d'un homme tiendroit à bien peu de chose s'il dependoit du fait d'une femme [1]. Ce qui le gardoit d'apprehender les matières trop avant. Toutesfois, pour ne sembler estre nonchalant de son inconvenient domestique, lequel estoit estimé si deshonneste du commun des hommes, il s'avisa d'un moyen, lequel seul il pensoit estre expedient en tel cas : ce fut qu'il achepta une maison qui estoit joignante au derrière de la sienne, et des deux en fit une, disant qu'il vouloit s'accommoder d'une entrée et d'une issue par deux costez. Ce qui fut executé diligemment, et fut posé un huis de derrière le plus proprement qu'il se peut aviser, duquel il fit faire demie douzaine de clefz, et n'oublia pas à faire faire une gallerie bien propice pour les allans et venans. Cela ainsi appresté, il choisit un jour de commodité pour inviter à disner les principaux parens de sa femme, sans toutesfois appeller ceux du costé de luy pour celle fois. Il les traitta bien et à bonne chère. Quand ilz eurent disné, avant que personne se levast de table, il se print à leur dire ainsi en la presence de sa femme : « Messieurs et mes Dames, vous sçavez combien de temps il y a que j'ay espousé votre parente que voicy ; j'ay eu le loisir de congnoistre que ce n'estoit pas à moy à qui elle se devoit marier, d'autant que nous n'estions pas pareils elle et moy.

---

1. ..... *Attacher l'honneur de l'homme le plus sage*
Aux choses que peut faire une femme volage !
(Molière, *le Cocu imag.*, sc. XVII.)

Il est peu de pièces de ce grand écrivain où l'on ne retrouve cette idée.

2. Var., *d'approcher*.

Toutesfois, quand ce qui est fait ne se peult deffaire, il fault aller jusques au bout. » Puis, en se tournant vers sa femme, luy dit : « Mamie, j'ai eu depuis peu de temps en çà des reproches de vostre gouvernement, lesquelles m'ont grandement despleu. Il m'a esté dit que vous avez des jeunes gens qui viennent ceans à toutes heures du jour pour vous entretenir, chose qui est à vostre grand deshonneur et au mien. Si je m'en fusse apperceu d'heure, j'y eusse pourveu plustost et mieux. Si est-ce qu'il vault mieux tard que jamais. Vous direz à ceux qui vous hantent que d'icy en avant ilz entrent plus discrettement pour vous venir voir, ce qu'ilz pourront faire par le moyen d'une porte de derrière que je leur ay fait faire, de laquelle voicy demie douzaine de clefz que je vous baille pour leur en donner à chascun la sienne; et s'il n'y en ha assez, nous en ferons faire d'autres, le serrurier est à nostre commandement. Et leur dictes qu'ilz trouvent manière[1] de departir leur temps le plus commodement pour vous et pour eux qu'il sera possible, car, si vous ne vous voulez garder de mal faire, au moins ne pouvez-vous que le faire secrettement, pour garder le monde de parler contre vous et contre moy. Quand la jeune femme eust ouï ces propos, venans de son mary, et en la presence de ses parens, elle commença à prendre vergoigne de son faict, et luy vint au devant le tort et deshonneur qu'elle faisoit à son mary, à ses parens et à soy-mesmes, dont elle eut tel remors que deslors en là elle ferma la porte à tous ses amoureux et à ses plai-

---

1. VAR., *moyen*.

sirs desordonnez, et depuis vesquit avec son mary en femme de bien et d'honnenr. Le roy, ayant ouy ce compte, voulut sçavoir qui estoit le personnage : « Foy de gentil-homme ! dit-il, voilà l'un des plus froids et plus patiens hommes de mon royaume. Il feroit bien quelque chose de bon, puis qu'il sçait si bien faire la patience. Et dès l'heure luy donna l'estat de procureur general au pais de Picardie. Quant est de moy, si je sçavois le nom de cest homme de bien, je le voudroys honorer d'une immortalité. Mais le temps luy ha faict le tort de suprimer son nom, qui meritoit bien d'estre mis ès croniques, voire d'estre canonizé : car il ha esté vrai martir en ce monde, et croy qu'il est maintenant bien heureux en l'autre. Qu'ainsi vous en prenne. *Amen*, car un prebstre ne vault rien sans clerc.

Nouvelle VII.

Du Normand allant à Romme qui fit provision de latin pour porter au sainct père, et comme il s'en ayda.

Un Normand, voyant que les prebstres avoyent le meilleur temps du monde, après que sa femme fut morte, eut envie de se faire d'église; mais il ne sçavoit lire ny escripre que bien peu. Et toutesfois, ayant ouy dire que pour argent on fait tout, et s'estimant aussi habile homme que beaucoup de prebstres de sa paroisse, s'adressa à l'un de ses

familliers, auquel il se descouvrit, et luy demanda
conseil comment[1] il se devoit gouverner en cest
affaire. Lequel, après plusieurs propos debatuz
d'une part et d'autre, l'en reconforta, et luy dit
que s'il vouloit bien faire son cas il falloit qu'il
allast à Romme, et que à grand peine en auroit-il
la raison de son evesque, qui estoit difficile en
cas de faire prebstres et de bailler les *A quo-
cunque*[2] ; mais que le pape, qui estoit empesché à
tant d'autres choses, ne prendroit garde à luy de
si près et le depescheroit incontinent. Davantage, qu'en ce faisant il verroit le pais, et que
quand il seroit retourné, ayant esté creé prebstre
de la main du pape, il n'y auroit celuy qui ne luy
fist honneur, et qu'en moins de rien il seroit be-
neficié et deviendroit un grand monsieur. Mon
homme trouve ces propos fort à son gré; mais il
avoit tousjours ce scrupule sur sa conscience touchant le fait du latin, lequel il declara à son conseiller, luy disant : « Voire, mais quand je seray
devant le pape, quel langage parleray-je? Il n'entend pas le normand, ny moy le latin; que feray-
je? — Pour cela, dit l'autre, ne te faut pas demeurer : car, pour estre prebstre, il suffit de sçavoir
bien sa messe de *Requiem*, de *Beata*[3], et du S.
Esprit, lesquelles tu auras assez tost aprises quand
tu seras de retour. Mais, pour parler au pape, je
t'apprendray trois motz de latin si bien assiz,
que quand tu les auras dicts devant luy il croira
que tu sois le plus grand clerc du monde. » Mon

---

1. VAR., *luy demandant comment*.
2. Mots extraits de la formule de l'ordination.
3. Une des messes de la Vierge.

homme fut très aise et voulut sçavoir tout à l'heure ces trois motz. Mon amy (luy dit l'autre), incontinent que tu seras devant le pape, tu te jetteras à genoulx en luy disant : *Salve Sancte Pater.* Puis il te demandera en latin : *Unde es tu ?* c'est-à-dire : D'où estes-vous ? Tu respondras : *De Normania.* Puis il te demandera : *Ubi sunt litteræ tuæ ?* Tu luy diras : *In manica mea.* Et incontinent, sans autre delay, il commandera que tu sois expedié [1]. Puis tu t'en reviendras. Mon Normand ne fut oncq si joyeulx, et demeura quinze ou vingt jours avec son homme pour luy mettre ces trois mots de latin en la teste. Quand il pensa les bien sçavoir, il s'appresta pour prendre le chemin de Romme; et en allant ne disoit aultre chose que son latin : *Salve Sancte Pater. De Normania. In manica mea.* Mais je croy bien qu'il les dit et redit si souvent et de si grande affection, qu'il oublia le beau premier mot, *Salve Sancte Pater*, et de malheur il estoit desjà bien avant de son chemin. Si mon Normand fut fasché, il ne le fault pas demander, car il ne sçavoit à quel sainct se vouer pour retrouver son mot, et pensoit bien que de se presenter au pape sans cela, c'estoit aller aux meures sans crochet [2], et si ne cuidoit point qu'il fust possible de trouver homme si fidelle enseigneur et qui lui sceust si bien montrer comme celuy de sa paroisse qui le luy avoit appris. Jamais homme ne fut si marry, jusques à tant qu'un samedy ma-

---

1. Que l'on te donne tes lettres de prêtrise.
2. Il faut un crochet pour attacher le panier à mûres, sans quoi l'on se tacherait ou l'on écraserait les fruits. (L. M.) — Ce proverbe est encore en usage pour dire entreprendre une affaire sans les matériaux nécessaires à son achèvement.

tin il entra en une eglise de la ville où il estoit attendant la grace de Dieu, là où il entendit que l'on commençoit la messe de Nostre-Dame en notte : *Salve sancta parens*. Et mon Normand d'ouvrir l'oreille : Dieu soit loué et Nostre-Dame ! dit-il. Il fut si resjouy qu'il luy sembloit estre revenu de mort à vie. Et incontinent s'estant faict redire ces motz par un clerc qui estoit là, jamais depuis n'oublia *Salve sancta parens*, et poursuivit son voyage avec son latin. Croyez qu'il estoit bien ayse d'estre né. Et fit tant par ses journées qu'il arriva à Romme. Et fault notter que de ce temps-là il n'estoit pas si malaysé de parler aux papes comme il est de present. On le fit entrer devers le pape, auquel il ne faillit à faire la reverence en luy disant bien devotement : *Salve sancta parens*. Le pape luy va dire : *Ego non sum mater Christi*. Le Normand luy respond : *De Normania*. Le pape le regarde et luy dit : *Dæmonium habes ? — In manica mea*, respondit le Normand. Et en disant cela il mit la main en sa manche pour tirer ses lettres. Le pape fut un petit surpris, pensant qu'il allast tirer le gobelin [1] de sa manche. Mais quand

---

1. Démon, esprit follet. La famille des célèbres teinturiers de ce nom étoit déjà tellement oubliée au milieu du XVIIe siècle, qu'un écrivain de cette époque dit que la rivière de Bièvre étoit aussi appelée rivière des Gobelins à cause des feux follets qui se montroient sur ses bords, et nullement « du nom d'un homme quy s'appeloit Gobin ». L'erreur est manifeste, mais elle nous montre que le mot *gobelin* étoit aussi usité à Paris qu'en Normandie, où La Monnoye le fait naître et semble le croire exclusivement usité. Voy. E. Fournier, *Variétés historiques* (Bibl. elzevirienne), t. 2, p. 55, et La Monnoye, éd. de *Des Périers*, Amst., 1735, in-12, t. 1, p. 90.

il veid que c'estoyent lettres, il s'asseura et luy demanda encores en latin : *Quid petis ?* Mais mon Normand estoit au bout de sa leçon, qui ne respondit meshuy rien à chose qu'on luy demandast. A la fin, quand quelques uns de sa nation l'eurent ouy parler son cauchois [1], ilz se prindrent à l'arraisonner, ausquelz il donna bien tost à congnoistre qu'il avoit apris du latin en son village pour sa provision et qu'il sçavoit beaucoup de bien, mais qu'il n'entendoit pas la manière d'en user [2].

Nouvelle VIII.

Du procureur qui fit venir une jeune garse du village pour s'en servir, et de son clerc qui la luy essaya.

Un procureur en parlement estoit demeuré veuf n'ayant pas encore passé quarante ans, et avoit tousjours esté assez bon compagnon, dont il luy tenoit tousjours, tellement qu'il ne se pouvoit passer de feminin genre, et lui faschoit d'avoir perdu sa femme si tost, laquelle estoit encores de bonne emploitte. Toutesfoys et nonobstant il prenoit patience, et trouvoit façon de se pourvoir le mieulx qu'il pouvoit, faisant œuvre de charité ; c'est à sçavoir : aymant la femme de son voisin comme la sienne propre, tantost revisitant les procès de quelques femmes veufves et aultres qui venoyent chez luy pour le solliciter. Brief, il en prenoit là

---

1. Langage du pays de Caux.
2. Voy. la Nouvelle XX.

où il en trouvoit et frappoit soubz luy comme un casseur d'acier. Mais quand il eut fait ce train par une espace de temps, il le trouva un petit fascheux : car il ne pouvoit bonnement prendre la peine d'agueter ses comoditez, comme font les jeunes gens ; il ne pouvoit pas entrer chez ses voisins sans suspicion, veu qu'il ne l'avoit pas accoustumé. Davantage, il luy coustoit à fournir à l'appointement. Parquoy il se delibera d'en trouver une pour son ordinaire. Et luy souvint qu'à Arqueil, où il avoit quelques vignes, il avoit veu une jeune garse de l'age de seze à dix sept ans, nommée Gillette, qui estoit fille d'une povre femme gaignant sa vie à filler de la laine. Mais ceste garse estoit encores toute simple et niaise, combien qu'elle fust assez belle de visage. Si se pensa le procureur que ce seroit bien son cas, ayant ouy autrefois un proverbe qui dit : *Sage amy et sotte amye.* Car d'une amie trop fine, vous n'en avez jamais bon compte ; elle vous joue tousjours quelque tour de son mestier ; elle vous tire à tous les coups quelque argent de soubz l'aisle [1] ; ou elle veut estre trop brave, ou elle vous fait porter les cornes, ou tout ensemble. Pour faire court, mon procureur, un beau temps de vendanges, alla à Arqueil [2], demanda cette jeune garse à sa mère pour chambrière, luy disant qu'il n'en avoit point et qu'il ne s'en sçauroit passer ; qu'il la traicteroit bien et qu'il la marieroit quand il viendroit à temps. La vieille, qui entendit bien que vouloyent dire ces parolles, n'en fit pas pourtant

---

1. Voy. une note de la Nouvelle LXXX.
2. VAR., *alla luy-mesme à Arqueil, et demanda.*

grand semblant, et luy accorda aysement de luy bailler sa fille, contraincte par povreté, luy promettant de la luy envoyer le dimanche prochain : ce qu'elle fit. Quand la jeune garse fut à la ville, elle fut toute esbahye de voir tant de gens, parce qu'elle n'avoit encores veu que des vaches. Et pour ce le procureur ne luy parloit encores de rien, mais alloit tousjours chercher ses aventures en la laissant un peu asseurer. Et puis il luy vouloit faire faire des acoustremens, afin qu'elle eust meilleur courage de bien faire. Or il avoit un clerc en sa maison qui n'avoit point toutes ces considerations-là, car au bout de deux ou de troys jours, estant le procureur allé disner en ville, quand il eut avisé ceste garse ainsi neufve, il commence à se faire avec elle, luy demandant dont elle estoit et lequel il faisoit meilleur, aux champs ou à la ville. — Mamie, dit-il, ne vous souciez de rien ; vous ne pouviez pas mieulx arriver que ceans, car vous n'aurez pas grand peine ; le maistre est bon homme, il fait bon avec luy. — Or çà m'amie, disoit-il, ne vous ha-il point encores dit pourquoy il vous ha prise ? — Nenny, dit-elle ; mais ma mère m'ha bien dit que je le servisse bien et que je retinse bien ce qu'on me diroit, et que je n'y perdrois rien. — M'amie, dit le clerc, vostre mère vous ha bien dit vray. Et pource qu'elle sçavoit bien que le clerc vous diroit tout ce que vous auriez à faire, ne vous en ha point parlé plus avant. Mamye, quand une jeune fille vient à la ville chez un procureur, elle doit se laisser faire au clerc tout ce qu'il voudra ; mais aussi le clerc est tenu de luy enseigner les coustumes de la ville et les complexions de son maistre, afin qu'elle sçache la manière de le servir ; autrement les povres filles n'apprendroyent jamais rien, ny leur maistre ne leur feroit jamais bonne chère et les renvoyeroit au village. Et le clerc le disoit de tel escient que la povre garse n'eust osé faillir à le croire quand elle oyoit parler d'apprendre à bien servir son maistre. Et respondit au clerc d'une parolle demy rompue et d'une contenance toute niaise : — J'en serois bien tenue à vous, disoit-elle. Le clerc, voyant à la mine de ceste garse que son cas ne se portoit pas mal, vous commence à jouer avec elle ; il la manie, il la baise. Elle disoit bien : — Oh ! ma mère ne me l'ha pas dit. Mais cependant mon clerc la vous embrasse, et elle se laissoit faire, tant elle estoit folle, pensant que ce fust la coustume et usance de la ville. Il la vous renverse toute vifve sus un bahu. Le diable y ait part, qu'il estoit aise ! Et depuis continuèrent leurs affaires ensemble à toutes les heures que le clerc trouvoit sa commodité. Ce pendant que le procureur attendoit que la garse fust deniaisée, son clerc prenoit ceste charge sans procuration. Au bout de quelques jours, le procureur ayant faict accoustrer la jeune fille, laquelle se faisoit tous les jours en meilleur point, tant à cause du bon traictement que parce que les belles plumes font les beaux oyseaux, qu'aussi à raison que elle faisoit fourbir son bas, eut envie d'essayer s'elle se voudroit renger au montoir, et envoya par un matin son clerc en ville porter quelque sac, lequel d'aventure venoit d'avec Gillette de desrober un coup en passant. Quand le clerc fust dehors, le procureur se met à follatrer avec elle, luy mettre la main au tetin, puis soubz la cotte. Elle luy rioit bien, car elle avoit desjà apris qu'il n'y avoit pas dequoy pleurer; mais pourtant elle craignoit tousjours avec une honte villageoise qui luy tenoit encores, principalement devant son maistre. Le procureur la serre contre le lict, et parce qu'il s'apprestoit de faire en la propre sorte que le clerc quand il l'embrassoit, la pressant de fort près, la garse (hé! qu'elle estoit sotte!) luy va dire: Oh! Monsieur, je vous remercie; nous en venons tout maintenant, le clerc et moy [1]. Le procureur, qui avoit la brayette bendée, ne laissa pas à donner dedans le noir [2]; mais il fut bien peneux, sçachant que son clerc avoit commencé de si bonne heure à la luy deniaiser. Pensez que le clerc eut son congé pour le moins.

Nouvelle IX.

De celui qui acheva l'oreille de l'enfant à la femme de son voisin.

Il ne se faut pas esbahir si celles des champs ne sont guères fines, veu que celles de la ville se laissent quelquesfois abuser bien simplement. Vray est qu'il ne leur advient pas souvent; car c'est ès

---

1. Ce trait me remet en mémoire la naïveté du paysan qui proposoit à son voisin sa fille en mariage, et que celui-ci trouvoit trop jeune: « Oh! dit le père, elle est bien nubile; notre vicaire lui a déjà fait trois enfants! »

2. Allusion obscène au point de mire des jeux de l'arc et de l'arbalète.

villes que les femmes font les bons tours. De par
Dieu! c'est là, car je veulx dire qu'il y avoit en
la ville de Lyon une jeune femme honnestement
belle, laquelle fut mariée à un marchand d'assez
bonne traficque. Mais il n'eut pas esté avec elle
trois ou quatre moys qu'il ne luy fallust aller
dehors pour ses affaires, la laissant pourtant en-
ceincte seullement de trois sepmaines, ce qu'elle
congnoissoit à ce qu'il luy prenoit quelquesfois
defaillement de cueur, avec telz autres accidens
qui prennent aux femmes enceinctes.

Si tost qu'il fut party, un sien voisin, nommé le sire André, s'en vint voir la jeune femme
comme il avoit de coustume de hanter privement en la maison par droit de voisiné, qui se
print à railler avec elle, luy demandant comme
elle se portoit en mesnage. Elle luy respond qu'assez bien, mais qu'elle se sentoit estre grosse. Est-
il possible? dit-il; vostre mary n'auroit pas eu le
loisir de faire un enfant depuis le temps que vous
estes ensemble. — Si est-ce que je le suis, dit-elle,
car la dena Toiny m'a dit qu'elle se trouva ainsi
comme je me trouve de son premier enfant. — Or,
ce luy dit le sire André, sans toutesfois penser
grandement en mal, ny qu'il luy en deust advenir ce qu'il en advint, croyez-moy que je me
congnois bien en cela, et à vous voir je me
doubte que vostre mary n'ha pas faict l'enfant tout
entier, et qu'il y ha encores quelques oreilles à
faire. Sus mon honneur, prenez-y bien garde.
J'ay veu beaucoup de femmes qui s'en sont mal
trouvées, et d'autres, qui ont esté plus sages,
qui se sont faict achever leur enfant en l'absence
de leur mary, de peur des inconveniens. Mais in-

continent que mon compère sera venu, faites-leluy achever. — Comment ! dit la jeune femme, il est allé en Bourgoigne; il ne sçauroit pas estre icy d'un moys pour le plustost. — Mamie, dit-il, vous n'estes donc pas bien; vostre enfant n'aura qu'une oreille [1], et si estes en danger que les autres d'après n'en auront qu'une non plus, car voulentiers, quand il advient quelque faute aux femmes grosses de leur premier enfant, les derniers en ont autant. La jeune femme, à ces nouvelles, fut la plus faschée du monde. Eh ! mon Dieu, dit-elle, je suis bien povre femme. Je m'esbahy qu'il ne s'en est advisé de le faire tout devant que de partir. Je vous diray (dit le sire André), il y ha remède par tout, fors qu'à la mort. Pour l'amour de vous, vrayement, je suis content de le vous achever, chose que je ne ferois pas si c'estoit un aultre, car j'ay assez d'affaires environ les miens; mais je ne voudrois pas que par faulte de secours il vous fust advenu un tel inconvenient que cestuy-là. Elle, qui estoit à la bonne foy, pensa que ce qu'il luy disoit estoit vray, car il parloit brusquement et comme s'il luy eust voulu faire entendre qu'il faisoit beaucoup pour elle, et que ce ne fust qu'une corvée pour luy. Conclusion : elle se fit achever cet enfant, dont le sire André s'acquitta gentiment, non pas seullement pour ceste foys-là, mais y retourna assez souvent depuis. Et à une des fois la jeune femme luy disoit : Voire mais, si vous luy

---

1. La Fontaine exprime cela par *enfant monaut*, mot qui n'est dans aucun dictionnaire, qui ne se dit nulle part et qui est de son invention. — L. M.

faictes quattre ou cinq oreilles? Arrière, ce sera une mauvaise besoigne.—Non, non, ce dit le sire André, je n'en feray qu'une; mais pensez-vous qu'elle soit si tost faicte? Vostre mary a demeuré si long-temps à faire ce qu'il y ha de faict! Et puis on peult bien faire moins, mais on ne sçauroit en faire plus : car, quand une chose est achevée, il n'y fault plus rien. En cest estat fut achevée ceste oreille. Quant le mary fut venu de dehors, sa femme luy dit la nuict, en folatrant : Ma figue, vous estes un beau faiseur d'enfant! Vous m'en aviez fait un qui n'eust eu qu'une oreille, et vous en estiez allé sans l'achever.—Allez, allez, dit-il, que vous estes folle! Les enfans se font-ilz sans oreilles?—Ouy dea, ilz s'y font, dit-elle; demandez à sire André, qui m'ha dit qu'il en a veu plus de vingt qui n'en avoyent qu'une par faulte de les avoir achevez, et que c'est la chose la plus mal-aisée à faire que l'oreille d'un enfant; et, s'il ne la m'eust achevée, pensez que j'eusse fait un bel enfant! Le mari ne fut pas trop content de ces nouvelles. — Quel achevement est-ce ci? dit-il. Qu'est-ce qu'il vous ha fait pour l'achever?—Le demandez-vous? dit-elle; il m'ha fait comme vous me faictes. — A ha! dit le mary, est-il vray? M'en avez-vous fait d'une telle? Et Dieu sçait de quel sommeil il dormit là-dessus! Et luy, qui estoit homme colère, en pensant à l'achevement de ceste oreille, donna par fantaisie plus de cent coups de dague à l'acheveur; et luy dura la nuict plus de mil ans qu'il n'estoit desjà après ses vengeances. Et, de fait, la première chose qu'il fit quand il fut levé, ce fut d'aller à ce sire André, auquel il dit mille outraiges, le menassant qu'il le feroit repentir du meschant tour qu'il luy avoit fait. Toutesfois, de grand menasseur peu de fait : car, quand il eut bien fait du mauvais, il fut contraint de s'appaiser pour une couverte de Cataloigne[1] que luy donna le sire André, à la charge, toutesfois, qu'il ne se mesleroit plus de faire les oreilles de ses enfans, et qu'il les feroit bien sans luy.

NOUVELLE X.

De Fouquet, qui fit accroire au procureur en Chastellet, son maistre, que le bon homme estoit sourd, et au bon homme que le procureur l'estoit; et comment le procureur se vengea de Fouquet.

Un procureur en Chastellet tenoit deux ou trois clercs soubz luy, entre lesquelz y avoit un apprentif, filz d'un homme assez riche de la ville mesme de Paris, lequel l'avoit baillé à ce procureur pour apprendre le stile. Le jeune filz s'appeloit Fouquet, de l'âge de seize à dix-sept ans, qui estoit bien affaicté et faisoit tousjours quelque chattonnie. Or, selon la coustume des maisons des procureurs, Fouquet faisoit toutes les corvées, entre lesquelles l'une estoit qu'il ouvroit quasi tousjours la porte quand on tabutoit, pour congnoistre les parties que servoit son maistre, et pour sçavoir

---

1. Ou Catalogne. Les couvertures venoient de ce pays, et en retinrent long-temps le nom dans plusieurs provinces.

qu'elles demandoient, pour le luy rapporter. Il y avoit un homme de Bagneux qui plaidoit en Chastellet, et avoit pris le maistre de Fouquet pour son procureur, lequel il venoit souvent voir, et, pour mieux estre servy, luy apportant par les foys chappons, beccasses, levrauts, et venoit voulentiers un peu après midy, sus l'heure que les clercs disnoyent ou achevoyent de disner, auquel Fouquet alloit ouvrir; mais il n'y prenoit point de plaisir à une telle heure, car il y alloit du temps pour luy, parce que le bon homme se mettoit en raison avecques luy, tellement qu'il falloit bien souvent que Fouquet allast parler à son maistre et puis en rendre responce, qui faisoit qu'il disnoit quelques foys bien legerement; et son maistre, d'une aultre part, n'avoit pas grand respect à luy, car il l'envoyoit à la ville à toutes heures du jour, vingt fois et cent fois, ne sçay combien, dont il estoit fort fasché. A l'une des fois, voicy ce bon homme de Bagneux qui frappe à la porte et à l'heure accoustumée, lequel Fouquet entendoit assez au frapper. Quand il eut tabuté deux ou trois coups, Fouquet luy va ouvrir, et en allant s'avisa de jouer un tour de chatterie à son homme, qui vient, disoit-il, tousjours quand on disne, et se pensa comment son maistre en auroit sa part. Ayant ouvert l'huis : Et puis[1], bon homme, que dittes-vous ?—Je vouloys parler à Monsieur, dit-il, pour mon procès. — Et bien! dit Fouquet, dittes-moi que c'est, je le le luy iray dire. — Oh! dit le bon homme, il faut

---

1. C'étoit une des formules du salut; on la retrouve plusieurs fois dans les facéties des XVe et XVIe siècles.

que je parle à luy; vous n'y feriez rien sans moy.
— Bien donq, dit Fouquet, je m'en vois luy dire
que vous estes icy. Fouquet s'en va à son maistre et lui dit : C'est cest homme de Bagneux
qui veult parler à vous. — Fay-le venir, dit le
procureur. — Monsieur, dit Fouquet, il est devenu tout sourd; au moins il oyt bien dur. Il faudroit parler bien hault si vous vouliez qu'il vous
entendist. — Et bien! dit le procureur, je parlerai prou haut. Fouquet retourne au bon homme
et luy dit : Mon amy, allez parler à Monsieur;
mais sçavez-vous que c'est? Il ha eu un catherre
qui luy est tombé sus l'oreille, et est quasi devenu
sourd. Quand vous parlerez à luy, criez bien
haut; autrement il ne vous entendroit pas. Cela
faict, Fouquet s'en va veoir s'il acheveroit de
disner, et en allant il dit en soy-mesme : Nos
gens ne parleront pas tantost en conseil. Ce bon
homme entre en la chambre où estoit le procureur, le salue en luy disant : Bonjour, Monsieur,
si hault qu'on l'oyoit de toute la maison. Le procureur luy dit encores plus haut : Dieu vous
gard', mon amy. Que dittes-vous? Lors ilz entrèrent en propos de procès et se mirent à crier tous
deux comme s'ilz eussent esté en un bois. Quand
ilz eurent bien crié, le bon homme prend congé de
son procureur et s'en va. De là à quelques jours
voicy retourner ce bon homme, mais ce fut à
une heure que, par fortune, Fouquet estoit allé
par ville là où son maistre l'avoit envoyé. Ce
bon homme entre, et, après avoir salué son procureur, luy demande comment il se portoit. Il respond qu'il se portoit bien. — Eh! Monsieur, dit
le bon homme, Dieu soit loué! vous n'estes plus

sourd, au moins ? Dernierement que vins icy, il falloit parler bien hault ; mais maintenant vous entendez bien, Dieu mercy. Le procureur fut tout esbahy. Mais vous, dit-il, mon amy, estes-vous bien guery de vos oreilles ? C'estoit vous qui estiez sourd. Le bon homme luy respond qu'il n'en avoit point esté malade et qu'il avoit tousjours bien ouy, la grace à Dieu. Le procureur se souvint bien incontinent que c'estoit des fredaines de Fouquet ; mais il trouva bien de quoy le luy rendre, car, un jour qu'il l'avoit envoyé à la ville, Fouquet ne faillit point à se jetter dedans un jeu de paulme qui n'estoit pas guères loing de la maison, ainsi qu'il faisoit le plus des fois quand on l'envoyoit quelque part ; de quoy son maistre estoit assez bien adverty, et mesme l'y avoit trouvé quelques fois en passant. Sçachant bien qu'il y estoit, il envoya dire à un barbier, son compère, qui demeuroit là auprès, qu'il luy fist tenir un beau balay neuf tout prest, et luy fit dire à quoy il en avoit affaire. Quand il sçeut que Fouquet pouvoit estre bien eschauffé à testonner la bourre, il vint entrer au jeu de paulme et appelle Fouquet, qui avoit desjà bandé sa part de deux douzaines d'esteufz et jouoit à l'acquict. Quand il le vit ainsi rouge : Eh ! mon amy, vous vous gastez, dict-il ; vous en serez malade, et puis vostre père s'en prendra à moy. Et là-dessus, au sortir du jeu de paulme, le fait entrer chez le barbier, auquel il dit : Mon compère, je vous prie, prestez-moi quelque chemise pour ce jeune filz qui est tout en eau, et le faictes un petit frotter. — Dieu ! dit le barbier, il en a bon mestier ; aultrement il seroit en danger d'une pleuresie. Ilz font entrer Fouquet en une arrière-boutique et le font despouiller au long du feu qu'ilz firent allumer pour faire bonne mine. Et cependant les verges s'apprestoyent pour le povre Fouquet, qui se fust bien voluntiers passé de chemise blanche. Quand il fut despouillé, on apporte ces maudites verges, dont il fut estrillé soubz le ventre et par tout; et, en le fouettant, son maistre lui disoit : Dea, Fouquet, j'estois l'aultre jour sourd; et vous, estes-vous point punais à cest heure ? Sentez-vous bien le balay[1]. Et Dieu sçait comment il pleut sus sa mercerie[2]! Ainsi le gentil Fouquet eut loisir de retenir qu'il ne fait pas bon se jouer à son maistre.

Nouvelle XI.

D'un docteur en decret qu'un beuf blessa si fort qu'il ne sçavoit en quelle jambe c'estoit.

Un docteur en la faculté de décret[3], passant pour aller lire aulx escolles, rencontra une troupe de beufs (ou la troupe de beufs le rencontra) qu'un valet de boucher menoit devant soy, l'un desquelz qui-

---

1. Les punais n'ont point d'odorat, et sont privés par conséquent de la faculté de sentir les odeurs; mais quand on demande à Fouquet, en le fouettant, s'il n'est point punais, s'il sent le balai, on équivoque sur le mot *sentir*, par rapport aux odeurs et aux coups de fouet, qui se font sentir, mais fort diversement. — L. M.

2. Voy. une note de la Nouvelle I, 2e partie.

3. Droit canon, du mot *decretum*, qui est le titre de la compilation de Gratien, première partie de ce droit.

dem beufz, comme monsieur le docteur passoit sus sa mule, vint frayer un petit contre sa robe, dont il se print incontinent à crier : A l'ayde! ô le meschant beuf! il m'ha tué! je suis mort! A ce cry s'amassèrent force gens, car il estoit bien congneu, parce qu'il y avoit trente ou quarante ans qu'il ne bougeoit de Paris, lesquelz, à l'ouir crier, pensoyent qu'il fust enormement blessé. L'un le soustenoit d'un costé, l'autre d'un aultre, de peur qu'il ne tumbast de dessus sa mule ; et entre ses hauts criz, il dit à son *famulus*, qui avoit non Corneille : Vien çà. Eh! mon Dieu! va-t'en aux escolles, et leur dy que je suis mort, et qu'un beuf m'ha tué, et que je ne sçaurois aller faire ma lecture, et que ce sera pour une aultre fois. Les escolles furent toutes troublées de ces nouvelles, et aussi messieurs de la Faculté ; et incontinent l'allèrent veoir quelques uns d'entre eulx qui furent deputez, qui le trouvèrent estendu sus un lit, et le barbier[1] environ, qui avoit des bandeaux d'huiles, d'onguens, d'aubins d'eufs et tous les ferrementz en tel cas requis. Monsieur le docteur plaignoit la jambe droitte si fort qu'il ne pouvoit endurer qu'on le dechaussast, mais fallut incontinent descoudre la chausse. Quand le barbier eut veu la jambe à nud, il ne trouva point de lieu entamé ny meurdry, ni aucune apparence de blesseure, combien que tousjours monsieur le docteur criast : Je suis mort, mon amy! je suis mort. Et quand le barbier y vouloit toucher de la main, il crioit encores plus haut : Oh! vous me

---

1. Barbier ou chirurgien : c'étoit une même profession à cette époque.

tuez ! je suis mort ! — Et où est-ce qu'il vous faict le plus de mal, Monsieur ? disoit le barbier. — Et ne le voyez-vous pas bien ? disoit-il. Un beuf qui m'ha tué, et il me demande où c'est qu'il m'ha blessé ! Eh ! je suis mort ! Le barbier luy demandoit : Est-ce là, Monsieur ? — Nenny. — Et là ? — Nenny. Brief, il ne s'y trouvoit rien. — Eh ! bon Dieu ! qu'est-ce cy ? ces gens icy ne sçauroyent trouver là où j'ay mal. N'est-il point enflé ? dit-il au barbier. — Nenny. — Il fault donc, dit monsieur le docteur, que ce soit en l'autre jambe, car je sçay bien que le beuf m'ha heurté. Il fallut deschausser ceste aultre jambe ; mais elle se trouva blessée comme l'aultre. Baa ! ce barbier icy n'y entend rien : allez m'en querir un aultre. On y va ; il vint, il n'y trouve rien. — Eh ! mon Dieu, dit monsieur le docteur, voicy grand chose ! Un beuf m'auroit-il ainsi frappé sans me faire mal ? Vien çà, Corneille ; quand le beuf m'a blessé, de quel costé venoit-il ? N'estoit-ce pas devers la muraille ? — Oui, *Dómine*, ce disoit le *famulus* ; c'est donc en ceste jambe icy. — Je le leur ay bien dit dès le commencement ; mais il leur est advis que c'est mocque[1]. Le barbier voyant bien que le bon homme n'estoit malade que d'aprehension, pour le contenter, il y mit un appareil legier, et luy banda la jambe en luy disant que cela suffiroit pour le premier appareil. — Et puis, dit-il, monsieur nostre maistre, quand vous aurez advisé en quelle jambe est vostre mal, nous y ferons quelque aultre chose.

---

1. VAR. : *C'est se mocquer.*

NOUVELLE XII.

Comparaison des alquemistes à la bonne femme qui portoit une potée de lait au marché.

Chascun sçait que le commun langaige des alquemistes, c'est qu'ilz se promettent un monde de richesses, et qu'ilz sçavent des secrets de nature que tous les hommes ensemble ne sçavent pas; mais à la fin tout leur cas s'en va en fumée, tellement que leur alquemie se pourroit plus proprement dire : *Art qui mine*, ou *Art qui n'est mie*; et ne les sçauroit-on mieux comparer qu'à une bonne femme qui portoit une potée de laict au marché, faisant son compte ainsi : qu'elle la vendroit deux liards; de ces deux liards elle en achepteroit une douzaine d'eufs, lesquelz elle mettroit couver, et en auroit une douzaine de poussins; ces poussins deviendroient grands, et les feroit chaponner; ces chapons vaudroyent cinq solz la pièce : ce seroit un escu et plus, dont elle achepteroit deux cochons, masle et femelle, qui deviendroyent grands et en feroient une douzaine d'autres, qu'elle vendroit vingt solz la pièce [1] après les avoir nour-

---

1. Ils se maintinrent long-temps à ce prix. On citoit encore au XVIIe siècle des contrées où l'on ne les taxoit pas même 20 sous quand ils n'étoient pas d'un poids avantageux. Il falloit d'ailleurs que cet animal fût peu estimé pour qu'on ne le vendît pas plus cher qu'une oie à l'époque où ce volatile étoit rare.

riz quelque temps : ce seroyent douze francs, dont elle achepteroit une jument, qui porteroit un beau poulain, lequel croistroit et deviendroit tant gentil : il saulteroit et feroit *hin*¹. Et, en disant *hin*, la bonne femme, de l'aise qu'elle avoit en son compte, se print à faire la ruade que feroit son poulain, et en la faisant sa potée de lait va tomber et se respandit toute. Et voilà ses eufs, ses poussins, ses chapons, ses cochons, sa jument et son poulain, tous par terre. Ainsi les alquemistes, après qu'ils ont bien fournayé, charbonné, lutté, soufflé, distillé, calciné, congelé, fixé, liquefié, vitrefié, putrefié, il ne fault que casser un alembic pour les mettre au compte de la bonne femme.

Nouvelle XIII.

Du roy Salomon, qui fit la pierre philosophale, et la cause pourquoy les alquemistes ne viennent au dessus de leurs intentions.

a cause pour laquelle les alquemistes ne peuvent parvenir au bout de leurs entreprinses, tout le monde ne la sçait pas; mais Marie la prophetesse² la met bien

---

1. La Monnoye cite à ce propos le proverbe espagnol suivant : *Mula que hace hin y muger que parla latin, nunca hizieron buen afin* (Mule qui fait *hin* et femme qui parle latin jamais ne font bonne fin).

2. Sœur de Moïse et d'Aaron, au dire des alchimistes : ils

à propos et fort bien au long en un livre qu'elle a fait de la grande excellence de l'art [1], exhortant les philosophes et leur donnant bon courage qu'ils ne se desespèrent point, et disant ainsi que la pierre des philosophes est si digne et si precieuse que, entre ses admirables vertus et excellences, elle ha puissance de contraindre les espritz [2], et que quiconque l'ha, il les peut conjurer, anathematiser, lier, garrotter, bafouer, tormenter, emprisonner, geiner, martirer. Brief, il en joue de l'espée à deux mains, et peut faire tout ce qu'il veult, s'il sçait bien user de sa fortune. Or est-ce, dit-elle, que Salomon eut la perfection de ceste pierre, et si congneut par inspiration divine la grande et merveilleuse proprieté d'icelle, qui estoit de contraindre les gobelins, comme nous avons dit. Parquoi aussi-tost qu'il l'eut faicte, il conclut de les faire venir; mais il fit premierement faire une cuve de cuyvre de merveilleuse grandeur, car elle n'estoit pas moindre que tout le circuit du boys de Vincennes, sauf que, s'il s'en falloit quelque demy pied ou environ, c'est tout un : il ne fault point s'arrester à peu de chose. Vray est qu'elle estoit plus ronde, et la falloit ainsi grande pour faire ce qu'il en vouloit faire; et par mesme moyen fit faire un couvercle, le plus juste qu'il estoit possible. Et quant et quant et pareillement, fit faire

ont donné son nom à la préparation si connue appelée *bain-marie*.

1. Ouvrage apocryphe. Les alchimistes en ont supposé bien d'autres pour donner plus de poids à leur science et à leurs opérations.
2. Ce qu'affirment aussi J. de Voragine dans la *Legende dorée*, et P. de Natalibus, Vie de sainte Marguerite.

une fosse en terre assez large pour enterrer cette cuve, et la fit caver le plus bas qu'il peut. Quand il veit son cas ainsi bien appareillé, il fit venir, en vertu de ceste saincte pierre, tous les espritz de ce bas monde, grands et petits, commençant aux quatre empereurs des quatre coings de la terre; puis fit venir les roys, les ducs, les contes, les barons, les colonnelz, capitaines, caporaux, lancespessades[1], soudars à pied et à cheval, et tous tant qu'il y en avoit. Et, à ce compte, il n'en demeura pas un pour faire la cuisine. Quand ilz furent venuz, Salomon leur commanda, en la vertu susdicte, qu'ilz eussent tous à se mettre dedans ceste cuve, laquelle estoit enfoncée dedans ce creux de terre. Les espritz ne sceurent contredire qu'ils n'y entrassent, et croyez que c'estoit à grand regret, et qu'il y en avoit qui faisoyent une terrible grimasse. Incontinent qu'ils furent là dedans, Salomon fit mettre le couvercle dessus, et le fit très bien lutter, *cum luto sapientiæ*[2], et vous laisse messieurs les diables là dedans, lesquelz il fit encores couvrir de terre, jusques à ce que la fosse en fust comble. En quoy toute son intention estoit que le monde ne fust plus infecté de ces meschans et maudits vermeniers, et que les hommes de là en avant vesquissent en paix et amour, et que toutes vertus et resjouissances regnassent sus terre. Et,

---

1. Ces termes: *colonels*, *caporaux*, *lancespessades* étoient bien modernes à l'époque où Des Périers s'en est servi. Voy. le glossaire.

2. Enduit dont les alchimistes attribuent l'invention à Hermès Trismégiste, et que, pour cette raison, ils appellent hermétique.

de fait, soudainement après furent les hommes joyeux, contens, sains, gays, drus, hubiz, vioges, alaigres, esbaudiz, galans, galois, gaillardz, gentz, frisques, mignons, poupins, brusques[1]. O! qu'ilz se portoyent bien! O! que tout alloit bien! La terre apportoit toutes sortes de fruitz sans main mettre[2]; les loups ne mangeoyent point le bestial; les lions, les ours, les tigres, les sangliers, estoient privez comme moutons. Brief, toute la terre sembloit estre un paradis cependant que ces truans de diables estoient en basse fosse. Mais qu'avint-il? Au bout d'un long espace de temps, ainsi que les règnes se changent et que les villes se destruisent et qu'il s'en reedifie d'aultres, il y eut un roy auquel il print envie de bastir une ville. La fortune voulut qu'il entreprint de la bastir au propre lieu où estoient ces diables enterrez. Il fault bien que Salomon faillist à y faire entrer quelque petit diable qui s'estoit caché soubz quelque motte de terre quand ses compagnons y entrèrent; lequel quidam-diablotin mit en l'entendement de ce roy de faire sa ville en cedit lieu, afin que ses compagnons fussent delivrez. Ce roy donc mit gens en œuvre pour faire ceste ville, laquelle il vouloit magnifique, forte et imprenable; et pour ce, il y

---

[1]. Ces successions de mots se rencontrent fréquemment chez les conteurs : « De longs, petits, grands, courts, gros, menuz, droits, pesants, tortus et légers instruments de fer et acier de Lubie, en façon de tarières, vilbrequins, foretz, bernagoes, tilles, gibletz, très-fontz, alesnes et autres engins penetratifs... », dit *la Nouvelle fabrique des excellents traits de verité* (Ed. Jannet, p. 21). Nous citons cet ouvrage, qui en renferme d'autres exemples assez plaisants, notamment pages 25, 56 et 63.

[2]. Sans culture.

falloit de terribles fondemens pour faire les murailles, tellement que les pionniers cavèrent si bas, que l'un d'entre eulx vint tout premier à descouvrir ceste cuve où estoyent ces diables, lequel l'ayant ainsi heurtée, et que ses compagnons s'en furent apperceuz, ilz pensèrent bien estre tous riches, et qu'il y eust un tresor inestimable là-dedans. Helas! quel tresor c'estoit! Eh Dieu! que ce fut bien en la malheure! O! que le ciel estoit bien lors envieux contre la terre! O! que les dieux estoyent bien courroussez contre le povre genre humain! Où est la plume qui sceust escripre, où est la langue qui sceust dire assez de maledictions contre ceste horrible et malheureuse descouverte? Voilà que fait l'avarice, voilà que fait l'ambition, qui creuse la terre jusques aux enfers pour trouver son malheur, ne pouvant endurer son ayse. Mais retournons à nostre cuve et à noz diables. Le compte dit qu'il ne fut pas en la puissance de ces becheurs de la pouvoir ouvrir sitost, car avec la grandeur, elle estoit espaisse à l'avenant. Pour ce, il fut force que le roy en eust la congnoissance, lequel l'ayant veue, ne pensa pas aultre chose que ce qu'en avoyent pensé les pionniers : car qui eust jamais imaginé qu'il y eust eu des diables dedans, quand mesmes on ne pensoit plus qu'il y en eust au monde, veu le long temps qu'il y avoit qu'on en avoit ouy parler? Ce roy se souvenoit bien que ses predecesseurs roys avoyent esté infiniment riches, et ne pouvoit estimer aultre chose, sinon qu'ilz eussent là enfermé une finance incroyable, et que les destins l'avoyent reservé à estre possesseur d'un tel bien, pour estre le plus grand roy de la terre. Conclusion : il employa tant de gens qu'il en avoit environ ceste cuve. Et cependant qu'ilz chamailloyent, ces diables estoyent aux escoutes et ne savoyent bonnement que croire, si on les tiroit point de là pour les mener pendre, et que leur procès eust esté fait depuis qu'ils estoyent là. Or, les gastadours donnèrent tant de coups à ceste cuve qu'ilz la faussèrent, et quand et quand enlevèrent une grand pièce du couvercle, et firent ouverture. Ne demandez pas si messieurs les diables se battoyent à sortir à la foulle, et quelz criz ilz faisoyent en sortant, lesquelz espouvantèrent si fort le roy et tous ses gens, qu'ilz tombèrent là comme morts. Et mes diables devant et au pied, ils s'en revont par le monde, chascun en sa chascunière; fors que par advanture il y en eut quelques uns qui furent tout estonnez de veoir les regions et les pays changez depuis leur emprisonnement. Au moyen de quoy ils furent vagabonds tout un temps, ne sçachans de quel pays ilz estoyent, ne voyans plus le clochier de leur paroisse. Mais, par tout où ils passoyent, ilz faisoyent tant de maulx, que ce seroit une horreur de les raconter. En lieu d'une meschanceté qu'ilz faisoyent le temps jadis, pour tourmenter le monde, ilz en inventèrent de toutes nouvelles. Ilz tuoyent, ilz ruoyent, ilz tempestoyent, ilz renversoyent tout c'en dessus dessous[1]. Tout alloit par

---

1. Les alchimistes classent ces méchants démons parmi ceux que le sort a condamnés à souffrir. S'il les faut croire, des six genres principaux de démons, « il n'y en a que trois espèces qui souffrent, pâtissent et endurent, à sçavoir les feu-fuyans, aquatiques et terrestres, et sont ceux que l'on appelle volontiers incubes et succubes. » (J. Tahureau, *Dialogues*, Lyon, 1602, p. 231.)

escuelles, mais aussi les diables y estoyent. De ce temps-là il y avoit force philosophes (car les alquemistes s'appellent philosophes par excellence), d'autant que Salomon leur avoit laissé par escript la manière de faire la saincte pierre, laquelle il avoit reduite en art, et s'en tenoit escole comme de grammaire, de mode que plusieurs arrivoyent à l'intelligence, attendu mesmes que les vermeniers ne leur troubloient point le cerveau, estans enclos. Mais si-tost qu'ilz furent en liberté, se ressentans du mauvais tour que leur avoit joué Salomon en vertu de ceste pierre, la première chose qu'ilz firent, ce fut d'aller aux fourneaux des philosophes et de les mettre en pièces. Et mesmes trouvèrent façon d'effacer, d'esgraffigner, de rompre, de falsifier tous les livres qu'ils peurent trouver de ladite science, tellement qu'ilz la rendirent si obscure et si difficille que les hommes ne sçavent qu'ilz y cherchent, et l'eussent voulentiers abolie du tout; mais Dieu ne leur en donna pas la puissance. Bien eurent-ilz cette permission d'aller et de venir pour empescher les plus sçavans de faire leurs besongnes, tellement que quand il y en ha quelqu'un qui prend le bon chemin pour y parvenir, et que telle foys il ne luy fault quasi plus rien qu'il n'y touche, voicy un diablon qui vient rompre un alembic, lequel est plein de ceste matière precieuse, et fait perdre en une heure toute la peine que le povre philosophe ha prise en dix ou douze ans, de sorte que c'est à refaire. Non pas que les pourceaux y ayent esté, mais les diables, qui valent pis. Voilà la cause pourquoy on voit aujourd'huy si peu d'alquemistes qui parviennent à leurs entreprises; non que la science ne soit aussi vraye qu'elle fut onq, mais les diables sont ainsi ennemis de ce don de Dieu. Et par ce qu'il n'est pas qu'un jour quelqu'un n'ayt ceste grace de la faire aussi bien que Salomon la fit onques, de bonne aventure s'il advenoit de nostre temps, je le prie par ces presentes qu'il n'oublie pas à conjurer, adjurer, excommunier, anathematiser, exorcizer, cabalizer, ruiner, exterminer, confondre, abismer ces mechans gobelins, vermeniers, ennemys de nature et de toutes bonnes choses, qui nuisent ainsi aux povres alquemistes, mais encore à tous les hommes, et aux femmes aussi, cela s'entend : car ilz leur mettent mille rigueurs, mille reffus, et mille fantaisies en la teste; voire et eux-mesmes se mettent en la teste de ces vieilles sempiterneuses, et les rendent diablesses parfaictes. De là est venu que l'on dit d'une mauvaise femme qu'elle ha la teste au diable.

Nouvelle XIV.

De l'advocat qui parloit latin à sa chambrière, et du clerc qui estoit le truchement.

Il y ha environ vingt-cinq ou quarante ans qu'en la ville du Mans y avoit un advocat qui s'appelloit La Roche Thomas, l'un des plus renommez de la ville, comme que de ce temps y en eust bon nombre de sçavans; tellement qu'on venoit bien à conseil jusques au Mans de l'université d'Angers. Celuy sieur de La Roche estoit homme joyeux, et accordoit bien les recreations avec les choses serieuses ; il faisoit bonne chère en sa maison, et, quand il estoit en ses bonnes, qui estoit bien souvent, il latinisoit le françois et francisoit le latin, et s'y plaisoit tant qu'il parloit demy latin à son valet et à sa chambrière aussi, laquelle il appelloit Pedissèque. Et quand elle n'entendoit pas ce qu'il luy disoit, si n'osoit-elle pas luy faire interpreter ses motz, car La Roche Thomas luy disoit : Grosse pecore arcadicque, n'entends-tu point mon idiome ? Des quels mots la povre chambrière estoit estonnée des quatre pieds[1], car elle pensoit que c'estoit la plus grande malediction du monde. Et à la verité il usoit quelquesfois de si rudes termes, que les poules s'en fussent levées du juc. Mais elle trouva façon d'y remedier, car elle s'accointa de l'un des clercs, lequel luy mettoit par aventure l'intelligence de ces motz en la teste par le bas, et la secouoit, dis-je la secouroit[2] au besoin : car quand son maistre lui avoit dit quelque mot, elle ne faisoit que s'en aller à son truchement, qui l'en faisoit sçavante. Un jour de par le monde il fut donné un pasté de venaison à La Roche Thomas, duquel ayant mangé deux ou trois les-

---

1. Auroit-elle été pourvue de quatre pieds, elle eût été en danger de tomber à la renverse d'étonnement (L. M.). — Cette interprétation n'est qu'ingénieuse : je crois tout simplement que des Périers compare cette bonne vieille à un quadrupède parceque l'étonnement lui donne un air stupide.

2. Ainsi que le fait observer La Monnoye dans son édition de Des Périers, t. I, p. 162, le jeu de mots seroit plus complet si une fille disoit à un garçon : secourez-moi ! et que celui-ci répondit : Oui, je vous secourai volontiers.

ches à l'espargne avec ceulx qui disnèrent quand luy, il dit à sa chambrière en desservant : Pedissèque, *serve* moi ce farcime de *ferine*, qu'il ne soit point *famulé* [1]. La chambrière entendit assez bien qu'il luy parloit d'un pasté, car elle luy avoit aultrefois ouy dire le mot de farcime, et puis il le luy monstroit ; mais ce mot de famulé, qu'elle retint en se hastant d'escouter, elle ne sçavoit encores qu'il vouloit dire. Elle print ce pasté, et, ayant fait semblant d'avoir bien entendu, dit : Bien, Monsieur. Et vint à ce clerc quand ilz furent à part, lequel d'adventure avoit esté present au commandement du maistre, pour luy demander l'exposition de ce mot famulé. Mais le mal fut que, pour celle fois, il ne luy fut pas fidelle, car il luy dit : M'amie, il t'ha dit que tu donnasses de ce pasté aux clercs, et puis que tu serrasses le demeurant. La chambrière le creut, car jamais elle ne s'estoit mal trouvée de rapport qu'il luy eust faict. Elle met ce pasté devant les clercs, qui ne l'espargnèrent pas, comme on avoit fait à la première table, car ils mirent la main en si bon lieu qu'il y parut. Le lendemain La Roche Thomas, cuidant que son pasté fust bien en nature, appelle à disner des plus apparens du palais du Mans (qui ne s'appelloit pour alors que la sale) et leur fist grande feste de ce pasté. Ilz viennent, ilz se mettent à table. Quand ce fut à presenter ce pasté, il estoit aisé de voir qu'il avoit passé par de bonnes mains. On ne sauroit dire si la Pedissèque fut plus mal menée de son maistre d'avoir

---

[1]. *Gardez-moi ce pâté de venaison, et que la valetaille n'y touche.* Voir au Glossaire l'explication de chacun de ces mots.

laissé famuler ce farcime, ou si ledit maistre fut mieulx gaudy de ceux qu'il avoit conviez pour avoir parlé latin à sa chambrière en luy recommandant un friand pasté, ou si la chambrière fut plus marrie contre le clerc qui l'avoit trompée ; mais, pour le moins, les deux ne durèrent pas tant comme le tiers, car elle fongna au clerc plus d'un jour et une nuict, et le menassa fort et ferme qu'elle ne luy presteroit jamais chose qu'elle eust. Mais, quand elle se fut bien ravisée qu'elle ne se pouvoit passer de luy, elle fut contrainte d'appointer le dimanche matin, que tout le monde estoit à la grand messe, fors qu'eulx deux, et mangèrent ensemble ce qui estoit demeuré du jeudy, et raccordèrent leurs vielles comme bons amis [1]. Advint un autre jour que La Roche Thomas estoit allé disner en la ville chez un de ses voisins, comme la coustume ha tousjours esté en ces quartiers là de manger les uns avec les aultres et de porter son disner et son soupper, tellement que l'hoste n'est point foulé, si non qu'il met la nappe. La Roche Thomas, qui pour lors estoit sans femme, avoit faict mettre pour son disner seulement un poulet rosty, que sa chambrière luy apporta entre deux platz. Il luy dit tout joyeusement : Qu'est-ce que tu *m'affères* là, Pedissèque ? Elle luy respondit : Monsieur, c'est un poulet. Luy, qui vouloit estre veu magnifique, ne trouve pas cette response bonne, et la note jusques à tant qu'il fut retourné en sa mai-

---

1. On trouve dans notre conteur plusieurs comparaisons tirées de l'art musical, qu'il affectionnoit. Voy. Nouvelle LX : Il fit tant, qu'il accorda ses flutes avec ceste jeune femme, etc.

son, qu'il appella sa chambrière tout fascheusement *Pedissèque*, laquelle entendit bien à l'accent de son maistre qu'elle auroit quelque leçon, et va incontinent querir son truchement pour assister à la lecture et luy pouvoir rapporter ce que son maistre luy diroit, car il tensoit bien souvent en latin et tout. Quand elle fut comparue, La Roche Thomas luy va dire : Viens-çà, gros animal brutal, idiote, inepte[1], *insulse, nugigerulle, imperite*, et tous les mots du Donat. Quand je disne à la ville et que je te demande que c'est que tu m'afferes, qui t'a monstré à respondre : un poullet? Parle, parle une aultre foys en plurier nombre, grosse quadrupède, parle en plurier nombre. Un poulet! voylà un beau disner d'un tel homme que La Roche Thomas! La Pedissèque n'avoit jamais esté desjeunée de ce mot de *plurier nombre*, par quoy elle se fit explicquer par son clerc, qui luy dit : Sçaiz-tu que c'est? Il est marry qu'aujourd'huy, en luy portant son disner, quand il t'ha demandé que c'estoit que tu luy apportoys, que tu luy ayes respondu : un poulet, et il veut que tu dies des pouletz, et non pas un poulet. Voilà ce qu'il veut dire par plurier nombre, entends-tu? La Pedissèque retint bien cela. De là à quelques jours La Roche Thomas estant encor allé disner chez un sien voisin (ne sçay si c'estoit chez le mesme de l'autre jour), sa chambrière luy porte son disner. La Roche Thomas luy demande, selon sa coustume, que c'est qu'elle afféroit. Elle, se souvenant bien de sa leçon, respondit inconti-

---

1. Ces deux mots n'avoient donc pas encore droit de cité.

nent : Monsieur, ce sont des beufs et des moutons. Dont elle appresta à rire à toute la présence, principalement quand ilz eurent entendu qu'il apprenoit à sa chambrière à parler en plurier nombre [1].

---

[1]. Cette nouvelle a bien pu être inspirée à Des Périers par son ami Pelletier, qui vivoit au Mans, et conseilloit la prudence aux innovateurs en fait de langage :

> « *Là où tout peut estre traitté,*
> Pourveu que bien tu te disposes ;
> *S'il y a de la pauvreté,*
> *Qui garde que tu ne composes*
> *Nouveaux motz aux nouvelles choses ?* »
>
> (Œuvres, Paris, Vascosan, in-8, p. 3, recto.)

Tahureau, son compatriote, étoit un peu plus sévère que lui : « J'ay bien voulu advertir ceux qui passeroyent le temps à lire mes œuvres, s'ilz y rencontroyent quelques mots nouveaux, de croyre que je n'en ay usé que pour la nécessité ou douceur de la langue, neantmoins peu souvent, ne m'y voulant point monstrer affecté, comme plusieurs du jourd'huy, qui ne penseroyent pas avoir rien faict de bon si, à tous propos, ilz ne farcissoyent leurs livres d'une infinité de termes nouveaux, rudes, et du tout eslongnés du vulgaire ; se faisans par ce moyen et par autres telles quint'essences estimer grands, seulement de ceux qui n'admirent rien plus que ce qu'ilz entendent le moins. » (*Les poésies*, Paris, Langelier, 1574, préface.)

J'ai tenu à citer ces deux écrivains, auxquels il faut savoir gré d'avoir prêché aux *ronsardiseurs* le bon sens et la raison.

Nouvelle XV.

Du cardinal de Luxembourg et de la bonne femme qui vouloit faire son filz prebstre, qui n'avoit point de tesmoings : et comment ledict cardinal se nomma Philippot.

Du temps du roy Louys douziesme y avoit un cardinal de la maison de Luxembourg lequel fut evesque du Mans[1], et se tenoit ordinairement sus son evesché, homme vivant magnifiquement, aimé et honoré de ses diocesains, comme prince qu'il estoit. Avec sa magnificence, il avoit une certaine privaulté qui le faisoit encores mieulx vouloir de tout le monde, et mesme estoit facetieux en temps et lieu; et, s'il aimoit bien à gaudir, il ne prenoit point en mal d'estre gaudy. Un jour se presenta à luy une bonne femme des champs, comme il estoit facile à escouter toutes personnes, laquelle, après s'estre agenouillée devant luy et ayant eu sa benediction, comme ilz faisoyent bien religieusement de ce temps-là, luy va dire : — Monsieur, ne vous despiése, sa voute gresse[2], contre vous ne set pas dit : j'ay

---

1. Il avoit auparavant occupé les siéges épiscopaux d'Arras et de Boulogne-sur-Mer, et mourut, âgé de près de 80 ans, en 1519. Il a composé de fort médiocres ouvrages de piété.
2. Sauf votre grace. Voy. une note de la Nouvelle XXXIX.

un fils qui ha des-jà vingt ans passez, o reverence! et qui est assez grand; il ha désjà tenu un an les escolles de nostre paroisse: j'en voudras ben faire un prétre, si c'estoit le piésir de Dieu. — Par foy, dit le cardinal, ce seroit bien fait, mamie, il le fault faire. — Vére, més, Monsieur, dit la bonne femme, il y ha quelque chouse qui l'engarde; més en m'ha dict que vous l'en pourriez ben recompenser. (La bonne femme vouloit dire dispenser.) Le cardinal, prenant plaisir en la simplicité de la bonne femme, luy dit: — Et qu'est-ce, mamie? — Monsieur, voez-vous bien, il n'ha point... — Qu'est-ce qu'il n'ha point? dit-il. — Eh! Monsieur, dit-elle, il n'ha point...; je n'ouseras dire, dont vous m'entendez ben, ce que les hommes portant[1]. Le cardinal, qui l'entendoit bien, luy dit: — Et qu'est-ce que les hommes portent? N'ha-t-il point de chausses longues?— Bo! bo! ce n'est pas ce que je veulx dire, Monsieur; il n'ha point de chouses. Le cardinal fut long-temps à marchander avec elle, pour veoir s'il luy pourroit faire parler bon françoys; mais il ne fut possible, car elle luy disoit:—Eh! Monsieur, vous l'entendez ben, à que faire me faictes vous ainsin muser? Toutesfois à la fin elle se luy va dire: Agardez mon, Monsieur, quand il estoit petit il cheut du haut d'une eschelle et se rompit, tant qu'il ha fally le senner (*senner*, en ce païs-là, est chastrer), et sans cela je l'eussion marié, quer c'est le plus grand de tous mes enfans. Le car-

---

1. Le mot françois que cette bonne femme n'osoit dire n'étoit pourtant pas alors un mot sale. On le trouve dans la plupart des livres de physique imprimés de ce temps-là. Le Caro,

dinal luy dit : Par foy ! mamie, il ne laissera pas
d'estre prebstre pour cela, avec dispense, cela
s'entend. Que pleust à Dieu que tous les prebstres de mon diocèse n'en eussent non plus que
luy ! — Eh ! Monsieur, dit-elle, je vous remercie ;
il sera ben tenu de prier Dieu pour vous et pour
vos amis trespassez. Més, Monsieur, il y ha encores un aultre cas que je vous voudras ben dire,
més qui ne vous despiésist. — Et qu'est-ce, mamie ? — O ! regardez mon ! Monsieur, je vous
voudras bien prier, en m'ha dit que les evesques
pouvont ben changer le nom aux gens : j'ay un
aultre hardeau (ainsi appellent-ilz aux champs un
garson, et une garce une hardelle); ils ne font
que se mocquer de ly. Il ha nom Phelipes (sa
voute gresse); il m'est avis quand il aira un
aultre nom, que j'en seray pus à mon ése ; quer
ilz crient aprés ly Phelipot ! Phelipot ! Vous sçavez ben, Monsieur, qu'il fasche ben aulx gens
quand les autres se mocquent d'eux. Je voudras
ben, si c'estoit voute piésir, qu'il eust un autre
nom. Or est-il que le reverendissime s'appelloit
Phelippes. — Par foy ! mamie, dit-il, c'est mal
fait à eux d'appeler ainsi votre filz Phelippot, il
y fault remedier. Mais sçavez-vous bien, mamie,
je ne luy osteray point le nom de Phelippes, car
je veulx qu'il le garde pour l'amour de moy : je
m'appelle Phelippes, mamie, entendez-vous ?
mais je luy donneray mon nom et je prendray le

---

dans le *Predella*, p. 97, se mocque d'une scrupuleuse qui,
n'osant dire *Coglione*, en parlant du fameux capitaine de Ber-
game ainsi nommé, l'appeloit *Bartolomeo di quella cosa che
pende dal cazzo*. — L. M.

sien; il aura nom Phelippes et j'auray nom Phelippot; et qui l'appellera autrement que Phelippes, venez le moy dire, et je vous donneray congé d'en faire tirer une querimoine. Est-ce pas bien dit, mamie ? Vous ne serez pas faschée que votre filz porte mon nom ? — En bonne foy, Monsieur, dit-elle, vous nous faictes pus d'honneur qu'à nous appartient; je prie à Dieu par sa gresse qu'il vous doint bonne vie et longue, et Paradis à la fin. La bonne femme s'en alla bien contente d'avoir eu ainsi bonne response de son évesque, et fit entendre à tous ceulx de son village ce que l'evesque luy avoit dit. Et depuis ledit seigneur, qui recitoit voulentiers telle manière de comptes, se nommoit Phelippot par manière de passetemps, et disoit qu'il n'auroit plus nom Phelippes. Et il fut depuis souvent appellé : dont il ne se faisoit que rire, à la mode d'Auguste César, lequel gaudissoit volontiers et prenoit les gaudisseries en jeu. Tesmoin l'apophtegme tout commun de luy et d'un jeune filz qui vint à Romme, lequel sembloit si bien à Auguste, qu'on n'y trouvoit quasi rien à dire quand aux trétz du visage, et le regardoit-on par toute la ville en grande singularité pour la grande ressemblance d'entre l'empereur et luy; dequoy Auguste estant averty, luy dit une foys : Dites-moy, mon amy, vostre mère ha elle esté autrefoys en ceste ville ? Le jeune filz, qui entendit ce qu'Auguste vouloit dire : Sire, dit-il, non pas ma mère, elle n'y fut jamais que je sache, mais mon père assez de foys. Et par là rendit à Auguste ce que Auguste avoit voulu mettre sus luy; car il n'estoit pas impossible que le père du jeune filz n'eust congneu la mère d'Auguste, non plus qu'Auguste celle du jeune filz. Le mesme empereur print encor sans desplaisir que Virgile l'appellast filz d'un boulangier[1], parce qu'au commencement qu'il le cogneut, il ne luy faisoit donner que des pains pour tous presens; mais depuis il luy fit assez d'autres grands biens.

Nouvelle XVI.

De l'enfant de Paris nouvellement marié, et de Beaufort, qui trouva moyen de jouir de sa femme, nonobstant la songneuse garde de dame Pernette.

Un jeune homme natif de Paris, après avoir hanté les universitez de ça et de là les monts, se retira en sa ville, où il fut un temps sans se marier, se trouvant bien à son gré, n'ayant point faulte de telle sorte de plaisirs qu'il souhaittoit, et mesme de femmes, encores qu'il ne s'en trouve point à Paris de malheur[2]! Desquelles ayant congneu les ru-

---

1. T. C. Donatus, *Vie de Virgile.*
2. Ce mot porte; il suffit de se rappeler les proverbes auxquels a donné naissance la conduite des dames de Paris. En voici un peu connu :

« *Parisius nati non possunt esse beati.*
Non sunt felices, quia matres sunt meretrices. »

Dicton du XIVe siècle écrit sur une des feuilles de garde du ms. 7023, Bibl. imp., déjà cité par Paulin Paris (*Manuscrits françois*, etc., t. IV, p. 60).

ses et finesses en tant de païs, et les ayant luy-mesmes employées à son profit et usage, il ne se soucioit pas trop d'espouser femme, craignant ce maudit et commun mal de cocuage ; et n'eust esté l'envie qu'il avoit de se veoir père, et d'avoir un héritier descendant de luy, il fust volentiers demeuré garson perpetuel. Mais luy qui estoit homme de discours, pensa bien qu'il falloit passer par là (je dy par mariage), et qu'autant valloit y entrer de bonne heure comme attendre plus tard, se proposant qu'il ne faut pas se garder tant qu'on soit usé pour prendre femme, car il n'est rien qui ouvre la porte plus grande à cocuage que l'impuissance du mary. Et puis il avoit reduict en memoire et par escript les ruses plus singulières que les femmes inventent pour avoir leur plaisir. Il sçavoit les allées et les venues que font les vieilles par les maisons, soubz ombre de porter du fil, de la toile, des ouvrages, des petits chiens. Il sçavoit comme les femmes font les malades, comme elles vont en vendanges, comme elles parlent à leurs amis qui viennent en masque, comme elles s'entrefont faveur soubz ombre de parentage. Et avec cela il avoit leu Bocace et Celestine[1]. Et de tout cela deliberoit de se faire sage, faisant les desseins en soy-mesme : Je feray le meilleur devoir que je pourray, pour ne porter point les cornes. Au demeurant, ce qui doibt advenir viendra.

---

1. *Courratière*, ou entremetteuse, qui joue le principal rôle dans la fameuse pièce espagnole de ce nom. On n'en connoît pas bien l'auteur, mais l'on sait qu'elle fut achevée par Fernand de Roja. Les artifices et tromperies des maquerelles et de leurs sales suppôts sont complaisamment mis en jeu dans ce drame.

Et de ceste empeincte se signa de la main droite, en se recommandant à Dieu. Adonc entre les filles de Paris, dont il estoit à mesme, il en choisit une à son gré, la mieux conditionnée, du meilleur esprit et la plus acomplie. Et n'y faillit de guères, car il la print jeune, belle, riche, et bien apparentée ; laquelle il espouse, et la meine en sa maison paternelle. Or il tenoit une femme avec soy assez agée, qui avoit esté sa nourrice, et qui de tout temps demeuroit en la maison, appellée dame Pernette, advisée et accorte femme ; laquelle il presente à sa jeune espouse d'entrée de mesnage, lui disant : Mamie, je suis bien tenu à ceste femme-cy, c'est ma mère nourrisse ; elle ha fait de grandz services à mes père et mère, et à moy après eux. Je vous la baille pour vous faire compagnie, elle sçait du bien et de l'honneur : vous vous en trouverez bien. Puis en particulier il enchargea à dame Pernette de se tenir prés de sa femme et de ne l'abandonner, sus les peines qu'il luy dit, et en quelque lieu qu'elle allast. Laquelle luy promit seurement qu'elle le feroit. Et cy diray en passant qu'il y ha un meschant proverbe, je ne sçay qui l'ha inventé[1], mais il est bien commun : « *Casta quam nemo rogavit.* » Je ne dy pas qu'il soit vray[2], je m'en rapporte à ce qu'il en est ; mais je dy bien qu'il n'est point de belle femme qui n'ait esté priée, ou qui ne le soit tost ou tard. Ah ! je ne suis donc pas belle ? dira ceste-

---

1. L'on s'est trompé en l'attribuant à Ovide.
2. Parceque, sans doute, il lui souvient des derniers mots de la glose faite sur ce dicton : « *Hanc nemo si roget, ipsa rogat.* »

cy. Ny moy donc aussi? dira ceste-là. Et bien j'en suis content, je ne veux point de noise. Tant y ha que une femme bien apprise se garde bien de dire qu'elle ayt esté priée, principalement à son mary : car, s'il est fin, il pensera de sa femme que, si elle n'eust donné occasion et audience, elle n'eust pas esté requise. Pour venir à mon compte, il advint qu'entre ceulx qui hantoyent en la maison de monsieur le marié (n'attendez pas que je le vous nomme) y avoit un jeune advocat appelé le sieur de Beaufort, lequel estoit du pays de Berry, hantant la barre pour usiter et praticquer ce qu'il avoit veu aux estudes, auquel monsieur faisoit grande familiarité et bonne chère, parce qu'ilz s'entre estoient veuz aux universitez, et mesmes avoyent esté compaignons d'armes en plusieurs factions.

Ce Beaufort n'estoit pas surnommé, car il estoit beau, adroit, et de bonne grace. Et pour ce, la dame lui faisoit bon œil, et luy à elle, tant qu'en moins de rien, par frequens messages des yeulx, ilz s'entre-donnèrent signe de leurs mutuelles volontez. Or le mary, sçachant que c'estoit de vivre, ne se monstroit point avoir de froid aux piedz, mesmement à la nouveauté, ne se deffiant pas grandement d'une si grande jeunesse qui estoit en sa femme, ni de l'honnesteté de son amy, et se contentant de la garde que faisoit dame Pernette. Beaufort, qui de son costé entendoit le tour du baston[1], voyant la grande privaulté que luy faisoit le mary, et le gracieulx accueil que lui faisoit

---

1. Rusé compère, par allusion au petit bâton des joueurs de gobelets.

la jeune femme, avec une affection (ce luy sembloit) bien plus ouverte qu'à nul aultre, comme il estoit vray, trouve aisement l'occasion, en devisant avec elle, de la conduire au propos d'aimer, d'autant qu'elle avoit esté nourrie en maison d'apport, et qu'elle sçavoit suivre et entretenir toutes sortes de bons propos. A laquelle Beaufort, de fil en aiguille, se print à dire telles parolles : Madame, il est assez aisé aux dames d'esprit et de vertu à congnoistre le bon vouloir d'un serviteur, car elles ont tousjours le cueur des hommes, encore qu'elles ne vueillent. Pour ce n'est besoin de vous faire entendre plus expressement l'affection et l'honneur que je porte à l'infinité de vos graces, lesquelles sont accompagnées d'une telle gentillesse d'esprit qu'homme n'y sçauroit aspirer qui ne soit bien né, et qui n'ayt le cueur en bon lieu : car les choses precieuses ne se desirent que des gentilz courages, qui m'est grande occasion de louer la fortune, laquelle m'ha esté si favorable de me presenter un si digne et si vertueux subject, pour avoir le moyen de mettre en evidence l'inclination que j'ay aux choses de prix et de valleur. Et combien que je soys l'un des moindres de ceulx desquelz vous meritez le service, je me tiens pourtant asseuré que voz grandes perfections, lesquelles j'admire, seront cause d'augmenter en moy les choses qui sont requises à bien servir : car, quant au cueur, je l'ay si bon et si affectionné envers vous, qu'il est impossible de plus ; lequel j'espère vous faire congnoistre si evidemment, que vous ne serez jamais mal contente de m'avoir donné l'occasion de vous demeurer perpetuellement serviteur. La jeune dame, qui estoit honneste et bien apprise, oyant ces propos d'affection, eust bien voulu son intention aussi facile à exécuter comme à penser. Laquelle, d'une parolle feminine, assez asseurée pourtant, selon l'age d'elle (auquel communement les femmes ont une crainte accompagnée d'une honte honneste), luy va respondre ainsi : Monsieur, quand bien j'aurois volenté d'aymer, si n'aurois-je pas encore eu le loisir de songer à faire un aultre amy que celuy que j'ay espousé, lequel m'aime tant, et me traicte si bien, qu'il me garde de penser en aultre qu'en luy. Davantage, quand la fortune devroit venir sus moy pour mettre mon cueur en deux partz, j'estime tant de vostre vertu et de vostre bon cueur que vous ne voudriez estre la première cause de me faire faire chose qui fust à mon desavantage. Quant aux graces que vous m'attribuez, je laisse cela à part, ne les recongnoissant point en moy, et les rendz au lieu dont elles viennent, qui est à vous. Mais, pour mes aultres defenses, voudriez-vous bien faire ce tort à celuy qui se fie tant en vous, qui vous faict si bonne chère ? Il me semble qu'un cueur si noble que le vostre ne sçauroit donner lieu à une telle intention que celle-là. Et puis, vous voyez les incommoditez assez grandes pour vous divertir d'une telle entreprise, quand vous l'auriez. Je suis tousjours accompagnée d'une garde, laquelle, quand je voudrois faire mal, tient l'œil sus moy si continuel, que je ne luy sçaurois rien desrober. Beaufort se tint bien ayse quand il ouit ceste response, et principalement quand il sentit que la dame se fondoit en raisons dont les premières estoient un peu fortes, mais par les dernières la jeune dame les rabatoit elle-mesmes. Ausquelles Beaufort respondit sommairement : Les trois pointz que vous m'alleguez, Madame, je les avois bien preveuz et pourpensez ; mais vous sçavez que les deux despendent de vostre bonne voulenté, et le tiers gist en diligence et bon avis. Car, quant au premier, puisque l'amour est une vertu, laquelle cherche les espritz de gentile nature, il vous fault penser que quelque jour vous aymerez tost ou tard ; laquelle chose devant estre, mieulx vault que de bonne heure vous receviez le service de celuy qui vous ayme comme sa propre vie que d'attendre plus longuement à obeir au Seigneur, qui ha puissance de vous faire payer l'usure du passé, et vous rendre entre les mains de quelque homme dissimulé qui ne prenne pas vostre honneur en si bonne garde comme il merite. Quant au second, c'est un point qui ha esté vuydé, long-temps ha, en l'endroit de ceulx qui sçavent que c'est que d'aimer : car, pour l'affection que je vous porte, tant s'en fault que je face tort à celuy que vous avez espousé, que plustost je luy fay honneur quand j'aime de si bon cueur ce qu'il aime. Il n'y ha point plus grand signe que deux cueurs soient bien d'accord sinon quand ilz ayment une mesme chose. Vous entendez bien que, si nous estions ennemis luy et moy, ou si nous n'avions point de familiarité l'un à l'autre, je n'aurois pas l'opportunité de vous veoir, ny de vous parler si souvent. Ainsi, le bon vouloir que j'ay vers luy, estant cause de la grand amour que je vous porte, ne doibt pas estre cause que vous me laissiez mourir en vous aymant. Quant au tiers, vous sçavez, Madame, que à cueur vaillant rien n'est impossible. Advisez donq que c'est qui pourroit eschapper à deux cueurs soubmis à l'amour, lequel est un seigneur qui faict si bien valloir ses sugetz ! Pour abreger, Beaufort luy compta si honnestement son cas qu'honnestement elle ne l'eust sceu refuser. Et demeurèrent les affaires en tel point que la jeune dame fut vaincue d'une force volontaire, si qu'il ne restoit plus qu'à trouver quelque bonne opportunité de mettre leur entreprise à execution. Ilz advisèrent des moyens uns et aultres ; mais quand ce venoit à les faire bons, dame Pernette gastoit tout, car elle avoit deux yeulx qui valloient bien tous ceulx du gardien de la fille d'Inache[1]. Et puis d'user des finesses que Beaufort avoit aultres fois faictes, il n'y avoit ordre, car le mary les sçavoit toutes par cueur. Toutesfoys il s'ingenia tant qu'il en advisa une qui luy sembla assez bonne : ce fut que, sçachant bien qu'en toutes bonnes entreprises d'amours il y fault un tiers, il se descouvre à un sien amy, jeune homme marchand de draps de soye, et encores non marié, demeurant en une maison que son père luy avoit n'ha guères laissée au bout du pont Nostre-Dame ; et mesme estoit bien congneu du mary. Un jour de Toussaintz, comme il avoit esté advisé entre les parties, la jeune femme, que le dieu d'amour conduisoit, partit de sa maison sus l'heure du sermon, pour aller ouir un docteur qui preschoit à S. Jehan en Grève, et qui avoit grand presse ; et le mary demeura en sa maison pour quelque sien affaire. Ainsi que la dame passoit par devant la maison du sire Henry (ainsi s'appelloit le marchand), voicy qu'il luy fut getté (selon que le mystère avoit esté

---

[1] Argus.

dressé) un plein seau d'eau, qui luy couvrit toute la personne, et fut getté si à point que tous ceulx qui le virent cuidèrent bien que ce fut par inconvenient. O! lasse, dit-elle, dame Pernette, je suis diffamée! Et que feray-je? Le plus viste fut qu'elle se getta dedans la maison du sire Henry, et dit à dame Pernette : Mamie, courez vistement me querir ma robe fourrée d'aigneaulx crespés ; je vous attendray icy chez le sire Henry. La vieille y va, et la jeune dame monte en hault, où elle trouva un fort beau feu que son amy luy avoit fait aprester, lequel ne luy donna pas le loisir de se devestir, qu'il la gette sus un lict qui estoit là auprès du feu, là où pensez qu'ils ne perdirent point temps, et si eurent assez bon loisir de bien faire avant que la vieille fust allée et venue, et prins robe et tous autres accoustremens[1]. Le mary, qui estoit à la maison, entendit que dame Pernette estoit en la chambre de devant, laquelle faisoit son affaire sans luy en dire rien, de peur qu'il se faschast. D'aventure il vient et trouve la bonne Pernette, et commence à luy dire : Que faites-vous icy? Où est ma femme? Dame Pernette luy compte ce qui luy estoit advenu, et qu'elle estoit venue querir des habillemens pour elle. O! de par le diable! dit-il en se fongnant, voilà un tour de finesse qui n'estoit point encor en mon papier; je les sçavois tous, fors celuy-là. Je suis bien accoustré! Il ne fault qu'une meschante heure pour faire un homme cocu! Allez-vous-en à elle, de par Dieu! je luy envoyeray le reste par le garçon. Dame Pernette y va, mais il n'estoit plus temps, car

1. VAR., *Tous les autres chefs d'accoustrement.*

Beaufort avoit fait une partie de ses affaires, et se sauva par un huis de derrière, selon l'advertissement qu'il eut par celuy qui faisoit le guet pour veoir venir dame Pernette, laquelle, quand elle fut venue, n'y congneut rien : car, combien que la jeune dame fust un petit en couleur, elle pensa que ce fust de la chaleur du feu. Aussi estoit-ce, mais c'estoit d'un feu qui ne s'estaint pas pour l'eau de la rivière.

Nouvelle XVII.

De l'advocat en parlement qui fit abbattre sa barbe pour la pareille, et du disner qu'il donna à ses amys.

Un advocat en parlement [1], qui estoit bien au compte de la douzaine [2], plaidoit une cause devant monsieur le president Lizet [3], n'aguères decedé abbé de S.-Victor *prope muros*; et, parce que c'estoit une cause d'importance, il plaidoit d'affec-

---

1. On verra plus loin que cet avocat se nommoit Jaquelot. C'étoit, *quoi qu'on die*, un homme de talent, qui ne demeura guère à la merci du commun. Il se fit une grande réputation par ses plaidoyers dans l'affaire de Cabrières et de Mérindol, et fut nommé conseiller le 23 janvier 1553.

2. Du tiers et du quart, du commun; expression empruntée à l'italien : *da dozzina*.

3. Pierre Lizet, premier président du parlement de Paris, né à Saint-Flour en 1482, mort à Paris en 1554. Persécuté sous Henri II, il se retira dans l'abbaye de Saint-Victor; mais il

tion; esquelles causes est tousjours advis aux advocatz qu'ilz ne sçauroyent trop expressement parler pour le proffit des parties et pour leur honneur; et pour ce il redisoit d'adventure quelque poinct desjà allegué, craignant, possible, qu'il n'eust pas esté pris de la court (ce qu'il ne fault pas craindre à Paris) : de sorte que le president se levoit pour aller au conseil. L'advocat ayant la matière à cueur, disoit : Monsieur le president, encore un mot. Le president n'oyoit point, mais estoit aux opinions de Messieurs. L'advocat estant affectionné, va dire : Monsieur le president, un mot. Eh ! un mot pour la pareille[1]. Quand le president entendit parler de pareille (pour laquelle honnestement on ne se doibt rien refuser), il demeure à escouter l'advocat tout à son gré pour lui faire entendre qu'il vouloit bien faire quelque chose pour luy à la pareille, de quoy il fut bien ris; et Dieu sçait s'il eust voulu retenir sa pareille ! Toutesfois, il dit ce qu'il vouloit dire; et s'il gaigna ou perdit pour la pareille, le compte n'en dit rien, mais bien dit que l'advocat dont est question portoit longue barbe, chose, encores qu'elle ne fust plus nouvelle, car assez d'aultres en portoyent, et de l'estat mesme d'advocat; toutesfois ne plaisoit pas à monsieur Lizet, parce

n'en étoit pas l'abbé. En le qualifiant ainsi, Des Périers fait allusion au titre de l'épître macaronique composée par Bèze sous le nom de Passavant : *Responsio ad commissionem sibi datam a venerabili domino Petro Lizeto, nuper curiæ Parisiensis præsidente, nunc abbate Sancti Victoris prope muros.*

1. Pierre Lizet avoit souvent cette expression à la bouche. Bèze (*loc. cit.*) l'a employée à plusieurs reprises : *O Domine ! pro pari dicatis mihi si vidistis librum Domini nuper præsidentis.*

que de son règne avoit esté faict l'edit des barbes[1], lequel pourtant n'avoit pas tenu longuement, car on suivit la mode de court, là où chascun portoit barbe indifferemment. Suyvant propos, il advint que de là à quelques jours l'advocat mesme plaidoit une autre cause (ledit seigneur president estant lors en ses bonnes), lequel, quand ce vint à prononcer l'arrest, y adjousta une queue en disant : Et quand et quand, et pareillement, Jacquelot, vous ferez ceste barbe. Et, avec une petite pausette, dit : Pour la pareille. De quoy il fut encores mieulx ris qu'il n'avoit esté la première foys, car ceste pareille estoit encore de fresche memoire. Il fut contrainct d'abbattre sa barbe; aultrement il n'eust jamais eu patience à monsieur le president, auquel il dequelot se trouva en compagnie de gens de bonne voit ceste pareille. Environ ce mesme temps, Jachère, faisant le sixiesme, en la maison de l'abbé de Chatelus, là où ilz desjunèrent, mais assez sommairement, parce que possible ne se trouvèrent pas viandes prestes sus l'heure, et qu'ils estoyent tous familliers, desquelz Chatelus se dispensa pri-

---

1. L'an 1521, François Ier étant le jour des Rois à Romorantin, petite ville entre Blois et Bourges, comme il se divertissoit à combattre à boules de neige contre le comte de S.-Pol, qui se défendoit de même avec sa bande, il arriva qu'un tison, jeté par quelqu'un à l'étourdie, blessa le roi à la tête, ce qui fut cause qu'il fallut lui couper les cheveux. L'histoire ajoute que, comme il avoit le front fort beau, et que les Suisses et les Italiens portoient alors les cheveux courts et la barbe longue, il suivit cette mode, qui devint bientôt celle de toute la France. Elle n'y fut pas tout à fait si universelle sous Henri II, qui porta néanmoins toujours la barbe grande. — L. M.

vement. Jaquelot au departir les convia à disner, et appella encores quelques-uns de ses amis, qui disnèrent tous ensemble famillierement. Et y estoit entre aultres un personnage[1] dont le nom est bien congneu en la France, tant pour son tiltre d'honneur que de son sçavoir, lequel avoit esté au desjeuner de Chatelus. Et de sa part je croy bien qu'il se contentoit bien de chascun des traitementz, car les hommes de respect prennent garde à la bonne chère des personnes plus qu'à l'exquisition des viandes. Toutesfoys, par manière de passetemps, il en fit un epigramme :

> *Chatelus donne à desjuner*
> *A six pour moins d'un carolus,*
> *Et Jaquelot donne à disner*
> *A plus pour moins que Chatelus.*
> *Après ces repas dissolus,*
> *Chascun s'en va gay et fallot.*
> *Qui me perdra chez Chatelus*
> *Ne me cherche chez Jaquelot*[2].

1. C'est Mellin de Saint-Gelais, abbé du Reclus.
2. Ant. Du Verdier, p. 866 de sa *Bibliothèque*; Guillaume Bouchet dans sa 31e *serée*, et le P. Garasse dans sa *Recherche des Recherches de Pasquier*, ont rapporté cette épigramme autrement qu'elle n'est ici, et tous trois différemment. — L. M.

Nouvelle XVIII.

De Gillet le menuzier, comment il se vengea du levrier qui luy venoit manger son disner.

Un menuzier de Poictiers, nommé Gillet, qui travailloit pour gagner sa vie le mieulx qu'il pouvoit, ayant perdu sa femme, qui lui avoit laissé une fille de l'age de neuf à dix ans, se passoit du service d'elle et n'avoit aultre valet ni chambrière. Il faisoit sa provision le samedi de ce qu'il luy falloit pour la sepmaine, et mettoit de bon matin sa petite potée au feu, que sa fille faisoit cuire; et se trouvoit aussi bien de son petit ordinaire comme un plus riche du sien. Or il se dit en commun langage qu'il ne fait pas bon avoir voisin trop povre ni trop riche : car s'il est povre, il sera toujours à vous demander sans vous pouvoir secourir de rien; s'il est trop riche, il vous tiendra en subjection, et vous faudra endurer de luy et ne l'oserez emprunter de rien. Ce menuzier avoit pour voisin un gentilhomme de ville, lequel estoit un petit trop grand seigneur pour luy, et qui tenoit grand train de valetz et d'allans et venans [1]. Et d'aultant qu'il aymoit la chasse, il tenoit des

---

1. Jeu de mots sur *alan*, sorte de gros dogue qu'on tire aujourd'hui d'Angleterre, et qu'on tiroit autrefois d'Epire, pays depuis nommé *Albanie* et *Alanie* : en sorte qu'*Alan* a été dit pour *Alban*, synonyme moderne d'*Epirote*. Mais, non-

chiens en sa maison, pour ce qu'il ne luy falloit pas sortir loin hors de la ville pour avoir son passetemps du lièvre. Entre ces chiens y avoit un levrier fort meffaisant, qui entroit par tout et ne trouvoit rien trop chaud ne trop pesant : pain, chair, fourmaige, tout luy estoit fourrage, et le povre menuizier en estoit le plus foullé, car il n'y avoit que la muraille entre le gentilhomme et luy. Au moyen de quoy ce levrier se fourroit à toute heure chez luy, et emportoit tout ce qu'il trouvoit. Et mesme ce levrier avoit ceste astuce que de la patte il renversoit le pot qui bouilloit au feu et en prenoit la chair, et s'en alloit à tout, dont bien, souvent le povre Gillet estoit mal disné, chose qui lui faschoit fort, qu'après avoir travaillé toute la matinée il fust desservy avant se mettre à table. Et le pis estoit qu'il ne s'en osoit plaindre ; mais il proposa de s'en venger, quoy qu'il en deust advenir. Un jour qu'il veid entrer ce levrier, qui alloit à sa prise, il s'en va après, sans faire

obstant cette origine, on entend toujours par *Alan* cette espèce de chien anglois, et c'est comme l'a entendu Volaterran, quand il a dit, 'liv. 25 : *Nostra vero tempestate Alani et Corsi non cedunt molossis quibusvis feris congredientes.* Par où l'on voit que, loin de confondre les chiens alans avec les épirotes ou albanois, il les leur oppose. Furetière a copié dans son Dictionnaire ce que Nicot, au mot *Alan*, a rapporté dans le sien. — L. M.

Cet échafaudage d'érudition est ici fort déplacé : les *allans et venans* dont parle le conteur ne sont autres que des domestiques, ou, si l'on veut, des protégés ou clients comme en avoient les riches seigneurs de l'ancienne Rome. Des Périers emploie ailleurs cette expression dans un sens qui n'a, non plus qu'ici, rien d'étrange ; c'est quand il dit : « Jadis .... y eut un homme qui servoit de passe-temps à tous allans et venans, etc. » (Nouv. LXVIII.)

grand bruit, avec une grosse limande carrée en sa main, et le trouve qu'il estoit environ son pot à tirer la chair qui estoit dedans. Il ferme la porte bien à point et vous attrappe ce levrier, auquel en moins de rien donna cinq ou six coups de cette limande sus les reins, et ne s'y faignit point. Et tout incontinent il laisse sa limande et print une houssine en la main, qui n'estoit pas plus grosse que le doigt, longue d'une aulne ou environ, et ouvre l'huis au levrier, qui crioit à gueule ouverte, comme errené qu'il estoit. Ce menuzier couroit après avec sa houssine, dont il le frappoit tousjours, et le poursuivit jusques en la rue en disant : Vous n'irez pas, monsieur le levrier! Si vous y retournez! Vous venez manger ici mon disner! faisant semblant qu'il ne l'avoit frappé que de la verge. Mais ç'avoit esté d'une verge souple comme un pied de selle dont il avoit accoustré tellement le levrier, si que le gentilhomme ne mangea depuis lièvre de sa prise.

Nouvelle XIX.

Du savetier Blondeau, qui ne fut oncq en sa vie melancholic que deux fois, et comment il y pourveut, et de son epitaphe.

A Paris sus Seine trois batteaux y ha [1]; mais il y avoit aussi un savetier que l'on appelloit Blondeau, lequel avoit sa loge près la Croix du Tiroir [2], là où il refaisoit les souliers, gaignant sa vie joyeusement, et aymoit le bon vin sus tout, et l'enseignoit volentiers à ceux qui y alloyent : car, s'il y en avoit en tout le cartier, il falloit qu'il en tastast, et estoit content d'en avoir davantage et qu'il fust bon. Tout le long du jour il chantoit et resjouissoit tout le voisiné. Il ne fut onq veu en sa vie marry que deux fois : l'une, quand il eut trouvé en une vieille muraille un pot de fer auquel y avoit grande quantité de pièces antiques de monnoye, les unes d'argent, les autres d'aloy, desquelles il ne sçavoit la valleur. Lors il commença de devenir pensif. Il ne chantoit plus, il ne songeoit plus qu'en ce pot de quinquaille. Il fantasioit en soi-mesme : La monnoye n'est pas de mise ; je n'en sçaurois avoir ny pain ny vin. Si

---

1. Commencement d'une vieille chanson.
2. On connoît trop bien aujourd'hui et ce lieu et les étymologies qui en ont été données pour que nous ayons besoin d'y revenir. On écrit indifféremment *tiroir, trahoir, trioir*.

je la montre aux orfèvres, ilz me deceleront ou ilz en voudront avoir leur part, et ne m'en bailleront pas la moitié de ce qu'elle vaut. Tantost il craignoit de n'avoir pas bien caché ce pot et qu'on le lui desrobast. A toutes heures il partoit de sa tente pour l'aller remuer. Il estoit en la plus grand' peine du monde; mais à la fin il se vint à recongnoistre, disant en soi-mesme : Comment! je ne fais que penser en mon pot! Les gens cognoissent bien à ma fasson qu'il y ha quelque chose de nouveau en mon cas. Baa! le diable y ait part au pot! il me porte malheur. En effect, il le va prendre gentiment et le gette en la rivière et noya toute sa melancholie avec ce pot. Une autre fois, il se trouva fasché d'un monsieur qui demeuroit tout vis-à-vis de sa logette; au moins il avoit sa logette tout vis-à-vis de monsieur, lequel quidam monsieur avoit un singe qui faisoit mille maulx au povre Blondeau, car il l'espioit d'une fenestre haulte quand il tailloit son cuir et regardoit comme il faisoit; et aussi-tost que Blondeau estoit allé disner ou en quelque part à son affaire, ce singe descendoit et venoit en la loge de Blondeau, et prenoit son trenchet et decouppoit le cuir de Blondeau comme il l'avoit veu faire; et de cela faisoit coustume à tous les coups que Blondeau s'escartoit. De sorte que le povre homme fut tout un temps qu'il n'osoit aller boire ny manger hors de sa boutique sans enfermer son cuir. Et si quelques fois il oublioit à le serrer, le singe n'oublioyt pas à le luy tailler en lopins, chose qui luy faschoit fort, et si n'osoit pas faire mal à ce singe par crainte de son maistre. Quand il en fut bien ennuyé, il delibera de s'en venger. Après s'estre

NOUVELLE XIX.

bien apperceu de la manière qu'avoit ce singe, qui estoit de faire en la propre sorte qu'il voioyt faire : car, si Blondeau avoit aguisé son trenchet, ce singe l'aguisoit après luy ; s'il avoit poissé du ligneul, aussi faisoit ce singe ; s'il avoit cousu quelque carrellure, ce singe s'en venoit jouer des coudes comme il luy avoit veu faire, à l'une des fois Blondeau aguisa un trenchet et le fit couper comme un rasoir, et puis, à l'heure qu'il veid ce singe en aguet, il commença à se mettre ce trenchet contre la gorge et le mener et ramener comme s'il se fust voulu egosiller. Et quant il eut fait cela assez longuement pour le faire adviser à ce singe, il s'en part de la boutique et s'en va disner. Ce singe ne faillit pas incontinent à descendre, car il vouloit s'esbatre à ce nouveau passe-temps qu'il n'avoit point encores veu faire. Il vint prendre ce trenchet et tout incontinent se le met contre la gorge, en le menant et ramenant comme il avoit veu faire à Blondeau. Mais il l'approcha trop près, et ne se print garde qu'en le frayant contre sa gorge, il se couppe le gosier de ce trenchet, qui estoit si bien affilé, dont il mourut avant qu'il fust une heure de là. Ainsi Blondeau fut vengé de son singe sans danger, et se remist à sa coustume première de chanter et faire bonne chère, laquelle luy dura jusqu'à la mort ; et, en la souvenance de la joyeuse vie qu'il avoit menée, fut fait un epitaphe de luy qui s'ensuit :

Ci-dessoubz gist en ce tombeau
Un savetier nommé Blondeau,
Qui en son temps rien n'amassa,

Et puis après il trespassa.
Marriz en furent les voisins,
Car il enseignoit les bons vins [1].

NOUVELLE XX.

De trois frères qui cuidèrent estre pendus pour leur latin.

Trois frères de bonne maison avoyent longuement demeuré à Paris, mais ilz avoyent perdu tout leur temps à courir, à jouer et à folastrer. Advint que leur père les manda tous trois pour s'en venir, dont ils furent fort surpris, car ilz ne sçavoyent un seul mot de latin; mais ilz prindrent complot d'en apprendre chascun un mot pour leur provision. Sçavoir est, le plus grand aprint à dire: *Nos tres clerici*; le second print son thème sur l'argent, et aprint: *Pro bursa et pecunia*; le tiers, en passant par l'eglise, retint le mot de la grand messe: *Dignum et justum est*. Et là dessus partirent de Paris, ainsi bien pourveuz, pour aller veoir leur père; et conclurent ensemble que par tout où ilz se trouveroient et à toutes sortes de gens ils ne parleroyent autre chose que leur latin, se voulant faire estimer par-là les plus grands clercs de tout le pais. Or, comme ils passoyent par un bois, il se trouva que les brigans avoyent coupé la gorge à un homme et l'avoyent laissé

---

[1]. « L'épitaphe du savetier Blondeau dans Des Périers est gracieux. » (Tabourot, *Bigarrures*, etc., ch. des Epitaphes.)

là après l'avoir destroussé. Le prevost des mareschaux estoit après avec ses gens, qui trouva ces trois compaignons près de là où le meurdre s'estoit fait et où gisoit le corps mort. Venez çà, ce leur dit-il. Qui a tué cet homme? Incontinent le plus grand, à qui l'honneur appartenoit de parler le premier, va dire : *Nos tres clerici*. O ho! dict le prevost. Et pourquoy l'avez-vous faict? *Pro bursa et pecunia*, dit le second. Et bien! dit le prevost, vous en serez penduz. *Dignum et justum est*, dit le tiers. Ainsi les povres gens eussent esté penduz à credit, n'eust esté que, quand ilz veirent que c'estoit à bon escient, ilz commencèrent à parler le latin de leur mère et à dire quy ilz estoyent. Le prevost, qui les veid jeunes et peu fins, congneut bien que ce' n'avoit pas esté eulx et les laissa aller et fit la poursuite des voleurs qui avoient fait le meurdre. Mais les trouva-il? — Et qu'en sçay-je? mon ami, je n'y estois pas.

Nouvelle XXI.

Du jeune fils qui fit valoir le beau latin que son curé luy avoit monstré.

Un laboureur riche, après avoir tenu son filz quelques années à Paris, le manda querir, par le conseil de son curé. Quand il fut venu, le père, qui estoit jà vieulx, fut joyeux de le veoir, et ne faillit à envoyer incontinent querir monsieur le curé à disner pour luy faire feste de son filz. Le curé vient, qui veid le jeune enfant, et luy dit : Vous soyez le bien venu, mon amy; je suis bien aise de vous veoir. Or çà, disnons, et puis nous parlerons à vous. Ilz disnèrent très-bien. Après disner, le père dit au curé : Monsieur le curé, vous voyez ce garson; je l'ay fait venir de Paris, comme vous m'aviez conseillé. Il y aura trois ans à ceste Chandeleur qu'il y alla. Je voudrois bien savoir s'il ha prouffité, mais j'ay grand peur qu'il ne veuille rien valloir. J'en voulois faire un prestre. Je vous prie, Monsieur le curé, de l'interroguer un petit pour sçavoir comment il ha employé son temps.—Ouy dea, mon compère, dit le curé, je le feray pour l'amour de vous. Et sus le champ et en la presence du bon homme, fit approcher le jeune filz. Or çà, dit-il, vos regens de Paris sont grands latins; que je voye comme ils vous ont appris. Puisque vostre père vous veult faire prestre, j'en suis bien aise; mais dictes-moy un peu en latin un prestre; vous le devez bien sçavoir. Le jeune filz luy respondit : *Sacerdos*. Et bien! dit le curé, ce n'est trop mal dict, car il est escript : *Ecce sacerdos magnus*; mais *prestolus* est bien plus elegant et plus propre, car vous sçavez bien qu'un prestre porte l'estolle. Or çà, dictes-moy en latin un chat (le curé voyoit le chat au long du feu). L'enfant respond : *catus, felis, murilegus*[1]. Le curé, pour donner à entendre au père qu'il sçavoit bien plus qu'ilz ne sçavoient à Paris, dict au jeune filz : Mon amy, je pense bien que vos regens vous ont ainsi monstré; mais

---

1. Mot d'une latinité douteuse, mais bien bonne encore pour la facétie.

il y ha bien un meilleur mot : c'est *mitis*, car vous sçavez bien qu'il n'est rien si privé qu'un chat ; et mesme la queue, qui est si souefve quand on la manie, s'appelle *suavis*. Or çà, comment est-ce en latin du feu ? L'enfant respond *ignis*. Non, non, dict le curé : c'est *gaudium*, car le feu resjouit. Ne voyez-vous pas comme nous sommes ici à nostre ayse auprès du feu ? Or çà, de l'eau, comment s'appelle-elle en latin ? L'enfant lui dict *aqua*. C'est beaucoup mieulx dit *abundantia*, dit le curé, car vous sçavez qu'il n'y ha chose plus abondante que l'eau. Or çà, un lict ? L'enfant dict *lectus*. *Lectus?* dict le curé ; vous ne parlez que le latin tout vulgaire : il n'y ha enfant qui n'en dict bien autant. N'en sçavez-vous point d'aultre ? L'enfant luy respond *thorus*. Encores n'y estes-vous pas, dict le curé ; n'en sçavez-vous point d'aultre ? L'enfant dit *cubile*. Encores n'y estes-vous pas. A la fin, quand il n'eut plus rien à luy dire : Pour le latin d'un lict, Jan ! je le vous vois dire, dit le curé, c'est *requies*, mon amy, pour ce qu'on y dort et qu'on y prend son repos. Ce pendant que le curé l'interrogoit ainsi avec ses *Or çà*, le bonhomme de père ne faisoit pas guères bonne chère, et eut volentiers battu son filz, et pensoit qu'il avoit perdu son argent. Mais le curé, le voyant fasché, luy dit : Non, non, non, compère, il n'ha pas mal proufité ; je sçay bien qu'on luy ha ainsi montré comme il dict. Il ne respond pas trop mal, mais il y ha latin et latin, dea ! Je sçay des motz dont ilz n'ouyrent jamais parler à Paris. Envoyez-le-moy souvent, je luy apprendray choses qu'il ne sçait pas encores ; et vous verrez que, devant qu'il soit trois mois, je l'auray rendu bien aultre qu'il n'est. Le jeune enfant ce pendant n'osoit pas repliquer, parce qu'il estoit craintif et honteux; mais il n'en pensoit pas moins pourtant. De là à quelques jours, le curé fit tuer un pourceau gras et envoya querir à disner le bon homme de père pour luy donner des charbonnées et des boudins, et luy manda qu'il ne faillist pas à mener son filz. Ils vindrent et disnèrent. Le jeune filz, qui avoit bien retenu le latin que luy avoit enseigné le curé et qui avoit des-jà songé la manière de le mettre en execution pratique, s'estant levé de table de bonne heure, va gentiment prendre le chat, et, lui ayant attaché un bouchon de paille à la queue, met le feu dedans la paille avec une allumette et vous laisse aller ce chat, qui se print à fouir comme s'il eust eu le feu au cul. Le premier lieu où il se fourre, ce fut soubz le lict du curé, là où le feu fut tantost espris. Quand le jeune filz congneut qu'il estoit temps d'adoperer[1] son latin, il s'en vint vistement au curé et luy dit : *Prestole, mitis habet gaudium in suavi : quod si abundantia non est, tu amittis tuum requies.* Ce fut au curé à courir voyant le feu des-jà grand; et par ce moyen le jeune filz approufita le latin que luy avoit appris monsieur le curé, pour luy apprendre à ne le faire plus infame devant son père.

1. VAR., *adapter*.

Nouvelle XXII.

*D'un prebstre qui ne disoit aultre mot que
Jésus en son Evangile.*

En une paroisse du diocèse du Mans, laquelle se demande[1] Saint-George, y avoit un prebstre qui autresfoys avoit esté marié; et depuis que sa femme fut morte, pour mieux faire son debvoir de prier Dieu pour elle, et aussi pour gaigner une messe qu'elle avoit ordonné par son testament estre dicte en l'eglise parrochiale, se voulut faire d'eglise. Et combien qu'il ne sceust du latin que pour sa provision, encores pas, toutesfoys il faisoit comme les aultres et venoit à bout de ses messes au moins mal qu'il luy estoit possible. Un jour de bonne feste vint à S.-George un gentilhomme pour quelque affaire qu'il y avoit, et arriva entre les deux messes; et parce qu'il n'avoit bonnement loisir d'attendre la grand messe, voulut en faire dire une basse, et commanda à son homme de luy trouver un prebstre pour la luy dire. Lequel s'adressa à cestuy-cy duquel nous parlons, qui estoit prest comme un chandelier[2]. Et combien qu'il ne sceust bien que ses messes

---

1. VAR., *se nomme; on appelle. Se demande* est une expression empruntée à l'italien *si domanda*.

2. Ce proverbe signifioit qu'un chandelier étoit d'un usage commode, par opposition aux lampes, qui ne se déplaçoient pas facilement.

de *requiem*, de Nostre-Dame et du Saint-Esprit, toutesfois il n'en faisoit jamais semblant de rien, de peur de perdre ses six blancs[1]. Il se vest, il commence sa messe, il se depesche de l'introïte, combien qu'il luy cousta assez, l'epistre encores plus. Mais le gentilhomme n'y prenoit bonnement garde, estant empesché à dire ses heures, jusques à ce que ce vint à l'evangile, lequel n'estoit pas bien à l'usage du prebstre, car il ne l'avoit jamais dict que trois ou quatre foys; au moyen de quoy il estoit fort empesché, sçachant bien qu'on l'escoutoit, qui estoit cause que la crainte luy faisoit encores plus fourcher la langue. Il disoit cet evangile si pesamment et vous y trouvoit tant de motz nouveaux et si longs à eppeller

---

1. C'étoit le prix d'une messe. Des Périers y fait une autre allusion dans la Nouvelle LXXIII, quand il dit d'un pauvre diable de prêtre : « Ses six blancs n'étoient pas pour lui donner le pain qu'il mangeoit. » Ce tarif resta long-temps le même ; Guillaume Pepin disoit, en 1524 : « *Sacerdos pro missa quam dicit licite potest recipere sex albos monetæ currentis in Francia.* » (*Tr.* 2, super *Confiteor*, 1524, part. 3, ch. 4.) Et, près de quarante ans après, le peuple chantoit encore :

> « *Quant monsieur le prestre*
> *A beu et mangé....*
> *Achève et despouille*
> *Tous ses drapeaux blancs,*
> *En sa bourse fouille,*
> *Et y met six blancs :*
> *C'est de peur du froid*
> *Hari, hari l'asne !*
> *Hari, bouriquet !* »

Nous extrayons ce couplet de la fameuse satire *contenant la manière de dire la messe*, composée en 1561, et réimprimée par M. Le Roux de Lincy, *Chants historiques françois*, t. 2, p. 266.

qu'il estoit contraint d'en laisser la moytié, et
vous disoit à tous coups *Jesus*; encores qu'il n'y
fust point. A la fin, il s'en tira à bien grand peine
et acheva sa messe comme il peut. Le gentilhomme, ayant noté la suffisance de ce bon cape-
lan, le fit payer de sa messe et dit à son homme
qu'il le fist venir chez le curé pour disner avec
luy quand la grand messe seroit dicte, ce qu'il
fit voulentiers, car qui baille six blancs à un
homme et luy donne bien à disner, il luy donne
la valeur de cinq bons solz à proffit de mesnage.
En disnant le gentilhomme vint en propos de la
messe et du service du jour, et se print à dire :
Messire Jehan, l'evangile du jourd'huy estoit fort
devotieux : il y avoit beaucoup de Jesus. Lors,
messire Jehan, qui estoit un petit regaillardy tant
pour la familliarité du gentilhomme que pour la
bonne chère qu'il avoit faicte, luy dit : J'enten
desjà bien là où vous voulez venir, Monsieur ;
mais je vous diray, Monsieur, il n'y ha encores
que trois ans que je suis prebstre, Monsieur ; je
ne suis pas encores si bien stillé, Monsieur,
comme ceulx qui l'ont esté vingt ou trente ans,
Monsieur. L'evangile du jourd'huy, Monsieur, pour
dire verité, je ne l'avois point encores veu, Monsieur, que troys ou quatre foys. Comme il y en
ha beaucoup d'aultres au Messel, Monsieur, qui
sont un peu mal aisez, Monsieur ; mais quand je
dis la messe, Monsieur, devant les gens, Monsieur, de bien, et qu'en l'evangile il y a de ces
motz difficiles à lire, Monsieur, je les saulte,
Monsieur, de peur de faire la messe trop longue,
Monsieur ; mais je dy Jesus au lieu, qui vault
mieulx, Monsieur. — Vrayment, dit le gentil-

homme, messire Jehan, vous avez bien cause d'avoir raison. Quand je viendray icy, je veulx tousjours ouyr vostre messe. J'en voy boire à vous. — Grand mercy, dit messire Jehan, *et ego cum vos*. Prou vous face, Monsieur. Quand vous aurez affaire de moy, Monsieur, je vous serviray aussi bien que prebstre, Monsieur, de ceste paroisse. Et ainsi print congé, gay comme Perot.

Nouvelle XXIII.

De maistre Pierre Fai-Feu, qui eut des bottes qui ne luy coustèrent rien, et des copieux de la Flèche en Anjou.

N'ha pas encores long-temps que regnoit en la ville d'Angiers un bon affieux de chiendant[1], nommé maistre Pierre Fai-Feu[2], homme plein de bons motz et de bonnes inventions et qui ne faisoit pas grand mal, fors que quelques foys il usoit des tours villoniques, car :

---

1. VAR., *chiendent*.
2. Voy. Ch. de Bourdigné, *La legende joyeuse Maistre Pierre Fai-feu*, Angers, 1532, in-4, XXIe chapitre. Notre conte s'y trouve en entier.
« Le nom de *Faifeu* ne viendroit-il point de ce que dans les anciens rudimens de grammaire *Petre fac ignem* etoit un exemple fort usité, comme F. Pierre Doré Cordelier, dans l'Epitre dedicatoire de ses *Allumettes du feu divin* à une religieuse de Poissy, le témoigne en ces termes : *Ne sçay comment m'est venu au devant un reverdissement et rafreschissement de memoire de ce qu'autrefois avoye ouy ez principes et premiers ru-*

Pour mettre, comme un homme habile,
Le bien d'aultrui avec le sien,
Et vous laisser sans croix ne pile,
Maistre Pierre le faisoit bien[1],

et trouvoit fort bon le proverbe qui dit que tous les biens sont communs et qu'il n'y ha que manière de les avoir. Vrai est qu'il le faisoit si dextrement et d'une si gentille façon qu'on ne luy en pouvoit sçavoir mauvais gré, et ne s'en faisoit-on que rire, en s'en donnant garde pourtant qui pouvoit. Il seroit long à racompter les bons tours qu'il ha faitz en sa vie, mais j'en diray un qui n'est pas des pires, affin que par là vous puissiez juger que les aultres devoient valoir quelque chose. Il se trouva une foys entre toutes si pressé de partir de la ville d'Angiers qu'il n'eut pas loisir de prendre des botes. Comment! des botes? il n'eut pas le loysir de faire seller son cheval, car on le suyvoit un peu de près. Mais il estoit si accort et si inventif qu'incontinent qu'il fut à deux jectz d'arc de la ville, trouva façon d'avoir une jument d'un povre homme qui s'en retournoit dessus en son village, luy disant qu'il s'en alloit par là et qu'il la laisseroit à sa femme en passant; et parce qu'il faisoit un peu maulvais temps, il entra en une grange, et, en grande diligence, fit de belles botes de foin toutes neufves, et monte sus sa jument, et pique, au moins talonne tant qu'il arriva à la Flèche tout mouillé et tout mal en point,

dimens de grammaire Petre fac ignem, *Pierre faicts du feu. Et tout incontinent, comme de voulenté de là-hault inspirée, ay mis mon estude à cercher nouvelles bottes d'allumettes, etc.* » L. M.

1. Parodie de quatre vers de Marot dans sa *Ballade de Frère Lubin*.

qui n'estoit pas ce qu'il aymoit, dont il se trouvoit tout peneux. Encores, pour amender son marché, en passant tout le long de la ville, où il estoit cogneu comme un loup gris [1], et ailleurs avec, les copieux [2] (ainsi ont-ilz esté nommez pour leurs gaudisseries) commencèrent à le vous railler de bonne sorte. Maistre Pierre, disoient-ils, il feroit bon à ceste heure parler à vous! Vous estes bien attrempé. L'autre : Vous estes monté comme un sainct George, à cheval sus une jument [3]. Mais, par sus tous, les cordouaniers se mocquoyent de ses botes. Ah! vrayement, disoyent-ils, il fera bon temps pour nous : les chevaulx mangeront les botes de leurs maistres. Mon maistre Pierre estoit mené qu'il ne touchoit de pied en terre, et d'aultant plus volentiers se prenoyent à luy qu'il estoit celuy qui gaudissoit les aultres. Il print patience et se sauve en l'hostellerie pour se faire traitter. Quand il fut un petit revenu auprès du feu, il commence à songer comment il auroit sa revenche de ses copieux

---

1. On a dit depuis « comme le loup blanc ».

2. On verra dans le glossaire le sens exact de ce mot. Qu'il suffise de savoir qu'à cette époque les habitants de chaque ville se trouvoient désignés par un sobriquet. Ainsi l'on disoit : les flûteurs et joueurs de paume de Poitiers, les danseurs d'Orléans, les braguars d'Angiers, les crottés de Paris, etc. ; mais ces surnoms trouvoient le plus généralement leur application dans les universités. (Chasseneux, *Catalogus gloriæ mundi*, part. X; Crapelet, *Proverbes et dictons populaires*.)

3. Cette expression est comique. Sur ce, La Monnoye raconte une anecdote qui ne l'est pas moins. Un Allemand, monté sur un cheval entier, crioit de très loin à un François qu'il voyoit venir à lui : « Monsieur, Monsieur, si votre cheval est une jument, approchez-vous bien loin de moi. »

qui luy avoyent ainsi fait la bien venue. Si luy souvint d'un bon moyen que le temps et la necessité luy presentoyent pour se venger des cordouanniers, en attendant que Dieu luy donnast son recours contre les aultres. Ce fut qu'ayant faute de botes de cuir, il imagina une invention de se faire boter par les cordouanniers à leurs despens. Il demanda à l'hoste (comme s'il n'eust guères bien congneu la ville) s'il n'y avoit cordouanniers là auprès, faisant semblant d'estre party d'Angiers en diligence pour quelque affaire qu'il luy dit, et qu'il n'avoit eu loisir de se houser ny esperonner. L'hoste luy respondit qu'il y avoit des cordouanniers à choisir. Pour Dieu, ce dit maistre Pierre, envoyez-moy querir un, mon hoste. Ce qu'il fit. Il en vient un, lequel, de bonne aventure, estoit l'un de ceux qui l'avoyent ainsi bien lardé à sa venue. Mon amy, dit maistre Pierre, ne me feras-tu pas bien une paire de botes pour demain le matin ? — Ouy dea, Monsieur, dit le cordouannier. — Mais je les voudrois avoir une heure devant jour. — Monsieur, vous les aurez à telle heure et si bon matin que vous voudrez. — Eh ! mon amy, je t'en prie, despesche-les-moy ; je te payeray à tes motz. Le cordouannier luy prend sa mesure et s'en va. Incontinent qu'il fut departy, maistre Pierre envoye par un autre valet querir un aultre cordouannier, faisant semblant qu'il n'avoit pas peu accorder avec celuy qui estoit venu. Le cordouannier vint, auquel il dit tout ainsi qu'à l'autre qu'il luy fist une paire de botes pour le lendemain une heure devant le jour, et qu'il ne luy challoit qu'elles coustassent, pourveu qu'il ne luy faillist point et qu'elles fussent de bonne vache de cuir, et luy dit la même façon dont il les vouloit qu'il avoit dict à l'autre. Après luy avoir pris la mesure, le cordouannier s'en va. Et mes deux cordouanniers travaillèrent toute la nuict environ ces botes, ne sçachant rien l'un de l'autre. Le lendemain matin, à l'heure dicte, il envoya querir le premier cordouannier, qui aporta ses botes. Maistre Pierre se fait chausser celle de la jambe droite, qui lui estoit faicte comme un gant ou comme de cire[1], ou comme vous voudrez, car les bottes ne seroyent pas bonnes de cire. Contentez-vous qu'elle luy estoit moult bien faicte; mais, quand ce vint à chausser celle de la jambe gauche, il fait semblant d'avoir mal en la jambe. — Oh! mon amy, tu me blesses! J'ay ceste jambe un petit enflée d'une humeur qui m'est descendue dessus; j'avois oublié à te le dire. La bote est trop estroite, mais il y a bon remède. Mon amy, va la remettre à l'embouchoir; je l'attenderay plus tost une heure. Quand le cordouannier fut sorty, maistre Pierre se deschausse vistement la bote droitte et mande querir l'aultre cordouannier, et ce pendant fit tenir sa monture toute preste, et compta et paya. Voicy venir le

---

1. Ce proverbe a plusieurs acceptions dans la langue du XVIe siècle. Il signifie ici souple, s'étendant facilement, couvrant ou joignant bien, dans le sens du latin *cereus*. Plus loin, au commencement de la Nouvelle LXVI, on lui trouve le sens de foible, sans solidité; ce n'est plus la même chose dans ces vers de Marot :

Monsieur l'abbé et monsieur son valet,
Sont faits égaux tous deux comme de cire.

Le poëte veut désigner l'accord parfait de l'abbé et de son valet.

second cordouannier avec ses botes. Maistre Pierre se fait chausser celle de la jambe gauche, laquelle se trouva merveilleusemeut bien faicte; mais, à celle de la jambe droitte, il fit telle fourbe comme il avoit fait à l'aultre, et renvoye ceste bote droitte pour estre eslargie. Incontinent que le cordouannier s'en fut allé, maistre Pierre reprend sa bote de la jambe droitte et monte à cheval sus sa jument et va vie avec ses botes et des esperons, lesquelz il avoit acheptez, car il n'avoit pas loisir de tromper tant de gens à un coup; et de picquer! Il estoit desjà à une lieue loing quand mes deux cordouanniers se trouvèrent à l'hostelerie avec une bote en la main, qui s'entredemandèrent pour qui estoit la bote. C'est, ce dit l'un, pour maistre Pierre Fai-Feu, qui me l'ha fait eslargir pour ce qu'elle le blessoit. — Comment! dit l'aultre, je luy ay eslargie ceste-cy. — Tu te trompes, ce n'est pas pour luy que tu as besoigné. — Si est, si est, dit-il; n'ay-je pas parlé à luy? ne le congnois-je pas bien? Tandis qu'ilz estoyent à ce debat, l'hoste vint, qui leur demande que c'estoit qu'ilz attendoyent. C'est une bote pour maistre Pierre Fai-Feu que je luy raporte, dit l'un. Et l'aultre en disoit aultant. Vous attendrez donc qu'il repasse par icy, dit l'hoste, car il est bien loing s'il va tousjours. Dieu sçait si les deux cordouanniers se trouvèrent camus! Et que ferons-nous de nos botes? disoyent-ils l'un à l'autre. Ilz s'advisèrent de les jouer à belle condemnade, parce qu'elles estoyent toutes deux d'une mesme façon. Et maistre Pierre eschappe de hait, qui estoit un petit mieux en equipage que le jour de devant.

Nouvelle XXIV.

*De maistre Arnaud, qui emmena la hacquenée
d'un Italien en Lorraine et la rendit
au bout de neuf mois.*

Il y avoit en Avignon un tel Averlan. Je ne sçay s'ilz avoient esté ensemble à mesme escole maistre Pierre Fai-feu et luy ; mais tant ha y qu'ilz faisoyent d'aussi bons tours l'un comme l'aultre, et si n'estoyent pas loing d'un mesme temps. Cestuy-cy s'appelloit maistre Arnaud, lequel mesme usa en Avignon de la propre praticque d'avoir des botes que nous avons dicte ; et si n'estoit point si pressé de partir comme maistre Pierre ; mais un jour, voulant faire un voyage en Lorraine, le disoit à tout le monde. Et par ce qu'il ne se tenoit jamais garny de rien, s'asseurant en ses inventions, on pensoit qu'il se mocquast. Quand il avoit un manteau, on lui demandoit où il prendroit des botes ; s'il avoit des botes, on luy demandoit où il prendroit un chapeau. Et puis de l'argent, qui estoit la clef du mestier. Mais cependant il trouvoit de tout, tellement que, pour son voyage de Lorraine, il se trouva prest, petit à petit, de tout ce qu'il luy falloit, fors qu'il n'avoit point de cheval. Mais, se fiant bien que Dieu ne l'oublieroit au besoin, il se tenoit tousjours boté comme un messagier, se pourmenant par cy, par là, faisant semblant de dire adieu à ses amis.

Mais il espioit sa proye, qui estoit à avoir un
cheval par quelque bonne fortune. Ceulx qui le
connoyssoyent luy disoyent en riant : Or çà, maistre Arnaud, vous irez en Lorraine quand vous
aurez un cheval; vous estes boté pour coucher
en ceste ville. — Et bien! bien! disoit-il, laissez
faire, je partiray quand il sera temps. Mon homme
pensoit tout au contraire des gens; car ce qu'on
cuidoit qui luy fust le plus malaisé à recouvrer,
il l'estimoit le plus facile. Ce qu'il monstra bien;
car quand il veid son appoint, il s'en vint environ les neuf heures du matin devant le palais;
là où quelques missères estoyent entrez le matin
pour les affaires de la legation, lesquelz sont
quasi tous Italiens, qui sur une hacquenée et qui
sur une mulle, principallement les vieilles personnes, car les jeunes s'en peuvent bien passer. Or
il y en ha tousjours quelqu'une de mal gardée :
car les laquais les attachent à quelque boucle
contre la muraille et s'en vont jouer ou yvron-
gner en attendant qu'il soit heure de venir querir
leurs maistres. A l'heure susdicte, maistre Arnaud veid là quelques monteures, parmi lesquelles y avoit une hacquenée bien jolie qui luy pleut
sur toutes les aultres, laquelle estoit à un Italien
qu'il congnoissoit estre bonne personne. Et
voyant que le valet n'y estoit pas, il s'approche
de ceste hacquenée, et, en la destachant, luy demanda s'elle vouloit venir en Lorraine. Ceste hacquenée ne dit mot et se laisse destacher. Et mon
homme, qui estoit legiste, print à son prouffit le
brocard de droit : *Qui tacet, consentire videtur*. Et
commence à amener ceste hacquenée par la bride

hors de la place du palais, en tirant sur le pont où j'ouy chanter la belle[1].

Quand il se veid hors des yeulx de ceulx qui la lui avoyent veu prendre, il monte habilement dessus, et devant à Villeneufve, qui est hors de la jurisdition du pape, et de là picque le plus droit qu'il peut le chemin de Lorraine, là où il arriva par ses journées à joye et santé, et y demeura huict ou neuf mois sans envoyer de ses nouvelles à Misser Julliano, qui fut bien esbahy à l'issue du palais quand il ne trouva point sa hacquenée, et encore plus quand il n'en oyoit point de nouvelles un jour, deux jours, un mois, deux mois, trois mois; tellement qu'à la fin il fut contraint d'achepter une mule, car il estoit vieulx et mal-aisé de sa personne. Et ce pendant maistre Arnaud luy entretenoit sa hacquenée et luy faisoit gaigner son avoine. Au bout du terme des femmes grosses, maistre Arnaud ayant depesché ses affaires en Lorraine, s'en retourna en Avignon sus la dicte hacquenée, et, pour faire son entrée en la ville, il espia justement l'heure qu'il estoit quand il la print, en sejournant quelque peu à Villeneufve pour boire un doigt. Sus le poinct de neuf heures il se trouva devant le palais et vint attacher gentiment sa hacquenée à la propre boucle là où il l'avoit prise, et s'en va par ville, et, de fortune, *il Magnifico Misser* estoit ceste matinée au palais, qui descendit tantost après. Et, quand ce fut à monter dessus sa mule, il jeta l'œil sus

---

1. C'est le pont d'Avignon; la chanson le dit :

« *Sur le pont d'Avignon j'ouis chanter la belle,
Qui en son chant disoit une chanson nouvelle.* »

ceste hacquenée, qui estoit assez bonne à recongnoistre. Si se pensa en luy-mesme qu'elle ressembloit fort à celle qu'il avoit perdue l'année passée de poil, de taille et encore aux harnois, lequel quidem harnois maistre Arnaud n'avoit point changé. Vray est qu'il n'estoit pas si neuf comme il l'avoit pris, car il l'avoit fait servir ses trois cartiers; mais l'Italien ne s'en osoit asseurer du premier coup, veu le long temps qu'il l'avoit adiré. Il appelle son garson, qui avoit nom Torneto : *Ven qua; vede che questo mi par' esser li cauallo ch'io perdi l'an passato.* Le varlet regarde ceste haquenée, qui la trouvoit toute telle, excepté qu'elle n'estoit pas en si bon poinct; mais il ne savoit bonnement que respondre, car ilz songèrent tous deulx qu'elle deust appartenir à quelque autre monsieur. Toutesfois, tant plus ilz la regardoyent, et plus ilz trouvoyent certain que c'estoit elle, et demeurèrent là tous deux jusques à unze heures et plus, là où en raisonnant tousjours ensemble sus ceste hacquenée et voyant que personne ne la prenoit, ilz s'asseurèrent pour vray que c'estoit elle[1]. Misser Juliano commanda à Torneto de la prendre et de la mener chez luy en l'estable, là où elle se rangea aussi proprement comme si elle n'en eust jamais bougé. Il la fit ramener le lendemain en la mesme place pour voir se quelqu'un se la revendiqueroit; mais il ne venoit personne, dont il fust fort esbahy, et pensoit que ce fust quelque esprit qui l'eust ramenée. De là à quelque temps maistre Arnaud s'adresse à Misser Juliano, lequel il trouva

---

1. Idée empruntée au 90e conte de Pogge.

monté sur sa hacquenée, et luy dit : Monsieur, je suis fort aise de sçavoir que cette hacquenée soit à vous, car asseurez-vous qu'elle est bonne : je l'ay essayée. Il y a environ un an que je la trouvay près du pont du Rosne qu'elle s'en alloit toute seule et qu'un garson la vouloit prendre; mais, cognoissant à sa façon qu'elle n'estoit pas sienne, je la luy ostay et la garday un jour ou deux sans pouvoir savoir à qui elle estoit; le troiziesme jour je la menay jusques à Villeneufve, où j'ouy dire qu'un gentilhomme françois la cherchoit, et qu'il luy avoit esté dit qu'on l'avoit veue emmener par un garson sus le chemin de Paris. Le gentilhomme alloit après, et moy, sçachant cela, je picque après luy pour la luy rendre ; mais je ne le peu jamais atteindre, car il alloit grand train pour atteindre son larron, et allay, tout en le cherchant, que je me trouvay jusqu'en Lorraine, là où, voyant que je n'oyois point de nouvelles de ce gentilhomme, je la garday long-temps, et à la fin m'en suis revenu en ceste ville, où je l'avois prise, et ay trouvé par quelques uns de mes amis qu'il se souvenoit bien l'avoir veue autres fois en ceste ville, mais qu'il ne sçavoit à qui, sinon que ce fust à quelqu'un de vous aultres messieurs de la legation. Sçachant cela, je l'ay fait mener en place du Palais, afin que celuy à qui elle estoit la peust appercevoir; et ce pendant je m'en estois allé d'icy à Nimes, d'où je suis retourné depuis deux jours. Mais Dieu soit loué qu'elle ha retrouvé [1] son maistre, car j'en estois en grand

---

1. VAR., *retourné*. C'est la leçon qu'adopte La Monnoye, je ne sais pourquoi. Voyez notre Introduction.

peine. L'Italien escouta toute la belle harangue de maistre Arnaud, et en fin le remercia en luy disant : *O valente huomo, io vi ringratio; io faceva conto de l'aver persa, ma Iddio hà voluto che sia casca in buona man. Se voi avete bisogno di cosa che sia ne la possenza mia, io son tutto vostro.* Messire Arnaud le remercie de son costé, et depuis alla souvent veoir l'Italien. Et pensez que ce ne fut pas sans luy jouer tousjours quelque tour de son mestier, lesquelz je vous racompterois volontiers, si je les sçavois, pour vous faire plaisir; mais je vous en diray d'aultres en recompense.

NOUVELLE XXV.

Du conseiller et de son pallefrenier, qui lui rendit sa mule vieille en guise d'une jeune.

Un conseiller du Palais avoit gardé une mule vingt-cinq ans ou environ, et avoit entre autres un pallefrenier, nommé Didier, qui avoit pansé cette mule dix ou douze ans; lequel, l'ayant assez longuement servy, luy demanda congé, et avec sa bonne grace se fit maquignon de chevaulx, hantant neantmoins ordinairement en la maison de son maistre, en se presentant à lui faire service tout ainsi que s'il eust tousjours été son domestique. Au bout de quelque temps, le conseiller, voyant que sa mule devenoit vieille, dit à Didier : Vien çà;

tu congnois bien ma mule : elle m'ha merveilleusement bien porté ; il me fasche bien qu'elle devienne si vieille, car à grand peine en trouveray-je une telle. Mais regarde, je te prie, à m'en trouver quelqu'une. Il ne te fault rien dire : tu sais bien quelle il la me fault. Didier lui dit : Monsieur, j'en ai une en l'estable qui me semble bien bonne : je la vous bailleray pour quelque temps. Si vous la trouvez à vostre gré, nous en accorderons bien, vous et moi ; sinon, je la reprendray.— C'est bien, dit le conseillier. Il se faict amener ceste mule, et cependant il baille la sienne vieille à Didier pour en trouver la deffaicte, lequel luy lime incontinent les dentz ; il vous la bouschonne, il la vous estrille, il la traicte si bien qu'il sembloit qu'elle fust encores bonne beste. Tandis son maistre se servoit de celle qu'il lui avoit baillée, mais il ne la trouva pas à son plaisir, et dit à Didier : La mule que tu m'as baillée ne m'est pas bonne ; elle est par trop fantastique. Ne veulx-tu point m'en trouver d'aultre ?—Monsieur, dit le maquignon, il vient bien à point, car, depuis deux ou trois jours en çà, j'en ay trouvé une que je congnois de longue main. Ce sera bien vostre cas, et quand vous aurez monté dessus, s'elle ne vous est bonne, reprochez-le-moy. Didier lui ameine cette belle mule au frain doré, qu'il faisoit moult bon voir. Ce conseillier la prend, il monte dessus, il la trouve traictable au possible ; il s'en louoit grandement, s'esbahissant comme elle estoit si bien faicte à sa main : elle venoit au montoir le mieulx du monde. Somme, il y trouvoit toutes les complexions de la sienne première, et, attendu mesme qu'elle estoit de la taille et du poil, il appelle ce maquignon : Vien çà, Didier. Où as-tu pris ceste mule ? Elle semble toute faicte à celle que je t'ay baillée et en ha toute la propre façon.—Je vous promets, dit-il, Monsieur, quand je la vey du poil de la vostre et de la taille, il me sembla qu'elle en avoit les conditions, ou que bien aisement on les luy pourroit apprendre ; et pour ce je l'ay acheptée, esperant que vous vous en trouveriez bien.—Vrayement, dit le conseillier, je t'en sçay bon gré ; mais combien me la vendras-tu ?—Monsieur, dit-il, vous sçavez que je suis vostre et tout ce que j'ay. Si c'estoit un aultre, il ne l'auroit pas pour quarante escuz ; je la vous laisseray pour trente. Le conseiller s'y accorde et donne trente escus de ce qui estoit sien et qui n'en valloit pas dix.

Nouvelle XXVI.

Des copieux de la Flèche, en Anjou : comme ils furent trompez par Piquet au moyen d'une lamproye.

Nous avons cy-dessus parlé des copieux de la Flèche, lesquelz on dit avoir esté si grandz gaudisseurs, que jamais homme n'y passoit qui n'eust son lardon. Je ne sçay pas si cela leur dure encores, mais je dys bien qu'une fois un grand seigneur entreprint d'y passer sans estre copié, et pensa d'y arriver si tard et en partir de si bon matin qu'il n'y auroit personne qui se peust gaudir de luy. Et, à la verité, pour son entrée, il mesura tellement son chemin qu'il estoit toute nuict quand il y arriva. Parquoy, estant tout le monde retiré, il ne trouva homme ne femme qui luy dist pis que son nom[1]. Et quand il fut descendu à l'hostelerie, il fit semblant d'estre un peu mal disposé, et se retira en sa chambre, où il se fit servir par ses gens, si bien que la nuict se passa sans inconvenient. Mais il commanda au soir au maistre d'hostel que tout le monde fust prest à partir le lendemain deux heures devant soleil levant, ce qui fut faict, et luy-mesmes le premier levé, car il n'avoit aucune envie de dormir, de grand desir qu'il avoit de passer sans estre copié. Il monte à cheval sus l'heure que l'aube commençoit à paroistre, et qu'il n'y avoit encores personne debout par la ville. Il marche jusques aux dernières maisons de la Flèche, et pensoit bien avoir evité tous les dangers, dont il estoit desjà bien fier; mais voicy qu'il y avoit une vieille accropie au coing d'une muraille qui lui vint donner sa copie en lui disant en son vieillois : Matin, matin, de peur des mouches. Jamais homme ne fut plus marry d'estre ainsi copié au despourveu, et encore d'une vieille. Et si c'eust esté un roy, comme on dit que c'estoit, je croy qu'il eust faict mauvais party à la vieille damnée ; mais la plus saine partie croid qu'il n'estoit pas roy, encores

---

1. Furetière, *Dictionnaire*, au mot Nom, donne une explication de ce proverbe assez ingénieuse : « *On ne sauroit dire pis que son nom à un homme quand il est connu pour un scélérat.* » Rappeler son véritable nom à un homme qui en porte un usurpé, est aussi lui adresser un singulier reproche. Bèze a dit dans son *Passavant* : « *Et postquam veni et me debotavi audacter, quia nemo unquam mihi dixit pejus quam meum nomen.* »

que ceulx de la Flèche se vantent que si. Or, quel qu'il fust, il eut son lardon comme les aultres. Mais comme on dit en commun proverbe, que les mocqueurs sont souvent mocquez, ceulx de la Flèche en recepvoyent bien quelquefois de bonnes, comme celle que nous avons dicte de maistre Pierre Faifeu, et encores leur en fut donnée une aultre bonne par un qui s'appelloit Picquet. Ce fut qu'il achepta une lamproye à Durtal, et la mit en un bissac de toille qu'il portoit derrière soy à l'arson de sa selle, laquelle lamproye il attacha fort bien par l'un des trous d'auprès de la teste avec une fisselle, tellement qu'elle ne pouvoit eschapper de dedans le bissac; mais il luy fit seullement paroistre la queue par dehors. Quand il fut auprès de la Flèche, cette lamproye, qui estoit bien vive, demenoit tousjours la queue, tant qu'en passant par la ville les copieux advisèrent qu'en se demenant elle paroissoit tousjours un petit davantage hors du bissac : et mes gens de se tenir près, attendant qu'elle deust cheoir ! Et Picquet passoit tout à son aise par la ville, comme s'il n'eust pas eu grand haste, pour tousjours amasser des copieux davantage, lesquelz sortoyent des maisons et le suivoyent, pour avoir ceste lamproye quand elle tomberoit; desquelz y en eut quatre ou cinq des plus frians qui s'y attendoyent comme à leurs œufz de Pasques, disant l'un à l'aultre : J'en disneron, j'en disneron. Et Picquet ne faisoit pas semblant de les adviser, fors quelquefois, comme si son cheval ne fust pas bien senglé, il regardoit de costé ses lacquais qui le suivoyent. Quand il fut hors de la ville, il commença à picquer un peu plus fort, et mes copieux après, cuidant qu'elle ne deust plus demeurer à tomber, car elle paroissoit quasi toute dehors. Il les vous meine un petit quart de lieue tousjours après ceste lamproye. Mais il y en eut deux qui se lassèrent de trotter, parce qu'ilz estoyent un petit chargez de cuisine. Les deux autres tindrent bon, et furent bien ayses que les deux s'en allassent, et dirent l'un à l'autre : *Tez tay, j'en airon meilleure part.* Quand Picquet eut congneu qu'il n'avoit plus que deux lacquais, lesquelz estoyent assez dispos de leurs personnes, il commence à picquer un peu plus fort, et encores plus fort ; et mes deux copieux après, tellement qu'ilz le suyvirent plus d'une grande demye lieue, tousjours courans après, qui pensoyent bien se venger sus la lamproye ; et Picquet tousjours picquoit, mais ceste lamproye ne tomboit point, dont ilz commencèrent à se fascher, joint que Picquet, qui en avoit son passe-temps, se prenoit à rire par les fois si fort qu'ils s'en apperceurent, et virent bien qu'ilz en avoyent d'une. Toutefois, l'un d'eulx, pour faire bonne mine, dit de loing à Picquet : Hau ! Monsieur, vostre lamproye vous cherra. Picquet se retourne vers eux en leur disant : A a ! il la vous faut, la lamproye ? Venez, venez, vous l'aurez : elle cherra tantost. Mes gens furent tout camus et dirent : A tous les diesbes la lamproye ! Puis, quand ilz furent de retour, Dieu sçait comment ilz furent copiez de ceulx de la ville qui entendirent la fourbe, en leur demandant à quelle saulse ilz la vouloyent. Ainsi les gaudisseries retournent quelquefoys sus les gaudisseurs.

Nouvelle XXVII.

*De l'asne umbrageux qui avoit peur quand on ostoit
le bonnet, et de sainct Chelaut et Croisé,
qui chaussèrent les chausses
l'un de l'aultre.*

Plusieurs ont ouy le nom de messire René du Bellay, dernièrement decedé evesque du Mans[1], lequel se tenoit sus son evesché, studieux des choses de la nature, et singulierement de l'agriculture, des herbes et du jardinage. Il avoit en sa maison de Tonnoye un haraz de jumens, et prenoit plaisir à avoir des poulains de belle race. Il avoit un maistre d'hostel qui mettoit peine de luy entretenir ce qu'il aymoit, et à celuy mesme fut donné par quelqu'un de ses amys un asne, par grande singularité, qui estoit si beau et si grand qu'on l'eust pris à tous coups pour un mulet, et mesmes en avoit le poil; avec cela il alloit l'amble aussi bien qu'un mulet. Pource le maistre d'hostel, voyant la bonté de cest asne, bien souvent le bailloit à l'un des officiers, sus lequel il suivoit aussi bien le train, encore que ledit seigneur picquast aussi bien comme pas un des aultres. Et à la fin ledict asne demeura pour l'un des aulmosniers, lequel on appelloit sainct Chelault[2]. Ne sçay si c'estoit son nom, ou si on luy avoit donné ce soubriquet, ou si c'estoit quelque

1. En 1556.
2. Il y a dans les Vocabulaires hagiologiques plusieurs

benefice qu'il eust eu de son maistre. Or, pour ce qu'il n'y ha chose si excellente qui n'ait quelque imperfection, cest asne estoit un petit umbrageux. Que dy-je, un petit? j'entens un petit beaucoup; car, au moindre remuement qu'il eut senty faire, il gambadoit, il saultoit; et qui failloit à se tenir bien, il vous terrassoit son homme. Au moyen de quoy S. Chelault, qui n'estoit pas des plus habiles escuyers du monde, à tous les coups estoit passé chevalier dessus cest asne. Quand à quelque destour il voyoit une souche couchée le long du chemin, ou quand quelque homme se presentoit à la rencontre et au depourveu, ou quand il tomboit à sainct Chelault le breviaire de sa manche, le bruit seul faisoit tressaillir cest asne, qui ne cessoit de tempester qu'il n'eust porté mon aulmosnier par terre. Mais sus tout cest asne se faschoit quand il voyoit oster un bonnet, car, quand on saluoit monsieur du Mans par les chemins, comme telles personnes sont saluées de tout chascun, cest asne au maniement des bonnetz faisoit rage. Il couroit à travers pays comme si le diammour[1] l'eust emporté, et ne failloit point à vous planter le povre sainct Chelault en un fossé ou en quelque tartre bourbonnoise. De sorte qu'il estoit contrainct de demeurer derrière et n'aller point en trouppe, pour eviter les incon-

saints dont a fait des saintes. On ne dit aujourd'hui ni *saint Sesaud* ni *saint Chelaut*, mais *sainte Serote*, sous le nom de laquelle il y a une cure au diocèse du Mans. (L. M.)

1. Contraction, pour le dieu Amour, que d'autres éditions portent en effet. La Monnoye dit : « J'ai cru qu'il falloit lire : *Comme si le diantre l'eût emporté*, et l'ai fait imprimer ainsi. » Mais il ne donne pas ses raisons.

veniens des salutations. Et d'aventure, s'il rencontroit quelqu'un de congnoissance par les chemins venant au devant de luy, il luy crioit tout de loing : Monsieur, je vous prie, ne me saluez point ! ne me saluez point ! Mais bien souvent, pour en avoir passetemps, on luy attiltroit des salueurs qui luy faisoyent de grandes reverences et barretades, pour veoir un peu cest asne en son avertin faire ses gambades. Quelquesfoys sainct Chelault partoit devant, dont il avoit bien meilleur marché : premierement, pour eviter le danger susdict ; secondement, pour aller prendre un avantage de buvettes, speciallement les après-disnées, qu'il ne luy falloit point attendre Monsieur pour dire la messe devant luy. Une foys donc, de par Dieu[1] ! qu'il estoit en plein esté, faisant grand chaleur sus l'apresdinée, et que Monsieur attendoit le chault à passer, sainct Chelault partit devant avec un qui estoit solliciteur dudict seigneur, nommé Croisé. Et parce que la traitte n'estoit pas trop longue, ils arrivèrent de bonne heure au logis, là où ils se rafreschirent en beuvant et beurent en se rafreschissant,

---

[1]. Des Périers emploie encore une autre fois ce serment : *Les bons tours, de par Dieu!* dit-il dans la Nouvelle IX, deuxième partie ; ailleurs il supprime la préposition, et dit non moins énergiquement : *Une belle serrure de Dieu* (Nouvelle XLV). Ce que La Monnoye annote ainsi : « Rien n'est plus commun dans la bouche des bonnes vieilles que ces espèces d'hébraïsmes : *Il m'en coûte un bel écu de Dieu; Il ne me reste rien que ce bel enfant de Dieu; Donnez-moi une bénite aumône de Dieu.* Quelquefois aussi dans un sens tout ironique, on dira : *Je n'ai gagné à son service qu'une belle sciatique de Dieu.* » J'ai vu quelque part dans La Fontaine : *De beaux marquisats de Dieu.* Cette façon de parler n'est point encore tombée en désuétude.

et, en attendant le train à venir, donnèrent ordre au soupper. Mais quand ilz veirent que Monsieur ne venoit point si tost, ilz se mirent gentiment à soupper de ce que bon leur sembla; et mesmes, voyans que rien ne venoit, ilz recommandèrent tout à l'hoste et au cuisinier qui estoit venu quand et eux, et eux aussi quand et le cuisinier ; et se firent bailler une petite chambre jacopine, où ils se couchèrent très-bien et très-beau, et commencèrent à jouer à la ronfle. Tantost, voicy Monsieur venir ; et quand ses gens sceurent que mes deux compagnons estoyent couchez, ils les laissèrent jusques après soupper, que deux ou trois d'entre eux trouvèrent façon d'entrer en la chambre où ilz dormoyent sans faire bruit, et les trouvèrent en leur premier somme. Or il fault notter que S. Chelault estoit si maigre que les os luy persoyent la peau; mais Croisé faisoit bien autant d'honneur à celuy qui le nourrissoit comme S. Chelault lui faisoit de deshonneur, car il estoit si gras et si fafelu qu'on l'eust fendu d'une areste. Que firent mes gens ? Ilz prindrent les chausses des deux dormans et les descousirent par moytié, et les mespartirent l'une d'avec l'autre, rattachant la droicte de l'un avec la gauche de l'aultre, et la gauche avec la droicte, le plus proprement qu'ils peurent, et les remirent en leur place, et vous laissèrent dormir mes deux pelerins jusques au lendemain qu'il fut jour et que Monsieur fut prest de monter à cheval, car il vouloit aller à la frescheur. Et sur ce poinct, l'un des pages, qui sçavoit toute la trafficque, car telles gens ne se trouvent jamais loing de toutes bonnes entreprises, vint frapper en grand haste à la porte de la chambre où ils estoyent couchez, disant : Monsieur Croisé, monsieur de S. Chelault, voilà Monsieur à cheval ! Voulez-vous pas vous lever ? Mes deux gens s'eveillent en sursault, et de prendre leurs vestemens à la haste. S. Chelault en eut bien meilleur compte que non pas monsieur Croisé, car luy, qui estoit maigre, entra dedans les chausses de Croisé comme les mariez de l'année passée. Il se chausse, il s'habille, et fut aussi tost prest qu'un chien auroit saulté un eschalier. Il monte à cheval sus son asne, et devant ! Mais Croisé, qui d'aventure avoit chaussé la bonne chausse la première, quand ce vint à celle de S. Chelault, le diable y fut, car elle estoit si estroicte qu'à grand peine y eut-il mis le bras. Il tiroit, il tiroit, mais il y fust encores ; et si ne songeoit point que la chausse ne fust à luy, car il n'eust jamais pensé en tels affaires ; et puis il n'estoit pas encores bien esveillé, comme sont gens repletz et qui ont repeu au soir. A la fin, de force de tirer, il esclatta tout, qui fut cause de le reveiller et de le faire entrer en colère. Que diable est ce-cy ? disoit-il. Il regarde à son cas de plus près, et congneut que ce n'estoit pas sa chausse, et n'y peut jamais entrer, sinon qu'il passa toute la jambe et la cuisse par la fandasse qu'il avoit faicte, afin au moins que le fessier luy demeurast couvert en attendant qu'il eust moyen de remedier à son cas, et chausse sa bote de ce costé-là tout à nud sus la jambe, et monte à cheval, galoppant après Monsieur, qui estoit desjà à une lieue de là. Et Dieu sçait comment il fut ris de leurs jeux ! car, quand ilz furent à la disnée, là où de fortune il n'y avoit point de ravaudeurs ni de cousturiers, car c'estoit en une maison de gentilhomme un petit à l'escart, on veid tout à cler le faict comme il estoit passé. Ilz s'entrerendirent chascun sa chausse et se mirent à les rabille-coustrer tandis qu'on disnoit, qui fut en deduction de ce qu'ilz avoient le soir souppé si bien à leur aise. Ce ne fut pas mauvais pour monsieur Croisé, car la diette ne lui estoit que bonne. Mais le povre S. Chelault en eut mauvais party, car il n'avoit pas affaire de cela; et puis Croisé luy avoit rompu toute sa chausse. Ainsi la mauvaise fortune jamais ne vient qu'elle n'en apporte une, ou deux, ou trois, avecques elle, Sire. Ouy, ouy, cela est dedans Marot[1]. Les uns me conseilloyent que je disse que cecy estoit advenu en hyver, pour mieulx faire valoir le compte; mais, estant bien informé que ce fut en esté, je n'ay point voulu mentir : car, avec ce qu'un compte froid n'est pas trouvé si bon, je me damnerois, ou pour le moins il m'en faudroit faire penitence. Toutes fois il sera permis à ceux qui le feront après moy de dire que ce fut en hyver, pour enrichir la matière. Je m'en rapporte à vous. Quant à moy, je passe outre.

1. Epître au roi pour avoir été dérobé.

Nouvelle XXVIII.

Du prevost Coquillaire, malade des yeux, auquel les medecins faisoyent accroire qu'il voyoit.

Au mesme pays du Maine y avoit n'ha guères un lieutenant du prevost des mareschaux [1] qu'on appelloit Coquillaire, homme qui faisoit bien un procès et qui sçavoit bien la ruse du lieutenant Maillard [2], lequel, ayant un jour entre ses mains un homme qui avoit fait des maulx assez, mais il alleguoit qu'il avoit tonsure, le vous laissa refroidir quelque temps en la prison; puis, à heure choisie, le fet venir devant soi, et commença à faire le familier avecque lui. Vrayement, dit-il, tel, l'appelant par son nom, c'est bien raison que vous soyez renvoyé par devant vostre evesque. Je ne vous veux pas faire tort de vostre privilége, ains vous en voudrois advertir quand vous n'y penseriez pas; mais je vous conseille que d'icy en avant vous vous retiriez ès lieux où se font les actes d'honneur. Vous estes beau

---

1. On appeloit prévôts des maréchaux des juges de robe courte établis pour juger les soldats et les voleurs. Les cent quatre-vingts maréchaussées de France ressortissoient de la connétablie, dont le siége étoit à la table de marbre du Palais de Paris.

2. Gilles Maillard, lieutenant criminel, persécuteur acharné des huguenots. Marot, qui l'a rendu odieux dans son épigramme si connue *Du lieutenant criminel et de Semblançay*, n'échappa qu'avec peine de ses mains.

personnage et vaillant, vous debvriez aller servir le roy ; vous vous feriez incontinent congnoistre et seriez pour avoir charge et pour vous faire grand, non pas vous amuser ès villes et par les chemins et vous mettre en danger de vostre vie et vous deshonorer à jamais. Incontinent le gallant, qui se sentoit loué : Monsieur, dit-il, je ne suis pas maintenant à congnoistre que c'est du service du roy. J'estois bien devant Pavie quand il fut pris, soubz la charge du capitaine Lorge[1], et depuis me trouvay à la suite de monsieur de Lautrec[2] à Millan et au royaume de Naples. Alors Maillard vous luy achevoit son procès et le vous faisoit pendre hault et court avec sa tonsure, et luy apprenoit que c'estoit de servir le roy. Coquillaire sçavoit bien faire cela et semblables choses, et voyoit assez clair dedans un sac des yeulx de l'esprit ; mais des yeulx de la teste il n'y voyoit pas la longueur de quatre doigts, et ne luy falloit point demander lequel il eust mieulx aymé avoir, le nez aussi long que la veue ou la veue aussi longue que le nez, car il n'y avoit pas beaucoup à dire de l'un à l'autre. Advint qu'un jour l'evesque du Mans, allant visiter par son diocèse, le voulut veoir en passant, parce qu'il le congnoissoit bon justicier et que son chemin s'adonnoit par là ; lequel il trouva au lict, malade d'une humeur qui lui estoit tombée sur ses pauvres yeulx. Et bien ! Monsieur le prevost, dit l'evesque, comment vous trouvez-vous ? — Monsieur,

1. Jacques de Lorge, père du comte de Montgommeri, meurtrier de Henri II.
2. Odet de Foix, seigneur de Lautrec, mort devant Naples en 1528, après avoir soumis l'Italie presque tout entière.

dit-il, il y ha un mois et davantage que je suis icy.
— Vous avez toujours mauvais yeulx, dit l'evesque ; comment en estes-vous ? — Monsieur, dit Coquillaire, j'espère que je m'en porterai mieulx. Le medecin m'ha dit que je voy. Pensez que c'estoit un si fin homme de se rapporter au medecin s'il voyoit ou non ; mais il ne se rapportoit pas si voulentiers au dire des prisonniers pour leur faict propre comme il faisoit au medecin pour le sien.

Nouvelle XXIX.

Des finesses et actes memorables d'un regnard qui estoit au bailly de Maine-la-Juhés.

En la ville de Maine-la-Juhés[1], au bas du pays du Maine, c'est ès limites de ce bon pays de Cydnus[2], y avoit un bailly, homme de bonne chère selon le pays, et qui se delectoit de beaucoup de gentillesses, et avoit en sa maison quelques animaux apprivoisez, entre lesquels estoit un regnard qu'il avoit fait nourrir petit, et luy avoit-on couppé la queue, et pour ce on l'appelloit le hère.

---

1. Ou mieux Mayenne, dite la *Juhée*, parceque Juhel I en fit construire le château vers 1150.

2. VAR., *Nus*; autre : *de Nus*. « La tradition fabuleuse introduite par Annius de Viterbe veut qu'un certain Cydnus, fils de Ligur, ait donné le nom aux anciens peuples du Maine, appelés premièrement, par cette raison, *Cydnomans*, et depuis *Cénomans*..... Sans recourir à Cydnus, ne pourroit-on pas dire que l'auteur, par *ce bon pays Nus*, auroit entendu ce pays du Maine où il y a plusieurs fiefs retenus *en nuesse*, à

Ce regnard estoit fin de père et de mère; mais il avoit encore passé la nature en conversant avec les hommes, et avoit si bon esprit de regnard que, s'il eust pu parler, il eust monstré à beaucoup de gens que ce n'estoyent que bestes. Et certainement il sembloit à sa mine que quelquesfoys il s'efforçast de parler en son plaisant regnardois qu'il jargonnoit. Et quand il estoit avec le valet de la maison ou avec la chambrière, pource qu'ilz le traictoyent bien à la cuisine, vous eussiez dict qu'il les vouloit appeler par leur nom. Il sçavoit aussi bien quand monsieur le bailly debvoit faire un banquet à veoir les gens de là-dedans tous empeschez, et principalement le cuisinier. Il s'en alloit chez les poullailliers et ne failloit point à apporter connilz, chappons, pigeons, perdris, levraulx, selon les maisons, et les prenoit si finement que jamais il n'estoit surpris sur le faict, et vous fournissoit la cuisine de son maistre merveilleusement bien. Toutesfois, il alla et retourna si souvent en meffait qu'il commença à se faire congnoistre des poullailliers et des aultres à qui il desroboit les gibiers; mais pour cela il ne s'en soucioit guères, car il trouvoit tousjours nouvelles finesses, les desrobant tousjours de plus en plus, tant qu'ilz conspirèrent de le tuer, ce qu'ilz n'osoyent pas faire apertement, pour la crainte de

nu, nuement, de nu à nu, à pur, c'est-à-dire immédiatement du prince? Je n'en doute nullement. La Croix du Maine, page 452 de sa *Bibliothèque*, parle d'un Samson Bedouin, moine bénédictin de l'abbaye de la Couture, auteur de plusieurs chansons, et entre autres de la *Réplique aux chansons des Nuciens ou Nutois*, autrement appelés *Ceux de Nuz*, au bas pays du Maine. » (L. M.)

son maistre, qui estoit le grand Monsieur de la ville, mais se deliberèrent chascun de leur part de le surprendre de nuict. Or mon hère, quand il vouloit aller quester, entroit tantost par le souspiral de la cave, tantost par une fenestre basse, tantost par une lucarne; tantost il attendoit que l'on vint ouvrir la porte sans chandelle et entroit secrètement comme un rat. Et s'il avoit des intentions d'entrer, il en avoit bien autant de sortir avec sa proye. O quantesfoys le poullaillier parloit de luy pour le tuer, qu'il estoit tout auprès à escouter la conspiration, pensant en soy-mesme : « Tu ne me tiens pas ! » On lui tendoit quelque gibier en belle prise, et là-dessus le poullaillier veilloit avec une arbaleste bandée et le garrot dessus pour le tuer. Mais mon regnard sentoit cela comme si c'eust esté la fumée du rosty, et ne s'approchoit jamais tandis qu'on veilloit; mais l'homme n'eust sçeu si tost avoir les yeulx clos pour sommeiller que mon hère ne croquast son gibier, et devant ! Si on lui tendoit quelques trebuchetz ou repoussoirs, il s'en sçavoit garder comme si luy-mesme les eust mis; tellement qu'ilz ne sçavoient jamais estre si vigilans de le pouvoir attraper, et ne trouvèrent d'aultre expedient sinon tenir leur gibier serré en lieu où le hère ne peust attaindre; encores pour cela il ne manquoit pas d'en trouver quelqu'un en voye, mais c'estoit peu souvent. Dont il commença à se fascher, partie pour n'avoir plus si grands moyens de faire service au cuisinier, partie aussi qu'il n'en estoit point si bien de sa personne comme il souloit. Et pour ce, tendant desjà sur l'age, il devint soupsonneux, et lui fut advis qu'on ne tenoit plus compte de luy, et peut-estre aussi qu'on ne luy faisoit pas tant de caresses que de coustume, car c'est grand pitié que de vieillesse. Et, pour ces causes, il commença à devenir meschantement fin, et se print à manger les poullailles de la maison de son maistre ; et, quand tout estoit couché, il s'en alloit au jouc, et vous prenoit tantost un chappon, tantost une poulle. Et ne se doubtoit-on point de luy ; on pensoit que ce fust la bellette ou la fouyne. Mais à la fin, comme toutes meschancetez se descouvrent, il y alla tant de foys qu'une petite garse qui couchoit au buscher pour l'honneur de Dieu s'en apperçeut, qui declara tout. Et, dès lors, le grand malheur tomba sur le hère, car il fut rapporté à monsieur le bailly que le hère mangeoit les poullailles. Or mon regnard se trouvoit partout pour escouter ce qu'on disoit de luy, et avoit de coustume de ne perdre guères le disner et le soupper de son maistre, pource qu'il luy faysoit fort bonne chère, et l'aimoyt, et lui donnoit tousjours quelque morceau de rosty. Mais, depuis qu'il eut entendu qu'il mangeoit les poulles de la maison, il luy changea de visage, tant qu'une foys, en disnant, que le hère estoit là derrière les gens en tapinois, monsieur le bailly ly va dire : Que diriez-vous de mon hère qui mange mes poulles ? J'en feray bien la justice avant qu'il soit trois jours. Le hère, ayant ouy cela, congneut qu'il ne faisoit plus bon à la ville pour luy, et n'attendit pas les trois jours à passer qu'il ne se bannist de luy-mesme et s'enfuit aux champs avec les aultres regnardz. Pensez que ce ne fut pas sans faire la meilleure dernière main qu'il pust. Mais le povre hère eût bien affaire à s'appointer avec eulx : car, du temps qu'il estoit à la ville, il avoit appris à parler bon cagnesque, et les façons des chiens aussi, et alloit à la chasse avec eulx, et, soubz umbre de comperage, trompoit les povres regnardz sauvages et les mettoit en la gueule des chiens ; dont les regnardz se souvenans, ne le vouloyent point recevoir avec eulx et ne s'y fioyent point. Mais il usa de rhetorique, et s'en excusa en partie, et en partie aussi leur demanda pardon ; et puis il leur fit entendre qu'il avoit le moyen de les faire vivre ayses comme roys, d'autant qu'il sçavoit les meilleurs poullailliers du pays et les heures qu'il y falloit aller ; tant qu'à la fin ilz creurent en ses belles parolles et le firent leur capitaine, dont ilz se trouvèrent bien pour un temps, car il les menoit ès bons lieux, où ilz trouvoyent de butin assez. Mais le mal fut qu'il les voulut trop accoustumer à la vie civile et compagnable, leur faisant tenir les champs et vivre à discretion, de sorte que les gens du pays, les voyans ainsi par bandes, menoyent les chiens après, et y demeuroit tousjours quelqu'un de mes compères les regnardz. Mais cependant le hère le savoit tousjours, car il se tenoit à l'arrière garde, affin que, tandis que les chiens estoyent après les premiers, il eust loisir de se saulver ; et mesme il n'entroit jamais dedans le terrier, sinon en compagnie d'aultres regnardz ; et quand les chiens estoyent dedans, il mordoit ses compagnons et les contraignoit de sortir, affin que les chiens courussent après et qu'il se sauvast. Mais le povre hère ne sçeut si bien faire qu'il ne fut attrappé à la fin : car, d'autant que les paysans sçavoyent bien qu'il estoit cause de tous les maulx qui se faysoient là autour, ilz ne cherchoyent que luy et n'en vouloyent qu'à luy, tant qu'ilz jurèrent tous une bonne fois qu'ilz l'auroyent. Et, pour ce faire, s'assemblèrent toutes les paroisses d'alentour, qui deputèrent chascun un marguillier pour aller demander secours aux gentilzhommes du pays, les prians que, pour la communaulté, ilz voulussent prester chascun quelques chiens pour despescher le pays de ce meschant garniment de regnard. A quoy voulontiers s'accordèrent lesditz gentilzhommes, et firent bonne response aux ambassadeurs; et mesme, la plupart d'entre eux, long-temps avoit qu'ilz en cherchoyent leurs passe-temps sans y avoir peu rien faire. En somme, on mit tant de chiens après qu'il y en eut pour luy et pour ses compagnons; lesquelz il eut beau mordre et harasser, car quand ilz furent pris, encores fallut il qu'il y demeurast, quelque bon corps qu'il eust. Il fut empoigné tout en vie, et fut trayné, acculé en un coin de terrier à force de creuser et de bescher, car les chiens ne le peurent jamais faire sortir hors du terrier, ou fust qu'il leur jouast tousjours quelque finesse, ou, qui est mieux à croire, qu'il leur parloit en bon cagnesque et appoinctoit à eulx, tellement qu'il y fallut aller par aultres moyens. Or le povre hère fut pris et amené ou apporté tout vif en la ville du Maine, où fut faict son procès, et fut sacrifié publiquement pour les volleries, larrecins, pilleries, concussions, trahisons, deceptions, assassinementz et aultres cas enormes et torsionnaires par luy commis et perpetrez; et fut executé en grande assemblée, car tout le monde y accouroit comme au feu, parce qu'il estoit congneu à dix lieues à la ronde pour le plus mauvais garson de regnard que la terre porta jamais. Si dit-on pourtant que plusieurs gens de bon esprit le plaignoyent, parce qu'il avoit tant fait de belles gentillesses et si dextrement, et disoyent que c'estoit dommage qu'il mourust un regnard de si bon entendement; mais à la fin ilz ne furent pas les maistres, quoyqu'ilz missent la main aux armes pour luy sauver la vie, car il fut pendu et estranglé au chasteau du Maine. Voilà comment n'y ha finesse ne mechanceté qui ne soit punie en fin de compte.

NOUVELLE XXX.

De maistre Jehan de Pontalais; comment il la bailla bonne au barbier d'étuves qui faisoit le brave.

Il y ha bien peu de gens de nostre temps qui n'ayent ouy parler de maistre Jehan du Pontalais[1], duquel la mémoire n'est pas encore vieille, ny des rencontres, brocards et sornettes qu'il faisoit et disoit, ny des beaux jeux qu'il jouoit, ni comment il mit sa bosse contre celle d'un cardinal, en luy montrant que deux montagnes s'entre-rencon-

---

1. Maître Jean de l'Epine du Pont-Alais, dit Songe-Creux, s'est rendu célèbre à Paris, du temps de François I, par la représentation des moralités, mystères et farces qu'il faisoit jouer en public, soit de sa composition, soit de celle d'autrui. M. Ed. Fournier (*Variétés historiques*, t. 3, p. 142) dit

troyent bien, en despit du commun dire. Mais pourquoy dy-je ceste-là, quand il en faisoit un million de meilleures? Mais j'en puis bien dire encor une ou deux. Il y avoit un barbier d'estuves qui estoit fort brave, et ne lui sembloit point qu'il y eust homme en Paris qui le surpassast en esprit et en habileté. Mesmes estant tout nud en ses estuves, povre comme frère Croiset qui disoit la messe en pourpoint[1], n'ayant que le rasoir en la main, disoit à ceulx qu'il estuvoit : Voyez-vous, monsieu, que c'est que d'esprit. Que pensez-vous que ce soit de moy?

fort justement « qu'il devoit son nom au petit *pont des Halles* (pont Alais) jeté sur l'égout près de la Pointe-Saint-Eustache, et à deux pas duquel il dressoit ses tréteaux et faisoit tapage de paroles grasses et de tambourins. » Cl. Marot et Regnier font mention de Jean du Pont-Alais; Bèze aussi dans son Passavant : *Omnes riderent sicut Johannes magister de Ponte Alezio.* Du Verdier et ses copistes l'ont confondu avec ce Jean Alais que les auteurs qui ont traité des antiquités de Paris disent avoir commencé la fondation de l'église Saint-Eustache. Dans un recueil de Noels nouveaux imprimé à Paris pour J. Olivier (in-16 goth.), il y a des noels sur l'air : *Maistre Jehan du Pont-Alais.* Ce farceur eut quelquefois l'honneur de jouer devant François I. Des comptes de ce monarque conservés aux Archives de l'Empire nous extrayons ce qui suit : « A Jehan de l'Espine du Pont-Alletz, dit Songe-Creux, qui a par cy-devant suiyvy ledit seigneur avec sa bande et joué plusieurs farces devant luy pour son plaisir et recreation, en don... 223 liv. tournois. »

1. « *En pourpoint* ne signifie pas *n'ayant que le pourpoint*, mais *n'ayant que la chemise*. Aussi *mettre un homme en pourpoint*, c'etoit le depouiller de son bien; et quand on dit à quelcun qu'on se mettra volontiers pour lui en pourpoint, on lui temoigne par là qu'on est prêt à mettre pourpoint bas, afin de mieux travailler pour lui. C'est ce qu'a entendu Marot dans l'epigramme à une fille de quinze ans, où il dit que, pour lui apprendre le cinquième point d'amour, *il se mettra volontiers en pourpoint, voire tout nud.* » (L. M.)

Tel que vous me voyez, je me suis avancé moy-mesmes. Jamais parent ni amy que j'eusse ne m'ayda de rien. Si j'eusse esté un sot, je ne fusse pas où je suis. Et s'il estoit bien content de sa personne, il vouloit que l'on tinst encores plus grand compte de luy. Ce que congnoissant maistre Jehan de Pontalais, en faisoit bien son proffit, l'employant à toutes heures à ses farces et jeux, et fournissoit de luy quand il vouloit: car il luy disoit qu'il n'y avoit homme dedans Paris qui sceust mieulx jouer son personnage que luy. Et n'ay jamais honneur, disoit Pontalais, sinon quand vous estes en jeu. Et puis on me demande : Qui estoit cestuy-là qui jouoit un tel personnage ? O qu'il jouoit bien ! Lors je dis vostre nom à tout le monde, pour vous faire congnoistre. Mon amy, vous serez tout esbahy que le roy vous voudra veoir : il ne fault qu'une bonne heure. Ne demandez pas si mon barbier estoit glorieulx. Et de fait, il devint si fier qu'homme n'en pouvoit plus jouir. Et mesmes il dit un jour à maistre Jehan du Pontalais : Sçavez-vous qu'il y ha, Pontalais ? Je n'entendz pas que d'icy en avant vous me mettez à tous les jours, et ne veulx plus jouer si ce n'est en quelque belle moralité où il y ayt quelques grands personnages comme roys, princes, seigneurs. Et si veulx avoir tousjours le plus apparent qui soit[1]. Vrayement, dit maistre Jehan du Pontalais, vous avez raison, et le méritez ; mais que ne m'en advisiez-vous plustost ? J'ay bien faulte d'advis,

---

1. Le premier rôle. Vous voyez la morgue des acteurs parvenus se montrer dès l'origine du théâtre.

que je n'y ay pensé de moy-mesmes; mais j'ay bien dequoy vous en contenter d'icy en avant, car j'ay des plus belles matières du monde, où je vous feray tenir la plus belle place de l'eschaufault. Et pour commencement, je vous prie ne me faillir dimenche prochain, que je doibz jouer un fort beau mistère, auquel je fais parler un roy d'Inde la Majeur[1]. Vous le jouerez, n'est-ce pas bien dict?— Oui, oui, dit le barbier; et qui le joueroit si je ne le jouois? Baillez-moi seulement mon rolle. Pontalais le luy bailla dès le lendemain. Quant ce vint au jour des jeux, mon barbier se représenta en son trosne avec son sceptre, tenant la meilleure majesté royalle que fit oncques barbier. Maistre Jehan du Pontalais cependant avoit fait ses apprestz pour la donner bonne à monsieur le barbier. Et pource que luy-mesme faisoit volontiers l'entrée des jeux qu'il jouoit, quand le monde fut amassé, il vint tout le dernier sur l'eschaufault[2], mais il commença à parler tout le premier, et va dire :

Je suis des moindres le mineur,
Et si n'ay targe ny escu;
Mais le roy d'Inde la Majeur
M'ha souvent ratissé le cu.

Et disoit cela de telle grace qu'il falloit pour

---

1. Dans le mystère de Louis Choquet intitulé *Les Actes des Apôtres*, joué à Paris en 1541, et imprimé aussitôt dans la même ville par les Angeliers, il y a un personnage de *Migdeus, roi d'Inde la Majour*; mais cette qualification paroît avoir été populaire avant que Des Periers et Choquet s'en servissent.

2. En effet, tous les autres personnages venoient se ranger sur des amphithéâtres construits de chaque côté de la scène.

faire entendre la braveté dudict ratisseur. Et si avoit faict son jeu de telle sorte, que le roy d'Inde ne debvoit quasi point parler, mais seulement tenir bonne mine, afin que, si le barbier se fust despité, que le jeu n'en eust pas moins vallu. Et Dieu sçait s'il n'apprint pas bien à monsieur l'estuvier à jouer le roy, et s'il n'eust pas voulu estre à chauffer ses estuves. On dit du mesme Pontalais un compte que d'aultres attribuent à un aultre; mais quiconque en soit l'aucteur, il est assez joly. C'estoit un monsieur le curé [1], lequel un jour de bonne feste estoit monté en chayre pour sermonner, là où il estoit fort empesché à ne dire guères bien; car quand il se trouvoit hors propos (qui estoit assez souvent) il faisoit des plus belles digressions du monde. Et que pensez-vous, disoit-il, que ce soit de moy? On en trouve peu qui soyent dignes de monter en chayre; car encores qu'ilz soyent sçavans, ilz n'ont pas la manière de prescher. Mais à moy, Dieu m'ha faict la grace d'avoir tous les deux; et si sçay de toutes sciences ce qu'il en est. Et en portant le doigt au front, il disoit : Mon amy, si tu veulx de la grammaire, il y en ha icy dedans; si tu veulx de la réthorique, il y en ha icy dedans; si tu veux de la philosophie, il y en ha icy dedans; de la théologie, je n'en crains docteur qui soit en la Sorbonne; et si n'y ha que trois ans que je n'y sçavois rien, et toutesfois vous voyez comment je presche; mais Dieu fait ses

---

1. Henri Estienne (*Apologie pour Hérodote*, ch. 36) et d'Aubigné (*Baron de Fæneste*, liv. 2, ch. 13, et liv. 4, ch. 10) nous apprennent que c'étoit le curé de Saint-Eustache.

graces à qui il luy plaist. Or est-il que maistre Jehan du Pontalais, qui avoit à jouer ceste après-disnée là quelque chose de bon, et qui congnoissoit assez ce prescheur pour tel qu'il estoit, faisoit ses monstres par la ville, et par fortune luy falloit passer par devant l'eglise où estoit ce prescheur. Maistre Jehan du Pontalais, selon sa coustume, fit sonner le tabourin au carrefour, qui estoit tout viz à viz de l'eglise, et le faisoit sonner bien fort et longuement tout exprès pour faire taire ce prescheur, afin que le monde vint à ses jeux. Mais c'estoit bien au rebours, car tant plus il faisoit de bruit, et plus le prescheur crioit hault; et se battoyent Pontalais et luy, ou luy et Pontalais (pour ne faillir pas), à qui auroit le dernier. Le prescheur se mit en colère, et va dire tout hault par une auctorité de predicant [1] : Qu'on aille faire taire ce tabourin. Mais pour cela personne n'y alloit, sinon que s'il sortoit du monde, c'estoit pour aller voir maistre Jehan du Pontalais, qui faisoit tousjours battre plus fort son tabourin. Quand le prescheur veid qu'il ne se taisoit point et que personne ne luy en venoit rendre response : Vrayement dit-il, j'iray moy-mesmes. Et descend de la chayre en disant : Que personne ne bouge; je reviendray à ceste heure. Quand il fut au carrefour, tout eschauffé, il va dire à Pontalais : Hé! qui vous fait si hardy de jouer du tabourin tandis que je presche? Pontalais le regarde et lui dit : Hé! qui vous fait si hardy de prescher tandis que je joue du tabourin?

1. *Prédicant* ne s'est dit depuis que des ministres protestants, surtout de ceux qui prêchoient dans les campagnes.

Alors le prescheur, plus fasché que devant, print le cousteau de son famulus qui estoit auprès de luy, et fit une grand' balaffre à ce tabourin [1] avec ce cousteau; et s'en retournoit à l'eglise pour achever son sermon. Pontalais print son tabourin et courut après ce prescheur, et l'en va coiffer comme d'un chapeau d'Albanois, le luy affublant du costé qu'il estoit rompu. Et lors le prescheur, tout en l'estat qu'il estoit, vouloit remonter en chayre, pour remonstrer l'injure qui luy avoit esté faicte, et comment la parole de Dieu estoit vilipendée. Mais le monde rioit si fort, le voyant avec ce tabourin sus la teste, qu'il ne sceut meshuy avoir audience, et fut contrainct de se retirer et de s'en taire, car il luy fut remonstré que ce n'estoit pas le fait d'un sage homme de se prendre à un fol.

Nouvelle XXXI.

De madame la Fourrière qui logea le gentilhomme au large.

Encores n'y ha pas long-temps qu'il y avoit une dame de bonne volonté, qu'on appelloit la Fourrière [2], laquelle suyvoit quelquefoys la court, qui estoit quand son mary estoit en quartier. Mais le

---

1. *You bous fandray lou parchèmin*, dit le baron de Fæneste (l. 2, chap. 13); et ailleurs : « Nous bous mettrons la caisse dans la teste, comme au curé de Saint-Eustache. » (*Fæneste*, p. 103, éd. Mérimée.)

2. Son nom et son surnom étoient, comme je l'ai appris d'une vieille épigramme, *Marguerite Noiron*. — L. M.

plus du temps elle estoit à Paris : car elle s'y trouvoit bien, d'autant que c'est le paradis des femmes, l'enfer des mules et le purgatoire des soliciteurs[1]. Un jour elle estant audit lieu, à la porte du logis où elle se retiroit, va passer un gentilhomme par là devant, accompagné d'un sien amy, auquel il dit tout hault, en passant auprès de ladite dame, affin qu'elle l'entendist : Par Dieu, dit-il, si j'avois une telle monture pour ceste nuict, je ferois un grand pays d'icy à demain matin. La dame Fourrière, ayant entendu ceste parolle du gentilhomme, qu'elle trouvoit à son gré, car il estoit dispos, dit à un petit poisson d'avril qu'elle avoit auprès de soy : Va t'en suivre ce gentilhomme que tu voys ainsi habillé, et ne le perds point que tu ne sçaches où il entrera ; et fay tant que tu parles à luy, et luy dis que la dame qu'il ha tantost veue à la porte d'un tel logis se recommande à sa bonne grace, et que, s'il veult la venir veoir à ce soir, elle luy donnera la collation entre huit et neuf heures. Le gentilhomme accepta le message, et, r'envoyant ses recommandations, manda à la dame qu'il s'y trouveroit à l'heure. Et fault entendre que les deux logis n'estoyent pas loing l'un de l'aultre. Le gentilhomme ne faillit pas à l'assignation, qui trouva madame la Fourrière qui l'atten-

---

1. Une pièce de 1619, publiée par M. E. Fournier dans les *Variétés hist. et litt.* (t. 2, p. 284), donne une variante pour ce dernier paragraphe : « Purgatoire des plaideurs et des gens qui vont à pied. » M. Michelet a cité celle-ci du proverbe entier : « Liége, paradis des prêtres, enfer des femmes, purgatoire des hommes. » (*Hist. de France*, t. 6, p. 166.) Selon M. Fournier, on croyoit que ce proverbe ne remontoit qu'au dix-septième siècle.

doit. Elle le receut gracieusement, et le festoya de confitures. Ilz devisent du temps; il se fait tard, et cependant la chambrière apprestoit le lict proprement comme elle sçavoit faire, là où le gentilhomme s'alla coucher selon l'accord fait entre les parties, et madame la Fourrière auprès de luy. Le gentilhomme monta à cheval, et commença à piquer et puis repicquer. Mais il ne sçeut onq en tout faire que trois courses, depuis le soir jusques au matin [1], qu'il se leva d'assez

---

1. C'est à ces trois courses que la traite d'un galant homme est limitée dans cet ancien règlement d'amour :

« *Pour un seul coup sans y faire retour,*
C'est proprement d'un malade le tour ;
Deux bonnes fois à son aise le faire,
C'est d'homme sain suffisant ordinaire ;
L'homme galant donne jusqu'à trois fois,
Le moine quatre, et cinq d'aucunes fois ;
Six et sept fois, ce n'est point le métier
D'homme d'honneur : c'est pour un muletier. » — L. M.

Charles-Quint étoit strict observateur de ce règlement, au dire de Branthome : « Lorsqu'il couchoit avec une belle dame (car il aimoit l'amour, et trop pour sa goutte), il n'en eust jamais party qu'il n'en eust joui trois fois. » (*Vie de Charles-Quint.*)

Ovide (élégie VII, l. 3, de ses *Amours*) se vante d'être allé jusqu'à neuf :

Et memini numeros sustinuisse novem,

Nombre que Regnier, dans *l'Impuissance*, qu'il a imitée de ce poète ensemble et de Petrone, a jugé à propos d'augmenter ainsi :

Guerrier infatigable en ce doux exercice,
Par dix ou douze fois je rentrois en la lice.

Enfin Des Périers parle plus loin (Nouv. LXXXVI) d'un gentilhomme qui se vantoit de la dix-septième. Voy. aussi une épigramme de Marot sur ce sujet.

bonne heure pour s'en aller; et laissa sa monture en l'estable. Le lendemain, ou quelque peu de jours après, la Fourrière, qui avoit tousjours quelque commission par la ville, vint rencontrer le gentilhomme, et lequel elle salua en luy disant : Bonjour, monsieur de Deux et As. Le gentilhomme s'arresta en la regardant, et luy va dire : Par le corps bieu, Madame, si le tablier eust esté bon, j'eusse bien faict ternes. Et ayant sçeu le nom d'elle, le jour de devant (car elle estoit femme bien congnue) luy dit : Madame la Fourrière, vous me logeastes l'autre nuict bien au large. — Il est vray (dit-elle), Monsieur; mais je ne pensois pas que vous eussiez si petit train. Bien assailly, bien deffendu.

Nouvelle XXXII.

Du gentilhomme qui avoit couru la poste, et du coq qui ne pouvoit chaucher[1].

Un gentilhomme, grand seigneur, ayant esté absent de sa maison par quelque temps, print le loisir de venir veoir sa femme, laquelle estoit jeune, belle et en bon point. Et pour y estre plutost, il print la poste environ de deux journées de sa maison, là où il arriva sus le tard, que sa femme estoit desjà couchée. Il se met auprès d'elle; laquelle fut incontinent resveillée, bien joyeuse d'avoir compagnie, s'attendant qu'elle auroit son petit pico-

---

1. VARIANTES, *Caucher*, chevaucher.

tin pour le fin moins [1]. Mais sa joye fut courte, car monsieur se trouva si las et si rompu de sa course, que, quelque caresse qu'elle luy fist, il ne se peult mettre en debvoir, et s'endormit sans rien faire, dont il s'excusa vers elle : Mamie, dit-il, la grand amour que je vous porte m'ha faict haster de vous venir veoir, et suis venu en poste tout le long du chemin ; vous m'excuserez pour ceste fois. La dame ne trouva pas cela bien à son gré : car l'on dit qu'il n'est rien qu'une femme trouve plus mauvais, et non sans cause, que quand l'homme la met en appetit sans la contenter. Et ha esté souvent veu par experience qu'un amoureux, après avoir long-temps poursuivy une dame, s'il advient qu'elle prenne quelque soudaine disposition de l'accepter, et que luy se trouve surprins de sorte qu'il soit impuissant, ou par trop grande affection, ou par crainte, ou par quelque aultre inconvenient, jamais depuis il n'y recouvrera, si ce n'est par grande adventure. Toutefois la dame print patience, moytié par force et moytié par cizeaulx [2], et n'en eut aultre chose pour celle nuict. Elle se leva le ma-

---

[1]. La langue érotique s'étoit approprié cette expression, qu'on retrouve dans plusieurs chansons de l'époque, notamment dans celle-ci, de Marot :

> *En entrant dans un jardin,*
> *Je trouvai Guillot Martin*
> *Avecque s'amie Heleine,*
> *Qui vouloit pour son butin*
> *Son beau petit picotin,*
>   *Non pas d'aveine.*

[2]. Jeu de mots. On appelle *forces* des ciseaux d'une grande dimension.

tin d'auprès monsieur, et le laissa reposer. Au bout d'une heure ou deux qu'il se voulut lever, en s'habillant il se met à une fenestre qui regardoit sur la basse cour, et madame à costé de luy. Il advise un coq qui muguetoit une poulle, puis la laissoit, puis refaisoit ses caresses assez de fois, mais il ne faisoit aultre chose. Monsieur, qui le regardoit faire, s'en fascha, et va dire : Voyez ce meschant coq, qu'il est lasche ! il y ha une heure qu'il est à mugueter ceste poulle, et ne luy peult rien faire : il ne vault rien ; qu'on le m'oste et qu'on en ayt un aultre. La dame luy respond : Eh ! Monsieur, pardonnez-lui : peult-estre qu'il ha couru la poste toute la nuict. Monsieur se teut à cela, et n'en parla plus, sachant bien que c'estoit à luy à qui ces lettres s'addressoyent.

Nouvelle XXXIII.

Du curé de Brou[1], et des bons tours qu'il faisoit en son vivant.

Le curé de Brou, lequel en d'aucuns lieux ha esté nommé curé de Briosne[2], tant ha faict d'actes memorables en sa vie, que, qui les voudroit mettre par escript, il s'en feroit une legende plus grande que d'un Lancelot ou d'un Tristan[3]. Et ha esté

---

1. *Brou*, petite ville du département d'Eure-et-Loir, à vingt-cinq lieues de Paris.
2. Chef-lieu de canton du département de l'Eure, à cinq lieues de Pont-Audemer.
3. *Lancelot, Tristan*, noms de héros de chevalerie bien connus.

si grand bruit de luy que, quand un curé ha faict quelque chose digne de memoire, on l'attribue au curé de Brou. Les Limosins ont voulu usurper cest honneur pour leur curé de Pierre Buffère [1] ; mais le curé de Brou l'ha emporté à plus de voix, duquel je reciteray icy quelques faictz heroïques, laissant le reste pour ceux qui voudront un jour exercer leur stile à les descripre tout du long. Il fault sçavoir que ledit curé faisoit unes choses et aultres d'un jugement particulier qu'il avoit, et ne trouvoit pas bon tout ce qui avoit esté introduict par ses predecesseurs, comme les *Antiennes*, les *Respons*, les *Kyrie*, les *Sanctus*, les *Agnus Dei*. Il les chantoit souvent à sa mode ; mais surtout ne luy plaisoit point la façon de dire la Passion à la mode qu'on la dit ordinairement par les eglises, et la chantoit tout au contraire : car, quand Nostre-Seigneur disoit quelque mot aux Juifz ou à Pilate, il le faisoit parler hault et cler, que chascun l'entendist. Et quand c'estoyent les Juifz ou quelque aultre, il parloit si bas qu'à grand peine le pouvoit-on ouyr. Advint qu'une dame de nom et d'autorité, tenant son chemin à Chasteaudun pour y aller faire ses festes de Pasques, passa par Brou le jour du Vendredy-Sainct environ les dix heures du matin, et, voulant ouyr le service, s'en alla à l'eglise, là où estoit le curé qui le faisoit. Quant ce vint à la Passion, il la dit à sa mode, et vous faisoit retentir l'eglise quand il disoit : *Quem quæritis ?*

---

1. Touchant ce *Curé de Pierre Buffère*, bourg à trois lieues de Limoges, voyez H. Estienne, chap. 32 de son *Apologie pour Hérodote*.

Mais quand c'estoit à dire : *Jesum Nazarenum*, il parloit le plus bas qu'il pouvoit. Et en ceste façon continua sa Passion. Cette dame, qui estoit devotieuse, et pour une femme estoit bien entendue en la saincte Escripture, et notoit bien les ceremonies ecclesiastiques, se trouva scandalisée de ceste manière de chanter, et eust voulu ne s'y estre point trouvée; mais elle en voulut parler au curé, et luy en dire ce qu'il luy en sembloit. Elle l'envoya querir après le service faict, pour venir parler à elle. Quand il fut venu, elle luy dit : « Monsieur le curé, je ne sçay pas où vous avez appris à officier à un tel jour qu'il est aujourd'huy, que le peuple doibt estre tout en humilité; mais, à vous ouyr faire le service, il n'y ha devotion qui ne se perdist. — Comment cela, ma dame ? dit le curé. — Comment ! dit-elle, vous avez dict une Passion tout au contraire de bien. Quand Nostre-Seigneur parle, vous criez comme si vous estiez en une halle; et quand c'est un Caïphe ou un Pilate, ou les Juifz, vous parlez doux comme une espousée. Est-ce bien dict à vous? Est-ce à vous à estre curé? Qui vous feroit droict, on vous priveroit de vostre benefice, et vous feroit-on cognoistre votre faulte. » Quand le curé l'eut bien escoutée : « Est-ce cela que me vouliez dire, ma dame? ce luy dit-il. Par mon ame, il est bien vray ce que l'on dit, qu'il y ha beaucoup de gens qui parlent des choses qu'ilz n'entendent pas. Ma dame, je pense aussi bien sçavoir mon office comme un aultre, et veulx que tout le monde sçache que Dieu est aussi bien servy en ceste paroisse selon son estat qu'en lieu qui soit d'icy à cent lieues. Je sçay bien que les aultres curez chantent la passion tout aultrement. Je la chanterois bien comme eulx si je voulois ; mais ilz n'y entendent rien. Car appartient-il à ces coquins de Juifz de parler aussi hault que Nostre-Seigneur ? Non, non, ma dame, asseurez-vous qu'en ma paroisse je veulx que Dieu soit le maistre, et le sera tant que je vivray ; et que les aultres facent en leur paroisse comme ilz l'entendront. » Quand ceste bonne dame eut congneu l'humeur de l'homme, elle le laissa avec ses opinions bigarres[1], et luy dit seulement : « Vrayement, monsieur le curé, vous estes homme de bon esprit ; on le m'avoit bien dict, mais je ne l'eusse pas creu si je ne l'eusse veu. »

NOUVELLE XXXIV.

Du mesme curé et de sa chambrière, et de sa laiscive qu'il lavoit, et comment il traicta son evesque et ses chevaulx, et tout son train.

Ledit curé avoit une chambrière de l'âge de vingt et cinq ans, laquelle le servoit jour et nuict, la povre garse ! dont il estoit souvent mis à l'office[2], et en payoit l'amende ; mais pour cela son

---

1. *Bigarres*, faute d'impression, suivant La Monnoye. On doit lire *bigearres*, extraordinaires, fantasques. D'autres éditeurs ont mis à tort *bigarrées*.

2. Traduit devant l'official, sorte de juridiction ecclésiastique.

evesque n'en pouvoit venir à bout. Il luy deffendit une fois d'avoir chambrières qui n'eussent cinquante ans pour le moins. Le curé en print une de vingt ans, et l'aultre de trente. L'evesque, voyant que c'estoit erreur *pejor priore*, lui deffendit qu'il n'en eust point du tout; à quoy le curé fut contrainct d'obeir, au moins il en fit semblant. Et parce qu'il estoit bon compagnon et de bonne chère, il trouvoit tousjours des moyens assez pour appaiser son evesque, lequel mesmes passoit souvent par chez lui : car il luy donnoit de bon vin, et le fournissoit quelquefoys de compagnie françoyse. Un jour l'evesque luy manda qu'il vouloit aller souper le lendemain avec luy, mais qu'il ne vouloit que viandes legiéres, parce qu'il s'estoit trouvé mal les jours passez, et que les medecins les lui avoyent ordonnées pour luy refaire son estomac. Le curé luy manda qu'il seroit le bienvenu, et incontinent s'en va achepter force courées de veau et de mouton, et les mit toutes cuire dedans une grande oulle, deliberé d'en festoyer son evesque. Or il n'avoit point lors de chambriére, pour la deffense qui luy en avoit esté faite. Que fit-il? Tandis que le soupper de son evesque s'apprestoit, et environ l'heure qu'il sçavoit que ledit seigneur devoit venir, il oste ses chausses et ses souliers, et s'en va porter un faix de drapeaulx à un douet qui estoit sus le chemin par où devoit passer l'evesque, et se mit en l'eau jusqu'aux genoulz, avec une selle, tenant un batoir en la main, et lave ses drapeaulx bien et beau ; et s'y faisoit de cul et de poincte comme une corneille qui abat noys. Voicy l'evesque venir; ceulx de son train qui alloyent

devant vindrent à descouvrir de loing mon curé
de Brou qui lavoit sa buée, et en haussant le cul
monstroit par foys tout ce qu'il portoit. Ilz le
montrent à l'evesque : « Monsieur, voulez-
vous veoir le curé de Brou qui lave des dra-
peaux ? » L'evesque, quand il le veid, fut le plus
esbahy du monde, et ne sçavoit s'il en debvoit
rire ou s'il s'en devoit fascher. Il s'approcha de
ce curé, qui batoit tousjours à tour de bras,
faisant semblant de ne voir rien : « Et vien-ça,
gentil curé ; que fais-tu ici ? » Le curé, comme
s'il fust surpris, luy dit : « Monsieur, vous voyez,
je lave ma laiscive. — Tu laves ta laiscive ? dit
l'evesque. Es-tu devenu buandier ? est-ce l'estat
d'un prebstre ? Ah ! je te feray boire une pipe
d'eau en mes prisons, et t'osteray ton benefice. — Et pourquoy, Monsieur ? dit le curé :
vous m'avez deffendu que je n'eusse point de
chambrière, il fault bien que je me serve moy-
mesmes, car je n'ay plus de linge blanc. — O
le meschant curé ! dit l'evesque : va, va, tu en
en auras une ; mais que soupperons-nous ? —
Monsieur, vous soupperez bien, si Dieu plaist ;
ne vous souciez point, vous aurez des viandes
legères. » Quand ce fut à soupper, le curé servit l'evesque, et ne luy presenta d'entrée que
ces courées bouillies ; auquel l'evesque dit :
« Qu'est-ce que tu me bailles ici ? Te mocques-tu
de moi ? — Monsieur, dit-il, vous me mandas-
tes hier que je ne vous apprestasse que viandes
legières : j'ay essayé de toutes sortes de viandes ;
mais, quand ç'ha esté à les apprester, elles alloyent
toutes au fons du pot, fors qu'à la fin j'ay trouvé
ces courées ; qui sont demourées sus l'eau : ce

sont les plus legières de toutes. — Tu ne valus de ta vie rien, dit l'evesque, ny ne vaudras. Tu sçaiz bien les tours que tu m'as faict. Et bien, bien, je t'apprendray à qui tu te dois addresser. » Le curé pourtant avoit fort bien faict apprester le soupper, et de viandes d'aultre digestion, lesquelles il se fit apporter, et traicta bien son evesque, qui s'en trouva bien. Après soupper, il fut question de jouer une heure au flus[1], puis l'evesque se voulut retirer. Le curé, qui congnoissoit sa complexion, avoit appresté un petit tendron pour son vin de coucher[2], et d'aultre costé aussi à tous ses gens chacun une commère : car c'estoit leur ordinaire quand ils venoyent chez luy. L'evesque, en se couchant, luy dit : « Va, retire-toy, curé, je me contente assez bien de toy pour ceste foys. Mais sçaiz-tu qu'il y ha ? J'ay un pallefrenier qui n'est qu'un yvroigne : je veulx que mes chevaux soyent traictez comme moy-mesmes, prens-y bien garde. Le curé n'oublie pas ce mot ; il prend congé de son evesque jusqu'au lendemain, et incontinent envoye par toute sa parroisse emprunter force jumentz, et en peu de temps il en trouva aultant qu'il luy en falloit, lesquelles il va mettre à l'estable auprès des chevaulx de l'evesque. Et chevaulx de hennir, de ruer, de tempester environ ces jumentz ; c'estoit un triomphe de les ouyr. Le pallefrenier, qui s'en estoit allé estriller sa monture à deux jambes, se fiant au curé de ses chevaulx, entend ce beau tin-

---

1. Sorte de jeu de cartes.
2. Nos pères, pour appeler le sommeil, buvoient un coup avant de se mettre au lit. Un petit tendron s'entend facilement : c'est *la fleur de quinze ans* de Marot.

tamarre, qui se faisoit à l'estable, et s'y en va le plus soubdainement qu'il peult pour y donner ordre. Mais ce ne peust jamais estre si tost que l'evesque n'en eust ouy le bruit. Le lendemain matin l'evesque voulut sçavoir qu'avoyent eu ses chevaulx toute la nuict à se tormenter ainsi. Le pallefrenier le vouloit faire passer pour rien, mais il fallut que l'evesque le sceust : « Monsieur, dit le pallefrenier, c'estoyent des juments qui estoyent avec les chevaulx. » L'evesque, songeant bien que c'estoit des tours du curé, le fit venir et luy dit mille injures. « Malheureux que tu es, te joueras-tu tousjours de moy ? Tu m'as gasté mes chevaulx ; ne te chaille, je te !... » Mon curé luy repond : « Monsieur, ne me distes-vous pas au soir que vos chevaulx fussent traictez comme vous-mesme ? Je leur ai faict du mieulx que j'ay peu. Ils ont eu foin et aveine ; ilz ont esté en la paille jusques au ventre ; il ne leur falloit plus qu'à chacun leur femelle, je la leur ai envoyé querir : vous et voz gens n'en aviez-vous pas chacun la vostre ? — Au diable le meschant curé ! dit l'evesque ; tu m'en donnes de bonnes. Tais-toy, nous compterons et je te payeray des bons traictemens que tu me fais. » Mais à la fin il n'y sceut aultre remede sinon que de s'en aller jusques à une aultre foys. Je ne sçay si c'estoit point l'evesque Milo [1], lequel avoit des procès un million, et disoit que c'estoit son exercice ; et prenoit plaisir à les veoir multiplier, tout ainsi que les mar-

---

1. *L'evesque Milo*, Miles d'Illiers, évêque de Chartres, grand chicaneur, mort à Paris en 1493, durant un de ses procès. Rabelais en parle. (Voy. liv. 3, chap. 5.)

chans sont aises de veoir croistre leurs denrées.
Et dit-on qu'un jour le roy les luy voulut appointer ; mais l'evesque ne prenoit point cela en gré,
et n'y voulut point entendre, disant au roy que,
s'il luy ostoit ses procès, il luy ostoit la vie. Toutesfoys, à force de remonstrances et de belles paroles, car il y falloit aller de sorte, il consentit à
ses appointements. De mode qu'en moins de rien
luy en furent que vuydez, que accordez, que amortiz, deux ou trois cents. Quand l'evesque veid
que ses procès s'en alloyent ainsi à neant, il s'en
vint au roy, le suppliant à jointes mains qu'il ne
les luy ostast pas tous, et qu'il luy pleust au moins
luy en laisser une douzaine des plus beaux et des
meilleurs pour s'esbatre.

Nouvelle XXXV.

*Du mesme curé et de la carpe qu'il achepta
pour son disner.*

Pour revenir à nostre curé de Brou, un dimenche matin qu'il estoit feste, se pourmenant autour de ses courtilz, il veid venir un homme qui portoit une belle carpe. Si se pensa que le lendemain estoit jour de poisson, c'estoyent possible les Rogations ; il marchanda ceste carpe et la paya. Et parce qu'il estoit seul, il print ceste carpe et l'attache à l'eguillette de son sayon, et la couvre de sa robe, et en ce poinct s'en va à l'eglise, où ses parroissiens l'attendoyent pour dire la messe. Quand ce fut à l'offerte, ledit curé se tourne devers son peuple avec la plataine pour recepvoir les offrandes. La carpe, qui estoit toute vive, demenoit la queue foys à foys, et faisoit lever l'amict de monsieur le curé, de quoy il ne s'appercevoit point. Mais si faisoyent bien les femmes, qui s'entre-regardoyent et se cachoyent les yeulx à doigtz entr'ouverts. Elles rioyent, elles faisoyent mille contenances nouvelles. Et cependant le curé estoit là à les attendre. Mais il n'y avoit celle qui osast venir la première : car elles pensoyent de ceste carpe que ce fust la très douce chose que Dieu fist croistre. Le curé et son assistant avoyent beau crier : « A l'offrande, femmes, qui aura devotion! » elles ne venoyent point. Quand il veid qu'elles rioyent ainsi, et qu'elles faisoyent tant de mines, il congneut bien qu'il y avoit quelque chose, tant qu'à la fin il se vint adviser de ceste carpe qui remuoit ainsi la queue. Ha! ha! dit-il, mes parroissiennes, j'estois bien esbahy que c'estoit qui vous faisoit ainsi rire : non, non, ce n'est pas cela que vous pensez; c'est une carpe que j'ay au matin acheptée pour demain à disner. Et en disant cela, il recoursa sa chasuble et son amict et sa robe, pour leur monstrer ceste carpe : autrement elles ne fussent jamais venues à l'offrande. Il se soucioit du lendemain, le bon homme de curé, nonobstant le mot de l'Evangile : *Nolite solliciti esse de crastino*. Lequel pourtant il interpretoit gentiment à son advantage. Car, quand quelqu'un luy dit : « Comment, Monsieur le curé! Dieu vous ha deffendu de vous soucier du lendemain, et toutesfois vous acheptez une carpe pour vostre provision, — C'est, dit-il, pour accomplir le precepte de l'Evangile: car, quand je suis bien pourveu, je ne me soucie pas du lendemain. » Les uns veulent dire que ce fust un moyne qui avoit caché un pasté en sa manche [1], estant à disner à certain banquet. Mais tout revient à un. On dit encores tout plein d'aultres choses de ce curé de Brou, qui ne sont point de mauvaise grace, comme, entre autres, celle qui s'ensuit.

Nouvelle XXXVI.

Du mesme curé, qui excommunia tous ceulx qui estoient dedans un trou.

Un dimanche qu'il estoit feste solennelle, et à l'heure du prosne, le curé de Brou monte en une chayre pour prescher ses paroissiens, laquelle estoit auprès d'un pilier, comme elles sont volontiers. Tandis qu'il preschoit vint à luy le clerc du presbitère, qui luy presenta quelques memoires de querimonies, selon la coustume, qui est de les publier les dimenches. Le curé prend ces memoires et les met en un trou qui estoit au pilier tout exprès pour semblables cas, c'est-à-dire pour y mettre tous les brevetz qu'on luy apportoit du-

---

[1]. Les capucins ont une poche destinée à cet usage particulier. Ils la nomment *la Galerie*, et c'est une de leurs douze poches. — L. M.

rant le prosne. Quand ce fust à la fin de son presche, il voulut r'avoir ces memoires, et met le doigt dedans le trou; mais ilz estoyent un peu bien avant, pource qu'en les y metant il estoit possible ravy à exposer quelque poinct difficile de l'Evangile. Il tire, il tourne le doigt, il y fait tout ce qu'il peult; il n'en sceut jamais venir à bout· car, au lieu de les tirer, il les poussoit. Quand il y eut bien ahanné, et qu'il veid qu'il n'y avoit ordre : Mes parroissiens, dit-il, j'avois mis des papiers là-dedans que je ne saurois avoir; mais j'excommunie tous ceulx qui sont en ce trou là [1].

Les uns attribuent cela à un aultre curé, et disent que c'estoit un curé de ville [2]. Et de faict ilz ont grande apparence, car ez villages n'y ha pas communement des chayres pour faire le prosne; mais je m'en rapporte à ce qui en est. Si celuy qui c'est pretend que je luy aye faict tort en donnant cest honneur au curé de Brou pour le luy oster, m'en advertissant, je suis content d'y mettre son nom. Au pis aller, il doit penser qu'on en ha bien faict autant des Jupiters et des Hercules : car ce que plusieurs ont faict, on le refère tout à un pour avoir plus tost faict, d'aul-

---

1. Dans l'édition de 1572, cette Nouvelle finit ici par la moralité suivante : « Voilà pas un homme d'un bon esprit et de bon sens assez pour gouverner une republique ?»

2. Ce curé de Saint-Eustache dont on a tant parlé ci-dessus, Nouvelle XXX. H. Estienne (*Apologie pour Hérodote*, chap. 36) ajoute qu'après avoir dit qu'il excommunioit tous ceux qui étoient dans le trou, entendant tous ceux dont les noms étoient sur les papiers qu'il n'avoit pu retirer du trou, il se reprit, et, ayant fait réflexion que parmi ces noms étoient ceux de l'évêque de Paris et de son official, il déclara qu'il exceptoit ces deux-là.

tant que tous ceulx du nom ont esté excellentz et vaillanz. Aussi il n'y auroit point d'inconvenient de nommer par antonomasie *curez de Brou* tous prebstres, vicaires, chanoines, moines et capellans qui feront des actes si vertueux comme il ha faict [1].

Nouvelle XXXVII [2].

De Teiran, qui, estant sus sa mule, ne paroissoit point par dessus l'arçon de la selle.

En la ville de Montpeslier y avoit n'haguères un jeune homme qu'on appelloit le prieur de Teiran, lequel estoit homme de bon lieu et d'assez bonnes lettres; mais il estoit malaisé de sa personne, car il avoit une bosse sus le doz et l'aultre sus l'estomac, qui luy faisoyent mal porter son bois, et qui l'avoyent si bien gardé de croistre qu'il n'estoit pas plus hault que d'une coudée. Attendez, attendez, j'entendz de la ceincture en sus. Un jour, en s'en allant de Montpeslier à Thoulouse, accompagné de quelques siens amis de Montpeslier mesmes, ilz se trouvèrent à S. Tubery [3] à l'une de leurs disnées, et, parce que c'estoit en esté et que les jours estoient

---

1. Cette conclusion est remplacée dans l'édition de 1572 par la *cauda* que nous avons citée en note.

2. La XXXIXe dans les anciennes éditions, excepté dans celle de 1572, où elle n'existe pas.

3. Ou Saint-Tliberi, petite ville du département de l'Hérault, entre Agde et Pézénas.

longs, ses compagnons après disner ne se hastoyent pas beaucoup de partir et attendoyent la chaleur à s'abbaisser; et mesmes quelques-uns d'entr'eux se vouloyent mettre à dormir, ce que Teiran ne trouva pas bon, et fit brider une mule qu'il avoit tout en colère (n'entendez pas que sa mule fust en colère : c'estoit luy), et monte dessus en disant : Or dormez tout vostre saoul, je m'en vois. Et picque devant tout seul tant qu'il peult. Quand ses compagnons le veirent deslogé, ne le voulant point laisser, se despeschent d'âller après. Mais Teiran estoit desjà bien loing. Or il portoit un de ces grands feultres d'Espagne pour se deffendre du soleil, qui le couvroit quasi luy et toute sa mule, sauf toutesfois à en rabattre ce qui sera de raison. Ceulx qui alloyent après veirent un païsant en un champ assez près du chemin auquel ilz demandèrent : « Mon amy, as-tu rien veu un homme à cheval ici devant qui s'en va droit à Narbonne? » Le païsant leur respond : « Nenny, dit-il, je n'ay point veu d'homme; mais j'ay bien veu une mule grise qui avoit un grand chapeau de feultre sur la selle et couroit à bride abbattue. » Mes gens se prindrent à rire, et congneurent bien que c'estoit leur homme, qui picquoit d'une telle colère qu'ilz ne le peurent oncques atteindre qu'ilz ne fussent à Narbonne. Aulcuns ont voulu dire que la mule n'estoit pas grise, et qu'elle estoit noire. Mais il y ha des gens qui ont un esprit de contradiction dedans le corps; et qui voudroit contester avec eulx, ce ne seroit jamais faict.

Nouvelle XXXVIII.

*Du docteur qui blasmoit les danses, et de la dame
qui les soustenoit, et des raisons alleguées
d'une part et d'aultre.*

En la ville du Mans y avoit n'haguères un docteur en theologie appellé nostre maistre d'Argentré qui tenoit la prebende doctorale, homme de grand sçavoir et de bonne vie; et n'estoit point si docteur qu'il n'entendist bien la civilité et l'entregent, qui le faisoit estre bien venu en toutes compagnies honnestes. Un jour, en une assemblée des principaulx de la ville qui avoyent souppé ensemble, luy estant du nombre, il y eut d'aventure des danses après soupper, lesquelles il regarda pour un peu de temps, pendant lequel il se print à parler avec une dame de bien bonne grace appellée la baillive de Sillé[1], femme, pour sa vertu, bonne grace et bon esprit, très bien venue entre les gens d'honneur, et avenante en tout ce qu'elle faisoit, et entre autres à baller, là où elle prenoit un grandissime plaisir. Or, en devisant de propos et aultres, ils commencèrent à parler des danses, surquoy le docteur dist que, de tous les actes de recreation, il n'y avoit point un qui sentist moins son homme que la danse[1]. La baillive luy va dire

---

1. Qui fit moins valoir son homme. J'ai trouvé dans Tahureau (*Dialogues*, Paris, 1565) une amplification assez jolie de cette idée, que voici: « Je laisse à part une infinité de ces beaux dan-

tout au contraire qu'elle ne pensoit qu'il y eust chose qui reveillast mieulx l'esprit que les danses, et que la mesure ny la cadence n'entreroit jamais en la teste d'un lourdault, lesquelles sont tesmoignage que la personne est adroicte et mesurée en ses faitz et desseins. « Il y en ha mesmes, disoit-elle, de jeunes gens qui sont si pesans que l'on auroit plustost appris à un bœuf à aller la hacquenée qu'à eux à danser ; mais aussi vous voyez quel esprit ilz ont. Des danses, il en vient plaisir à ceulx qui dansent et à ceulx qui voyent danser, et si ay opinion, si vous osiez dire la verité, que vous-mesmes y prenez grand plaisir à les regarder : car il n'y ha gens, tant melancholiques soyent-ils, qui ne se resjouissent à veoir si bien manier le corps et si alaigrement. » Le docteur, l'ayant ouye, laissa un peu reposer les termes de la danse, entretenant neantmoins tousjours ceste dame d'autres propos qui estoyent divers, mais non pas tant eslongnez qu'il n'y peust bien retomber quand il voudroit. Au bout de quelque espace qui luy sembla estre bien à poinct, il va demander à la dame baillive : « Si vous estiez, dit-il, à une fenestre ou sus une gallerie, et vous veissiez de loing en quelque grande

seurs, lesquels, faisans un spectacle de soy en compagnie, ne servent qu'à donner occasion de risée et moquerie à ceux qui les regardent, et, encore que ces pauvres sots se rompent les jambes et quelquefois tombent tout à plat, s'efforçant de faire plus qu'ils ne sçavent pour complaire à leur dame, ils n'en auront la moitié tant de louange comme madame la sucrée, laquelle, avecques un petit branlement de teste, un tour d'espaule et maniement de pied fretillard, sera trouvée cent mille fois mieux faire que son pauvre consfort, qui se sera mis hors d'alaine à force de gambader. »

place une douzaine ou deux de personnes qui s'entretinssent par la main et qui saultassent, qui virassent d'aller et de retour, en avant et en arrière, ne vous sembleroyent-ilz pas folz ? — Ouy bien, dit-elle, s'il n'y avoit quelque mesure. — Je dy encore qu'il y eust mesure, dit-il, pourveu qu'il n'y eust point de tabourin ni de fluste. — Je vous confesse, dit-elle, que cela pourroit avoir mauvaise grace. — Et donc, dict le docteur, un morceau de boys persé et une seille estouppée de parchemin par les deux bouts ont-ilz tant de puissance que de vous faire trouver bonne une chose qui de soy sent sa follie ? — Et pourquoy non ? dit-elle. Ne sçavez-vous pas de quelle puissance est la musique ? Le son des instrumens entre dedans l'esprit de la personne, et puis l'esprit commande au corps, lequel n'est pour aultre chose que pour monstrer par signes et mouvemens la disposition de l'ame à joye ou à tristesse. Vous sçavez que les hommes marris font une autre contenance que les hommes gays et contens. D'avantage, en tous endroitz fault considerer les circonstances, comme vous-mesmes preschez tous les jours. Un tabourineur qui fleusteroit tout seul seroit estimé comme un prescheur qui se mettroit en chayre sans assistans. Les danses sans instrument ou sans chansons seroyent comme les gens en un lieu d'audience sans sermonneur. Parquoy vous avez beau blasmer noz danses, il faudroit nous oster les piedz et les oreilles; et vous asseure, dit-elle, que, si j'estoys morte et j'ouysse un violon, je me leveroys pour baller. Ceulx qui jouent à la paulme se tourmentent bien encor d'avantage pour courir après une petite pelote de cuir et de bourre, et y vont de telle affection que quelquefois il semble qu'ilz se doibvent tuer, et si n'ont point d'instrument de musicque comme les danseurs et ne laissent pas d'y prendre une merveilleuse recreation. Pensez-vous oster les plaisirs de ce monde? Ce que vous preschez contre les voluptez, si vous vouliez dire vray, n'est pas pour les abolir, sinon les deshonnestes, car vous sçavez bien qu'il est impossible que ce monde dure sans plaisir; mais c'est pour empescher qu'on n'en prenne trop. » Le docteur vouloit replicquer, mais il fut environné de femmes qui le mirent à se taire, craignant qu'à un besoing elles ne l'eussent pris pour le mener danser; et Dieu sçait si ce eust bien esté son cas !

Nouvelle XXXIX.

De l'Escossois et sa femme qui estoit un peu trop habile au maniement.

Un Escossois, ayant suivy la court quelque temps, aspiroit à une place d'archer de la garde, qui est le plus hault qu'ilz desirent estre quand ilz se mectent à servir en France, car lors ilz se disent tous cousins du roy d'Escosse. Cet Escossois, pour parvenir à ce hault estat, avoit faict tout plein de services, pour lesquelz, entre aultres, il eut ceste faveur, d'espouser une fille qui estoit damoiselle d'une bien grand dame, laquelle fille estoit d'assez bon aage. Elle n'eut guères esté en mariage qu'elle ne se souvint des commandemens que l'on donne aux jeunes espousées : premierement, que la nuict elles tiennent leur couvrechief à deux belles mains, de peur que leur mary les descoiffe ; qu'elles serrent les jambes comme un homme qui descend en un puiz sans corde ; qu'elles soyent un peu rebelles, et que pour un coup qu'on leur baille qu'elles en rendent deux. Cette jeune damoiselle commence à observer de bonne heure ces beaux et sainctz enseignementz l'un après l'autre, jusques à ce qu'elle en fit une leçon et les praticqua tous à la fois, dont cest Escossois ne fut pas trop content, speciallement du dernier poinct; et, voyant qu'elle s'en sçavoit ayder de si bonne heure, il sembla à ce povre homme qu'elle avoit appris ces tordions d'un autre maistre que de luy, de mode qu'il lui fongna bien gros, en luy disant : « Ah ! vous culy [1] », qu'oncques puis ne dormit de bon somme. Et mesme, à toutes heures qu'il estoit avec elle, il luy disoit : « Ah ! vous culy, ah ! vous culy, c'est un putain qui culy. » Et s'y fonda bien si fort qu'il ne pouvoit regarder sa femme de bon œil, ny la nuict mesme il ne la baisoit point de bon cueur. Elle, de son costé, se retira petit à petit et se garda de là en avant d'estre trop fretillante. Et, voyant que cest Escossois avoit tousjours froid

---

1. Il y a long-temps que nous aimons à rire de l'embarras de nos voisins à parler notre langue. Déjà l'on en trouve des traces au treizième siècle dans *la Pais aux Anglois* et dans *le Privilége aux Bretons*, pièces publiées par M. Jubinal, p. 170 et suiv. du vol. intitulé : *Jongleurs et Trouvères* (Paris, 1835, in-8).

aux piedz et mal à la teste, et qu'il fongnoit tousjours, elle devint toute melancolique et pensive, dont madame sa maistresse s'apperceut et luy demandoit souvent : « Qu'avez-vous, m'amie ? Vous estes enceinte ? — Savetre grace[1], Madame, disoit-elle.— Qu'avez vous doncq ? Il y ha quelque chose. » Elle la pressa tant qu'il fallut qu'elle sceust ce qu'il y avoit, ainsi que les femmes veullent tout sçavoir ; je peux bien dire cela icy, car je sçay bien qu'elles ne liront pas ce passage. Elle luy compta le cas ; quand ma dame l'eut entendue : « Et n'y ha-il que cela ? dit-elle. Taisez-vous ; vrayement je parleray bien à luy. » Ce qu'elle fit de bonne heure, et appella cest Escossois à part, et luy commença à demander comment il se trouvoit avec sa femme. « Ma dam, dit-il, je trouvy bien, grand mercy vous. — Voire-mais, vostre femme est toute faschée ; que luy avez-vous faict ? — J'aury pas rien faict, ma dam ; je sçavoy pas pourquoy faict-il mauvais cher. — Je le sçay bien, moy, dit-elle, car elle m'ha tout dict. Sçavez-vous qu'il y ha, mon amy ? Je veulx que vous la traictez bien et ne faictes pas le fantastique. Comment estes-vous bien si neuf de penser que les femmes ne doibvent avoir leur plaisir comme les hommes ? Pensez-vous qu'il faille aller à l'escolle pour l'apprendre ? Nature l'enseigne assez. Et que pensez-vous que vostre femme ne se doibve remuer non plus qu'une souche de boys ? Or ça, dit-elle, que je n'en oye plus parler, et luy faictes bonne chère. »

1. Contraction pour : *Sauf votre grace*, que nous avons déjà vu traduit en patois manceau par : *Sa voute gresse*.

Mon Escossois se contenta, moytié par force et moytié par amour, et incontinent madame fit sçavoir à la damoiselle ce qu'elle avoit dict à l'Escossois; et peult bien estre que la damoiselle mesme estoit en la garderobe à l'escouter sans que l'Escossois en sceut rien. Mais elle ne fit pas semblant à son mary d'en rien sçavoir et faisoit tousjours de la faschée le jour et la nuict, et ne se revengeoit plus des coups qu'elle recepvoit, jusques à ce qu'une des nuicts il lui dit en la reconfortant : « Culy, culy, ma dam le vouly bien. » De quoy elle se fit un peu prier ; mais à la fin elle se rapprivoisa, et l'Escossois ne fut plus si fascheux.

Nouvelle XL.

Du prebstre et du masson qui se confessoit à luy.

Il y avoit un prebstre de village qui estoit tout fier d'avoir veu un petit plus que son Caton[1]. Car il avoit leu *De syntaxi*[2], et son *Fauste precor gelida*[3]. Et pour cela il s'en faisoit croire, et parloit d'une

---

1. Les *Distiques* de Dionysius Caton, écrivain du quatrième siècle, ouvrage classique jusqu'au dix-septième. Quoique abandonné de nos jours, il n'en contient pas moins d'excellents préceptes; les manuscrits qui nous en ont été conservés, les éditions et traductions qui en ont été faites, sont innombrables.

2. La *Syntaxe* de Despautère, publiée en 1513.

3. C'est par ces trois mots que commence la première eglogue du carme Baptiste Mantuan, qui fut au commencement du XVIe siècle un poète latin renommé.

braveté grande, usant des motz qui remplissoyent la bouche, afin de se faire estimer un grand docteur. Et mesmes en confessant il avoit des termes qui estonnoyent les povres gens. Un jour il confessoit un povre homme manouvrier auquel il demandoit : « Or ça, mon amy, es-tu point ambitieux ? » Le povre homme disoit que non, car il pensoit bien que ce mot-là appartenoit aux grands seigneurs, et quasi se repentoit d'estre venu à confesse à ce prebstre, lequel il avoit ouy dire qu'il estoit si grand clerc, et qu'il parloit si haultement, qu'on n'y entendoit rien, ce qu'il congneut à ce mot ambitieux : car, encores qu'il l'eust possible ouy dire aultresfois, si est-ce qu'il ne sçavoit pas que c'estoit. Le prebstre en après luy va demander : « Es-tu point fornicateur ? — Nenny. — Es-tu point glouton ? — Nenny. — Es-tu point superbe ? » Il disoit tousjours nenny. « Es-tu point iraconde ? — Encore moins. » Ce prebstre, voyant qu'il luy respondoit tousjours nenny, estoit tout admirabonde. « Es-tu point concupiscent ? — Nenny. — Et qu'es-tu donc ? » dit le prebstre. « Je suis, dit-il, masson ; voicy ma truelle[1]. » Il y en eut un aultre qui respondit de mesme à son confesseur, mais il sembloit estre un peu plus affaité. C'estoit un berger, auquel le prebstre demandoit : « Or ça, mon amy, avez-vous bien gardé les commandemens de Dieu ? — Nenny, disoit le berger. — C'estet mal fait. Et les commande-

---

1. Au siècle dernier, il y eut un pénitent à qui son directeur demandoit s'il étoit janséniste ou moliniste, et qui lui répondit : « Non, mon père, je suis ébéniste. » Je ne sais où j'ai lu cette anecdote.

mens de l'Eglise ? — Nenny. — Lors, dit le prebstre, qu'avez-vous doncq gardé ? — Je n'ay gardé que mes brebis », dit le berger.

Il y en ha un aultre qui est si vieil comme un pot à plume[1]; mais il ne peult estre qu'il ne soit nouveau à quelqu'un. C'estoit un, lequel, après qu'il eut bien compté tout son affaire, le prebstre lui demanda : « Et bien ! mon amy, qu'avez-vous encores sus vostre conscience ? » Il respond qu'il n'y avoit plus rien, fors qu'il luy souvenoit d'avoir desrobbé un licol. « Et bien ! mon amy, dit le prebstre, d'avoir desrobé un licol n'est pas grand chose, vous en pourrez aysement faire satisfaction : — Voire mais, dit l'autre, il y avoit une jument au bout. — A, ha ! dit le prebstre, c'est aultre chose. Il y ha bien difference d'une jument à un licol. Il faut doncq que vous rendiez la jument, et puis, la première fois que vous reviendrez à confesse à moy, je vous absoudray du licol. »

---

1. Des Periers dit plus vrai qu'il ne le croit : nous avons retrouvé ce conte dans un recueil d'anecdotes chinoises. Voy. Stan. Julien, *Siao li Siao* (*Journal asiatique*, t. 4, p. 103). Quant à l'anecdote précédente, c'est à peu près celle-ci de Verville : « Mon ami, il faut prendre quelque chose ; n'avez-vous rien pris aujourd'huy ? — Sauf votre grace, Madame, j'ai pris une puce à la raie de mon cu. » Les transformations de ces jeux de mots sont innombrables.

Nouvelle XLI.

Du gentilhomme qui crioit la nuict après ses oiseaux, et du chartier qui fouettoit ses chevaux.

Il y ha une manière de gens qui ont des humeurs colericques ou melancolicques, ou flegmathicques (il fault bien que ce soit l'une de ces trois, car l'humeur sanguine est tousjours bonne, ce dit-on), dont la fumée monte au cerveau, qui les rend fanthasticques, lunaticques, erraticques, phanaticques, scismaticques, et tous les aticques[1] qu'on sçauroit dire, ausquelz on ne trouve remède, pour purgation qu'on leur puisse donner. Pource, ayant desir de secourir ces povres gens, et de faire plaisir à leurs femmes, parens, amys, bienfaicteurs, et tous ceux et celles qu'il appartient, j'enseigneray icy par un brief exemple advenu comment ilz feront quand ilz auront quelqu'un ainsi mal traicté, principalement des resveries nocturnes : car c'est un grand inconvenient de ne reposer ny jour ny nuict. Il y avoit un gentilhomme au pays de Prouvence, homme de bon age et assez riche et de recreation; entre aultres il aymoit fort la chasse, et y prenoit si grand plaisir le jour, que la nuict il se levoit en

---

1. A propos de cette suite de mots qui riment, on peut voir une note de la Nouvelle XIII, p. 61.

dormant; il se prenoit à crier ny plus ny moins que le jour, dont il estoit fort desplaisant, et ses amys aussi : car il ne laissoit reposer personne qui fust en la maison où il couchoit, et resveilloit souvent ses voisins, tant il crioit haut et long-temps après ses oyseaulx. Aultrement il estoit de bonne sorte et estoit fort congneu, tant à cause de sa gentillesse que pour ceste imperfection qu'il avoit ainsi fascheuse, pour laquelle tout le monde l'appelloit l'oysselleur. Un jour, en suivant ses oyseaulx, il se trouva en un lieu escarté, où la nuict le surprint qu'il ne sçavoit où se retirer, fors que il tourna et vira tant par les boys et montagnes, qu'il vint arriver tout tard en une maison qui estoit bien sur le grand chemin toute seule, là où l'hoste logeoit quelquesfois les gens de pied qui estoyent en la nuict, parce qu'il n'y avoit point d'aultre logis qui fust près. Quand il arriva, l'hoste estoit couché; lequel il fit lever, luy priant de luy donner le couvert pour ceste nuict, pource qu'il faisoit froid et mauvais temps. L'hoste le laisse entrer, et mect son cheval à l'estable aux vaches, et luy monstre un lict au sau, car il n'y avoit point de chambre haulte. Or y avoit là dedans un charretier voicturier, qui venoit de la foire de Pesenas, lequel estoit couché en un aultre lict tout auprès; lequel s'esveilla à la venue de ce gentilhomme, dont il luy fascha fort, car il estoit las, et n'y avoit guères qu'il commençoit à dormir; et puis telles gens de leur nature ne sont gracieux que bien à point. Au resveil ainsi soudain, il dit à ce gentilhomme : « Qui diable vous amaine si tard ? » Ce gentilhomme, estant seul et en lieu incongneu,

parloit le plus doulcement qu'il pouvoit : « Mon
amy, dit-il, je me suis icy trainé en suyvant un
de mes oyseaux; endurez que je demeure icy à
couvert, attendant qu'il soit jour. » Ce charretier
s'esveilla un peu mieulx, et en regardant le gentilhomme vint à le recongnoistre : car il l'avoit
assez veu de fois à Aix en Prouvence, et avoit
souvent ouy dire quel coucheur c'estoit. Le gentilhomme ne le congnoissoit point; mais en se
deshabillant lui dit : « Mon amy, je vous prye, ne
vous faschez point de moy pour une nuict; j'ay
une coustume de crier la nuict après mes oyseaulx;
car j'ayme la chasse, et m'est advis toute la nuict
que je suis après. — O! ho! dit le charretier en
jurant; par le corpbieu! il m'en prend ainsi
comme à vous, car il me semble que toute la
nuict je suis à toucher mes chevaulx, et ne m'en
puis garder. — Bien, dit le gentilhomme,
une nuict est bien tost passée; nous supporte-
rons l'un l'aultre. » Il se couche; mais il ne fut
guères avant en son premier somme qu'il ne se
levast tout grand, et commença à crier par la
place : « Volà, volà, volà! » Et à ce cri mon
charretier s'esveille, qui vous prend son fouet,
qu'il avoit auprès de luy, et le vous meine à tort
et à travers, la part où il sentoit mon gentilhomme, en disant : « Dya, dya, houois, hau dya! »
Il vous sengle le povre gentilhomme, il ne fault
pas demander comment : lequel se resveilla de
belle heure aux coups de fouet, et changea bien
de langage : car, en lieu de crier volà, il commença à crier à l'ayde et au meurtre; mais le
charretier fouettoit toujours, jusques à tant que
le povre gentilhomme fut contraint de se jeter

soubz la table sans dire plus mot, en attendant que le charretier eust passé sa fureur : lequel, quand il veid que le gentilhomme s'estoit saulvé, se remit au lict et fit semblant de ronfler. L'hoste se lève, qui allume du feu, et trouve ce gentilhomme mussé soubz le banc, qui estoit si petit qu'on l'eust mis dans une bourse d'un double; et avoit les jambes toutes frangées, et sa personne affollée des coups de fouet, lesquelz certainement firent grand miracle, car oncques puis ne lui advint de crier en dormant, dont s'esbahyrent depuis ceulx qui le congnoissoyent; mais il leur compta ce qui luy estoit advenu. Jamais homme ne fut plus tenu à aultre que le gentilhomme au charretier, de l'avoir ainsi guery d'un tel mal comme celuy-là, comme on dit qu'autrefois ont esté gueris les malades de sainct Jehan [1]. Et aux chevaulx restifz, on dit qu'il ne fault que leur pendre un chat à la queue, qui les esgratignera tant par derrière qu'il faudra qu'ils aillent, de par Dieu ou de par l'aultre; et perdront la restiveté, en le continuant trois cent soixante et dix-sept fois et demie et la moitié d'un tiers : car dix-sept solz et un onzain, et vingt et cinq solz moings un trezain, combien vallent-ils ?

---

[1]. Les épileptiques; mais la plupart du temps ils n'avoient pas recours à ce moyen extrême, et se contentoient de prendre pieusement, pendant la nuit du 23 au 24 juin, des bains froids à des fontaines consacrées. Voy., dans le tome VIII des *Mémoires de la Société des antiquaires de Picardie*, la dissertation intitulée : *Du culte de saint Jean-Baptiste et des usages profanes qui s'y rattachent.*

Nouvelle XLII.

*De la bonne femme vefve qui avoit une requeste à
presenter, et la bailla au conseiller lay
pour la rapporter.*

Une bonne vefve avoit un procès à Paris, là où elle estoit allée pour le solliciter; en quoy elle faisoit grand diligence, combien qu'elle n'entendist guères bien ses affaires; mais elle se fioit que messieurs de parlement auroyent esgard à sa vieillesse, à son vefvage et à son bon droict. Un matin, de bonne heure avant le jour, plus tost que de coustume, elle n'entra pas en son jardin pour cueillir la violette[1], mais elle print sa requeste en sa main, en laquelle requeste estoit question de certains excès faicts à la personne de son feu mary. Elle s'en va au palais, à l'entrée de messieurs, et s'addressa au premier conseiller qu'elle veit venir, et luy presente sa requeste pour la rapporter. Le quel la print, et, en la luy baillant, la femme luy fait ses plaintes pour luy donner bien entendre son cas. Quand le conseiller, qui d'adventure estoit des ecclesiastiques, ouyt parler de crimes, il dit à la bonne femme : « M'amie,

---

1. Plusieurs chansons populaires des quinzième et seizième siècles commencent par un vers qui rappelle ces derniers mots : nous en avons vu des exemples dans un manuscrit faisant partie de la collection de M. Le Roux de Lincy, et et que le savant philologue se propose de publier.

ce n'est pas à moy à rapporter vostre requeste il fault que ce soit un conseiller lay qui la rapporte. » La bonne femme, ne sçachant que vouloit dire un conseiller lay, entendit que ce deust estre un conseiller laid, parce qu'elle veid que cestuy-là d'adventure estoit beau personnage et de belle taille. Elle commence à vous regarder de près ces conseillers qui entroyent pour veoir s'ilz seroyent beaux ou laids, en quoy elle estoit fort empeschée. A la fin en voicy venir un qui n'estoit pas des plus beaux hommes du monde, au moins au gré de la bonne femme, parce (peult estre) qu'il portoit une grand'barbe et estoit tondu. La bonne femme pensa bien avoir trouvé son homme, auquel elle bailla sa requeste, et luy dit : « Monsieur, on m'ha dit qu'il fault que ce soit un conseiller bien laid qui rapporte ma requeste : j'ay bien regardé tous ceulx qui sont entrez, mais je n'en ay point trouvé de plus laid que vous; s'il vous plaist, vous la rapporterez. » Le conseiller, qui entendit bien ce qu'elle vouloit dire, trouva bonne la simplicité d'elle, et prinst sa requeste, et en la rapportant ne faillit pas à en faire le compte à ceulx de sa chambre, lesquelz expedièrent la bonne femme.

Nouvelle XLIII.

De la jeune fille qui ne vouloit point d'un mary pource qu'il avoit mangé le doz de sa première femme.

A propos de ambiguïté de motz qui gist en la prolation, les Françoys ont une façon de prononcer assez douce, tellement que de la pluspart de leurs paroles on n'entend point la dernière lettre, dont bien souvent les motz se prendroyent les uns pour les aultres, si ce n'estoit qu'ilz s'entendent par la signification des aultres qui sont parmy. Il y avoit en la ville de Lyon une jeune fille qu'on vouloit marier à un homme qui avoit eu une autre femme, laquelle luy estoit morte, à l'aide de Dieu, depuis un an ou deux. Cest homme icy avoit bruict de n'estre guières bon mesnagier: car il avoit vendu et despendu le bien de sa première femme. Quand il fut question de parler de ce mariage, la jeune fille s'y trouva en cachettes derrière quelque porte, pour ouyr ce qu'on en diroit. Ilz parlèrent de cest homme en diverses sortes, desquelz y en eut un entre autres qui vint dire : « Je ne serois pas d'advis qu'on la luy baillast; c'est un homme de mauvais gouvernement : il ha mangé le dot de sa première femme. » Ceste jeune fille ouyt ceste parole, qu'elle n'entendoit point telle que l'aultre l'entendoit, car elle estoit jeune et n'avoit point encores ouy dire ce mot de dot, lequel ilz disent en certains endroictz de ce royaume, et principallement en Lyonnois, pour douaire; et pensoit qu'on eust dict que cest homme eust mangé le dos ou l'eschine de sa femme. Et la fille bien marrie qui va faire une mauvaise chère devant sa mère, et luy dit franchement qu'elle ne vouloit point du mary qu'on luy vouloit donner. Sa mère luy demande : « Et pourquoy ne le voulez-vous, m'amie? » Elle respond : « Ma mère, c'est le plus mauvais homme; il avoit une femme qu'il ha faict mourir : il luy ha mangé le dos. » Dont il fut bien ris quand on sceut là où elle le prenoit. Mais elle n'avoit point du tout tort de n'en vouloir point : car, combien qu'un homme ne soit pas si affamé de manger le dos d'une femme comme s'il luy mangeoit le dot, si est-ce qu'ilz ne vallent guères ny l'un ny l'autre pour elles.

NOUVELLE XLIV.

Du bastard d'un grand seigneur qui se laissoit pendre à credit, et qui se faschoit qu'on le sauvast.

Il y avoit un bastard d'un grand seigneur, ou pour le moins fils putatif, qui n'estoit sage que de bonne sorte, encore pas : car il luy sembloit que tout chascun luy debvoit faire autant d'honneur qu'à un prince, parce qu'il estoit bastard d'une si grand maison; et luy estoit advis encores que tout le monde estoit tenu de savoir sa qualité, son lieu et son nom ; de quoy il ne donnoit pas grande occasion aux gens, car le plus souvent il s'en alloit vagant par le païs, avec un equipage de peu de valeur, et se mettoit en toutes compagnies, bonnes et mauvaises ; tout luy estoit un. Il jouoit ses chevaulx quand il estoit remonté, et ses accoustremens, par les hostelleries, et maintesfois alloit à beau pied sans lance. Un jour qu'il estoit demeuré en fort mauvais ordre, il passoit par le pays de Rouergue, s'en revenant vers la France pour se remonter, et se trouve à passer par un boys où quelques volleurs tout freschement avoyent tué un homme. Le prevost qui poursuivoyt les brigans vint rencontrer ce bastard, habillé en soudard, auquel il demande d'où il venoit. Le bastard ne luy respond autre chose, sinon : « Qu'en avez-vous affaire, d'où je vien ? — Si ay dea, j'en ay affaire, dit le prevost : estes-vous point de ceulx qui ont tué cet homme ? — Quel homme ? dit-il. — Il ne faut point demander quel homme, dit le prevost ; je vous prendrois bien pour en sçavoir quelques nouvelles. » Il respond : « Qu'en voulez-vous dire ? » Le prevost le print au mot, et au collet, qui estoit bien pis, et le fait mener. En allant, tousjours ce bastard disoit : « Ah ! vous vous prenez doncq à moy, monseigneur le prevost ? je vous auray laissé faire. » Le prevost, pensant qu'il le menassast de ses compaignons, se tint sus sa garde, et le meine droit au prochain village, là où il luy fait sommairement son procés ; mais, en luy demandant qui il estoit et comment il s'appelloit, il ne respondoit aultre chose : « On le vous apprendra, qui je suis; ah! vous pendez les gens ! » Sus ces menaces, le prevost le condamne par sa confession mesme, et le fait très bien monter à l'eschelle. Ce bastard se laissoit faire, et ne disoit aultre chose jamais, sinon : « Par le corps bieu, monseigneur le prevost, vous ne pendistes jamais homme qui vous coustast si cher ! Ah ! vous estes un pendeur de gens ! » Quand il fut au hault de l'echelle, y eut par fortune, ainsi que tant de gens se trouvent à telles executions, un Rouergueis qui avoit aultresfois esté à la court, lequel congnoissoit bien ce bastard pour l'avoir veu assez de foys à la court et en aultres lieux. Il le recongneut incontinent, et encores s'approche plus près de l'eschelle, pour ne faillir point, et tant plus congneut-il que c'estoit luy. « Monseigneur le prevost, dit-il tout haut, que voulez vous faire ? c'est un tel. Regardez bien que c'est que vous ferez. » Le bastard, entendant ce Rouergueys, dit : « Mot ! mot ! De par le diable, laisse luy faire pour luy apprendre à pendre les gens. » Le prevost, quand il l'eut ouy nommer, le fit promptement descendre, auquel le bastard dit encores : « Ah ! vous me vouliez pendre ! On vous en heust faict souvenir, par Dieu ! monseigneur le prevost. Mais que ne le laissois-tu faire ? » dit-il au Rouergueys en se faschant. Pensez le grand sens d'où il estoit plein, de se laisser pendre, et qu'il en eust esté bien vengé. Mais qui croira que cela fust filz d'un grand seigneur, mesme un gentilhomme ? Le povre homme ne sembloit pas à celuy que le roy vouloit envoyer par devers le roy d'Angleterre, qui estoit pour lors bien mauvais Françoys, lequel gentilhomme respondit au roy : « Sire, dit-il, je vous doibz et ma vie et mes biens, et ne feray jamais difficulté de les exposer pour vostre service et obéissance ; mais, si vous m'envoyez en Angleterre en ce temps icy, je n'en retourneray jamais : c'est aller à la boucherie, et pour un affaire qui n'est point si fort contrainct qu'il ne se puisse bien differer à un autre temps, que le roy d'Angleterre aura passé sa colère ; car, maintenant qu'il est animé, il me fera trencher la teste. — Foy de gentilhomme ! dit le roy, s'il l'avoit faict, il m'en cousteroit trente mille pour la vostre avant que je n'en eusse la vengeance. — Voire mais, Sire, dict le gentilhomme, de toutes ces testes y en auroit-il une qui me fust bonne ? C'est un povre reconfort à un homme que sa mort sera bien vengée. » Vray est que, aux executions vertueuses, l'homme de bien y va la teste baissée, sans aultres circonstances que pour le respect de son honneur, et pour le service de la republicque.

Nouvelle XLV.

Du sieur de Raschault, qui alloit tirer du vin, et comment le fausset lui eschappa dedans la pinte.

En la ville de Poytiers y avoit un gentilhomme de bien riche maison et de bon cueur, homme de bonne entreprinse ; mais il avoit un grandissime deffault naturel, qui estoit de la langue, car il n'eust sceu dire trois motz sans begueyer, et encore demeuroit-il une heure à les dire, et à la fin il ne pouvoit se faire entendre. Et si troussoit bien gentiment la parolle la première qu'il disoit, comme un *sang Dieu* et une *mort Dieu*, quand il estoit en sa colère, qui est signe qu'un tel vice ne provient que d'une humeur colérique, abondante extremement en l'homme, laquelle l'empesche de moderer sa parole. Je devrois payer l'amende pour m'apprendre à philosofer. Dont son père, le voyant ainsi vicié, le recommanda dès sa petitesse au vicaire de S. Didier, qui le faisoit psalmodier à l'eglise, chanter des leçons de matines et de vigiles et des *Benedicamus*, pour luy façonner sa langue; là où pourtant il ne prouffita d'autre chose sinon que, quand il chantoit, il prononçoit assez distinctement quant à son langage quotidien, car en parlant il retint toujours ceste imperfection. Il fut marié à une damoiselle de bonne maison, vertueuse et sage, qui le sçavoit bien gouverner. Un jour qu'il estoit l'une des quatre bonnes festes [1], ainsi que tout le monde estoit empesché aux devotions, ce bon gentilhomme, ayant faict les siennes, s'en vint à la maison avec un sien valet, pour desjeuner de quelque pasté de venaison que madamoiselle avoit fait. Mais, quand ce fut à bien faire, il se trouva qu'elle en portoit la clef, qui luy fascha fort, car il n'y avoit ordre d'empescher les devotions de la damoiselle et de la faire venir de l'eglise pour un pasté. Mais, ayant appetit, il envoya son homme deçà, delà, querir quelque chose pour desjeuner. Toutesfois, quand

---

1. On appelle ainsi Pâques, la Pentecôte, la Toussaint et Noel.

il avoit de l'un, il luy failloit¹ de l'autre : beurre pour fricasser, un œuf pour faire la sausse ; oignons, vinaigre, moustarde ; ils estoyent tous deux bien empeschez en l'absence des femmes, qui entendent cela, principalement ès maisons mesnagères, lesquelles, non pas les maisons, mais les femmes, n'estoyent pas pour venir de l'eglise que la grand' messe ne fust achevée. Mon gentilhomme, estant impatient de faire un mestier qu'il n'entendoit pas, et voiant que son valet ne faisoit pas bien à son appetit, le vous chasse de la maison et l'envoye au diable. Quand il se veid ainsi destitué d'ayde, il se trouva bien esbahy ; toutesfois, si ne voulut-il perdre son desjeuner, lequel estoit prest, que de bond, que de vollée ; excepté que le mot de l'Evangile estoit en pays : *Vinum non habent*. Que fit-il ? Il n'avoit pas la clef de la cave, mais il se prend à belle serrure de Dieu² et la rompt très bien à grands coups de marteau et de ce qu'il trouva ; et prend un pot et s'en va tirer du vin, mais il s'y entendoit encores moins qu'à fricasser : car tout premierement il oublia à apporter de la chandelle ; secondement, il ne sçavoit de quel tonneau il debvoit tirer ; toutesfois il tastonna tant par cette cause environ ces tonneaux qu'il en trouva un qui avoit un fausset. Et mon homme environ, mais il ne se print garde qu'en tirant le vin le fausset luy eschappa dedans le pot : le voylà puny à toutes rigueurs, car le vaisseau estoit si estroit qu'il ne pouvoit mettre la main dedans, et peult-estre encore que le faus-

1. Var. : *falloit*.
2. Voy. une note de la Nouvelle XXVII ci-dessus, p. 121.

set estoit tombé en terre. O povre homme ! que feras-tu ? Il n'eut rien plus près que de mettre le doigt au devant du pertuis du tonneau, car il ne vouloit pas laisser gaster son vin, et demeura là tout un temps ; mais cependant o tapet ben do pé[1], il grinsoit les dentz, il ronfloit, il petilloit, il juroit à toutes restes, il maugreoit Colin Brenot[2] et ses quittances. A la fin, tandis qu'il prenoit ainsi bonne patience en enrageant, voicy venir madamoiselle de l'eglise, qui trouva les huys ouverts, entre aultres celuy de la cave, et la serrure et les crampons par terre, qui se songea bien incontinent que monsieur de Raschault avoit faict ce beau mesnage. Tantost elle l'entendit par le souspirail de la cave qui disoit ses kyrielles, auquel elle se print à dire : « Eh ! mon Dieu ! que faictes-vous là bas, monsieur de Raschault ? » Il luy respondoit en un langage jurois, tantost en beguois, tantost en tous deux ; et, s'il estoit en peine, si estoit elle aussi bien : car elle n'osoit pas descendre en la cave à cause qu'elle estoit en ses beaux drappeaux, et puis, n'entendant point ce qu'il disoit, ne songeoit jamais qu'il fust ainsi engagé. A la parfin, voyant qu'il ne venoit point, elle pensa qu'il y debvoit avoir quelque chose, et

---

1. *O tapet ben do pé*, en poitevin, c'est : *il frappoit bien du pié*.

2. « Homme riche, mais de mauvaise foi. Il avoit le secret d'une encre qui en quinze jours s'effaçoit d'elle-même et tomboit en poudre. On dit qu'ayant donné pendant le cours d'une année des quittances ecrites de cette encre pour des sommes considerables, il s'en fit payer une seconde fois par ses debiteurs, qui, ne pouvant justifier du premier payement, eurent tout loisir de donner au diable Colin Brenot et ses quittances. » (L. M.)

s'advisa, pour le faire parler, de luy dire : « Chantez, monsieur de Raschaut, chantez! » Mon homme, encore qu'il n'eust pas envie, ayma mieux pourtant le faire que de demeurer toujours là. Se print à chanter le grand *Maledicamus*[1] en haulte note : « Et çà, de par le diable, çà, dit-il, le douzil est en la pinte. » Quand madamoiselle l'eut entendu, elle l'envoya desgager par sa chambrière. Mais pensez qu'en chaude cole monsieur de Raschault luy donna des à doz pour son desjeuner, encores qu'il ne fust pas jour de poisson, et qu'elle n'en peust mais.

Nouvelle XLVI.

Du tailleur qui se desroboit soy-mesme, et du drap gris qu'il rendit à son compère le chaussetier.

Un tailleur de la mesme ville de Poytiers, nommé Lyon, estoit bon ouvrier de son mestier et accoustroit fort proprement un homme et une femme et tout, excepté quelques foys il tailloit trois cartiers de derrière en lieu de deux, ou trois manches en un manteau, mais il n'en cousoit que deux : car aussi bien les hommes n'ont que deux bras ; et avoit si bien accoustumé à faire la bannière qu'il ne se pouvoit garder d'en faire de tou-

---

1. Nous conservons la malicieuse note de La Monnoye sur ce passage : « *Maledicamus*, le contraire de *Benedicamus*, quoique en plus d'un endroit de l'Ecriture *benedico* signifie *maledico*. » (T. 2, p. 111.)

tes sortes de drap et de toutes couleurs. Voyre quand il tailloit un habillement pour soy, il lui estoit advis que son drap n'eust pas esté bien employé s'il n'en eust eschantillonné quelque lopin et caché en la liette ou au coffre des bannières ; comme l'autre qui estoit si grand larron que, quand il ne trouvoit que prendre, il se levoit la nuict[1] et se desroboit l'argent de sa bourse. Non pas que je vueille dire que les tailleurs soyent larrons, car ils ne prennent que cela qu'on leur baille, non plus que les munniers ; et comme la bonne chambrière qui disoit à celle qui l'allouoit : « Voyez-vous, madame, je vous serviray bien, mais... — Quel mais ? disoit la dame. — Agardez mon ! disoit la garse ; j'ay les talons un petit cours, je me laisse cheoir à l'envers, je ne m'en sçaurois tenir ; mais je n'ay que cela en moy, car en toutes les aultres choses vous me trouverez aussi diligente qu'il sera possible. » Aussi nostre tailleur faisoit fort bien son mestier, mais il avoit cette petite faultette[2]. Dont, de par Dieu, il avoit une fois faict un manteau d'un gris de Rouan à un sien compère chaussetier qui s'en vouloit aller bientost dehors pour quelque sien affaire ; duquel gris il avoit retenu un bon quartier. Ce compère s'en apperceut bien, mais il ne voulut pas aultrement s'en plaindre, car il sçavoit bien par son faict mesme qu'il falloit que tout le monde ves-

1. « Le cardinal Angelotto poussoit l'avarice jusqu'à aller la nuit derober les brides et les chevêtres dans les etables de ses voisins. Ayant été une fois pris sur le fait par un palefrenier, il reçut incognito de rudes bastonnades. (Auberi, *Hist. des cardin*., t. 2, p. 165.)

1. VAR. : *Il allouoit ceste petite fautelette*. Le seizième

quist de son mestier. Un matin que le chaussetier passoit par devant la bouticque du tailleur
avec son manteau vestu, il s'arreste à cacqueter
avec luy. Le tailleur luy demande s'il vouloit
desjeuner d'un haran, car c'estoit en caresme; il
le voulut bien. Ils montent en hault pour cuire ce
haran; le tailleur crie d'en hault à l'apprentis :
« Apporte-moy ce gril qui est là bas. » L'apprentis pensoit qu'il demandoit ce drap gris qui
estoit resté du manteau, et qu'il le voulust rendre
à son compère le chaussetier. Il print ce drap et
le porte en haut à son maistre. Quand le compère veid ce grand lopin de drap : « Comment,
dit-il, voilà de mon drap! et n'en prens-tu que
cela? Ah! par la corbieu, ce n'est pas assez. »
Le tailleur, se voyant descouvert, luy va dire :
« Et penses-tu que je te le voulsisse retenir, toi
qui es mon compère? Ne voiz-tu pas bien que
je l'ay faict apporter pour le te rendre? On luy
espargne son drap, encores dit-il qu'on le luy
desrobe! » Le compère chaussetier fut bien content de cette responce; il desjeune et emporte son
gris. Mais le tailleur fit bien la leçon à l'apprentis qu'il fust une autre fois plus sage. La faute

siècle affectionnoit ces diminutifs. Un couplet dans ce goût,
que j'emprunte à Tahureau, m'a paru curieux :

> Vien tisser ma barbelette
> De ta main mignardelette ;
> Flate-moy soubs le menton...
> Fay semblant, friandelette,
> Ne pouvoir ta parollette
> De tes poumons arracher, etc.

(Les poésies de Jacques Tahureau, Paris, 1574,
p. 102 et 103.)

vint que l'apprentis avoit toujours ouy dire grille en féminin, et non pas gril; qui fut ce qui descouvrit le pasté[1].

Nouvelle XLVII.

De l'abbé de Sainct Ambroise et de ses moines, et d'aultres rencontres dudict abbé.

Maistre Jacques Colin, n'haguères mort abbé de Saint-Ambroyse[2], estoit homme de bon sçavoir et de bon cerveau, comme il ha assez faict congnoistre tandis qu'il ha vescu; et avoit une grande asseurance de parler de quelques propos que ce fust, et

---

1. La Monnoie raconte en ces termes, d'après Ortensio Lando, *Commentario d'Italia*, l'origine de ce proverbe : « Il vient, dit-il, d'une femme qui, voulant regaler sa commère, fit un pâté à l'insu de son mari. Une pie babillarde, nourrie en cage dans la chambre où le pâté venoit d'être fait, ne manqua pas, lorsque le maître rentra, de repeter plusieurs fois : *Madame a fait un pâté*. Oh! oh! dit-il; et où est donc ce pâté? n'y a-t-il pas moyen de le voir? — Prenez-vous garde, repondit la femme, à ce que dit une bête? Il n'y a point ici de pâté, vous devez m'en croire plutôt qu'une pie. Le mari, prenant cela pour argent comptant, sortit; mais il ne fut pas plus tôt sorti que la femme court à la cage, prend la pie et lui pelle en colère toute la tête. Le lendemain, un frère quêteur etant venu à la porte demander l'aumône capuchon bas, la pauvre pie, qui lui vit la tête rase, crut qu'on la lui avoit ainsi pelée pour avoir parlé de pâté. Ah! ha! lui cria-t-elle, tu as donc parlé de pâté? lui chantant et rechantant cette game tant qu'il fut là. »

2. Poëte françois, mort vers 1537, à la suite d'événements qui l'obligèrent à quitter la cour, où il avoit jusque alors

Nouvelle XLVII.

rencontroit singulierement bien; tellement que ces parties toutes ensemble le firent fort bien venir vers la personne du feu roy Françoys, devant lequel il ha leu longuement. On dit de luy tout plain de bons comptes, lesquelz seroient longs à reciter; mais parmy tous j'en compteray un ou deux qui sont de bonne grace, qu'il dit devant ledict seigneur. Il estoit en picque contre ses moines, lesquelz luy faisoyent tout du sanglant pis qu'ilz pouvoyent, et luy faisoyent bien souvenir du proverbe commun, qui dit : Qu'il se fault garder du devant d'un beuf, du derrière d'une mule et de tous les costez d'un moine. Vray est qu'il se revanchoit bien, et en toutes les sortes dont il se povoit adviser, dont la plus fascheuse pour les povres moines estoit qu'il les faisoit jeusner; ce qu'ilz ne prenoyent point en gré toutes fois, et

---

vécu. Il a protégé les gens de lettres et contribué à fonder le Collége royal; mais il n'est pas juste de dire qu'aucun François de son temps n'a mieux connu sa langue; il n'avoit pas même le *vis poetica*, comme on peut le voir dans cet extrait d'un *Reproche adressé à sa maîtresse* :

> *Mais (ô cueur sainct!) tu as eu en la bouche*
> *Parler qui faict à tes effectz reproche;*
> *Tu as monstré, mieulx que table pourtraicte,*
> *Comme du dire au faire a longue traicte.*
> *Tu as voulu me guider et hausser,*
> *Pour puis après d'hault en bas me pousser!*
> *Et, pour couvrir tes espines de roses,*
> *Pour colorer tes entremetz, tu oses*
> *(Sans fort rougir) nommer mechanceté*
> *Du ferme amour la vraye seureté.*

Nous empruntons ces vers à *Aucunes elegantes epistres* enfouies dans le recueil intitulé : *Le livre de plusieurs pièces dont le contenu se trouve en la page suyvante*, à Paris, par Arnoul l'Angelier, 1548, in-12.

s'en plaignirent à tant de gens et en tant de lieux que, par le moyen des uns et puis des aultres, il fut rapporté jusques aux oreilles du roy, lequel, voulant sçavoir la verité du faict, dit un jour à maistre Jacques Colin : « Sainct-Ambroyse, voz moines se plaignent de vous, et disent que vous ne les traictez pas ainsi que porte leur reigle, et que vous les faites mourir de faim. — Qu'en est-il, Sire ? respondit S. Ambroyse ; il vous ha pleu me faire leur abbé, ilz sont mes moines, et, puis que je represente la personne du fondateur de leur reigle, raison veult que je leur face maintenir selon l'intention de luy, qui estoit qu'ilz vesquissent en humilité, povreté, chasteté et obedience. J'ay advisé et consulté tous les moyens qu'il ha esté possible ; mais je n'en ay point trouvé de plus expedient que par la sobrieté : car elle est cause de tous biens, comme la gourmandise de tous maulx. Je croy que David entendoit Dieu quand il disoit : « *Si non fuerint saturati, murmurabunt.* » Et interpretoit ce mot au roy, selon son office de lecteur. « Et depuis, dit-il, le Nouveau Testament à parlé d'eux tout appertement, là où il est escript en S. Mathieu, au chap. XVII, v. 20 : *Hoc genus demoniorum non ejicitur, nisi oratione et jejunio.* — *Hoc genus demoniorum*, dit-il, c'est-à-dire ce genre de moines. »

A une aultrefoys, il avoit perdu un procès à la court ; et peult estre que ce fut contre ces moines susdits, qui fût du temps que les arrestz se livroyent en latin. En l'arrest contre luy donné y avoit selon le stille : « *Dicta curia debotavit et debotat dictum Colinum de sua demanda.* » Et ce S. Ambroyse, ayant receu le double de ses arrestz par son solliciteur, se trouva devant le roy, et luy dit à une heure qu'il sceut choisir : « Sire, je ne receu jamais si grand honneur que j'ay faict depuis trois jours en çà. — Et comment? dit le roy. — Sire, dit-il, vostre court de parlement m'ha debotté. » Le roy, ayant entendu là où il le prenoit, le trouva bien bon, après avoir congneu leur elegance de ce beau latin ferré à la glace. Mais depuis on ha mis les arrestz en bon françoys [1]. Dequoy l'on dit par railleure que maistre Jacques Colin en avoit esté cause, afin qu'on ne dist plus que la court se meslast de debotter les gens, mais debouter tant qu'on voudroit, et plus que beaucoup ne voudroyent bien. On dit encores tout plain de bons motz venans de luy.

Estant à table, un maistre d'hostel, en assoyant les platz, luy respandit un potage sus un saye de veloux qu'il portoit. Il trouva occasion de mettre en propos un personnage qui estoit à table auprès de luy, nommé *Fundulus* [2], homme de

---

1. Depuis le mois d'octobre 1539, date de l'ordonnance de François I.

2. « Jerôme Fondulo, ou Fonduli, étoit de Cremone. Longœuil parle de lui dans ses Lettres (p. 267), et lui en a écrit trois. Jean Lascaris lui adresse une epigramme grecque; *Salmonius Macrinus* (en françois *Salomon Maigret*) une ode latine. Il a demeuré long-temps en France, tantôt à Paris, tantôt à Lyon, où Jean Vouté de Reims (*Jo. Vulteius*) dit l'avoir familièrement pratiqué en 1537.

Voyez, à propos de la maigreur du Fondulo, le *Capitolo* du Berni, qui commence :

Post scritta. Jo ho saputo che voi sete
Col cardinal Salviati a passignano, etc.

On voit de ce Jerôme Fondulo deux assés mauvaises ep

bonnes lettres, mais tout extenué, partie de sa naturelle complexion, et partie de l'estude. Auquel l'abbé Sainct Ambroyse dit : « Monsieur *Fundulus*, vous estes tout maigre, il semble que vous portez mal. — Je me porte, dit *Fundulus*, tousjours ainsi ; je ne puis engraisser pour temps qui vienne. — Je vous enseigneray, dit S. Ambroyse, un bon remède. Il ne fault que parler à monsieur le maistre que voilà, il ne vous engraissera que trop. » Il y en ha de luy assez de telz ; mais tout cela appartient aux apophthegmes.

NOUVELLE XLVIII.

De celuy qui renvoya ledit abbé avec une responce de nez.

Le mesme personnage dont nous parlions estoit de ceulx que l'on dit qui ont esté allaictez d'une nourrice ayant les tetins durs, contre lesquelz le nez rebouche et devient mousse ; mais cela ne luy advenoit point mal, car il estoit homme trappe, bien amassé, et mesmes qui sçavoit bien jouer des cousteaux. Au moyen de quoy se congnoissoit en luy ce que disoit une dame en comparant les hommes contre les femmes. « Nous autres femmes, disoit-elle, ne nous faisons pas beaucoup estimer sinon par l'ayde de la beauté ; et pour ce

---

grammes à l'honneur d'André Guarna : l'une de six vers latins, au devant du *Bellum grammaticale* ; l'autre de quatre, à la fin du livre, dans les anciennes editions. » (L.-M.)

il nous fault songneusement entretenir et nous faire valoir ce pendant que nous en avons la commodité, car, quand nostre beauté est passée, on ne tient plus de compte de nous. Quant est des hommes, je n'en voy point de laids, je les trouve tous beaux. » Suivant propos, S. Ambroise un jour, estant accoudé sus une gallerie, estant à Fontainebleau avec quelques siens familliers, advisa en la court basse un homme qu'il pensa bien congnoistre, lequel estoit seul de compaignie et avoit la contenance d'un nouveau venu. Sainct Ambroise ne se trompoit point, car il l'avoit assez veu de fois et mesmes frequenté du temps qu'il faisoit la rustrerie[1]. « Par Dieu ! dist-il à ceux qui estoyent avecques luy, c'est un tel, c'est mon homme, je le vois un petit accoustrer. » Il descend et s'en vint faire congnoissance à son homme, toutesfois d'une autre façon qu'il n'avoit faict jadis : car il y alloit à la reputation[2], laquelle les courtisans ne peuvent pas bonnement desguiser, quand bien ilz voudroyent. Cest homme, voyant la mine de Sainct Ambroise, luy tint assez bonne de son costé : car, encores qu'il ne hantast guères la cour, si en sçavoit assés bien les façons. Après quelques salutations, Sainct Ambroise luy va dire : « Or çà, que faictes-vous en ceste court ? vous n'y estes pas sans cause. — Par ma foy, dit l'aultre, je n'y fay pas grande chose pour ceste heure ; je regarde qui ha le plus beau nez. » Maistre Jacques Colin luy va monstrer le roy, le-

1. Var., *rusterie*.
2. « L'auteur ayant ecrit apparemment *reputation*, en abbregé, pour *representation*, c'est-à-dire air, mine ; on a lu *reputation*, qui ne fait ici nul bon sens. » (L. M.)

quel d'aventure estoit à une fenestre à deviser. « Voicy doncq, ce dit-il, celuy-là que vous cherchez. » Car de faict le roy François, avec ce qu'il estoit royal de toute façon [1], avoit le nez beau et long autant que maistre Jacques Colin l'avoit court et troussé. Pour ce il entendit bien que ces lettres ne s'addressoyent point à aultre que à luy-mesme. Et luy tarda qu'il ne fut hors de là pour en aller faire le compte à ceulx qu'il avoit laissez, ausquelz il dit : « Par le corbieu ! mon homme m'ha payé tout comptant. Je luy ay demandé qu'il faisoit de bon icy ; il m'ha respondu qu'il regardoit qui avoit le plus beau nez. » On dit que le mesme personnage, que l'on dit avoir esté le receveur Eloin de Lyon, en donna d'une semblable à un cardinal qui luy demandoit : « Or çà, dit-il, que faites-vous maintenant de bon ? vous n'estes pas sans avoir quelque bonne entreprise. — Ma foy, Monsieur, respondit-il, sauve vostre grace, je ne faiz rien non plus qu'un prebstre. »

1. Allusion à *De façon suis royal*, anagramme de François de Valois, faite par Marot. « Alleaume, lieutenant general d'Orleans, mort non pas l'an 1596, comme l'a marqué Baillet, mais l'an 1593, suivant l'epoque indiquée par Scevole de Sainte-Marthe, a elegamment parlé du beau nés de François I, page 9 du poëme intitulé : *Obscura claritas*. Encore aujourd'hui les bonnes gens, parlant de François I, l'appellent *le roi François grand nés*, ou tout court *le roi grand nés*, comme parloit le charbonnier. » (L. M.)

Nouvelle XLIX.

De Chichouan, tabourineur, qui fit adjourner son beau-père pour se laisser mourir, et de la sentence qu'en donna le juge [1].

N'ha pas trop longtemps qu'en la ville d'Amboise y avoit un tabourineur qui s'appeloit Chichouan, homme recreatif et plein de bons motz, pour lesquelz il estoit aussi bien venu par toutes les maisons comme son tabourin. Il print en mariage la fille d'un homme vieulx, lequel estoit logé chez soy en la ville mesme d'Amboise : homme de bonne foy, sentant la preud'hommie du vieulx temps, et se passoit aisement n'avoir aultre enfant que ceste fille. Et pource que Chichouan n'avoit pas d'autre moyen que son tabourin, il demandoit à ce bonhomme quelque argent comptant en mariage faisant pour soustenir les frais du nouveau mesnage. Mais ce bon homme n'en vouloit point

---

1. Cette aventure étoit bien connue. Noel du Fail la raconte en ces termes : « Chichouan, qui estoit tabourineur à Saumur, en fit ainsi quand, le jour de ses noces, il alla baudement et gaillardement querir sa femme à tout son tabourin et fluste, la conduisant en grand joliveté jusques au monstier; puis retourna à sa maison se querir luy-mesme avec son bedondon, alleguant que sa femme pour ce jour n'auroit aucun avantage sur luy; que *non licet actori quin licet et reo*, qu'il vouloit estre privilegié mesme en ce commencement de maladie *ubi sero medicina paratur*. » (*Contes d'Eutrapel*, éd. 1732, t. I, p. 258-259.)

bailler, disant pour ses defences à Chichouan :
« Mon amy, ne me demandez point d'argent,
je ne vous en puis bailler pour ceste heure ; mais
vous voyez bien que je suis sus le bord de ma
fosse ; je n'ay aultre heritier ni heritière que ma
fille : vous aurez ma maison et tous mes meubles ;
je ne saurois plus vivre qu'un an ou deux au [1]
plus. Le bonhomme luy dit tant de raisons
qu'il se contenta de prendre sa fille sans argent,
mais il luy dit : « Escoutez, beau sire : je fais
sous vostre parole ce que je ne voudrois pas faire
pour un aultre ; mais m'asseurez-vous bien de
ce que vous me dites ? — Ehem ! dit le bonhomme, je ne trompay jamais personne ; jà Dieu
ne plaise que vous soyez le premier. — Eh
bien doncq ! dit Chichouan, je ne veulx point d'aultre contract que vostre promesse. » Le jour des
espousailles vint ; Chichouan part de sa maison
et va querir sa femme chez le père, et luy-mesmes
la meine à l'eglise avec son tabourin. Quand elle
fut là : « Encores n'est-ce pas tout, dit-il ; Chichouan est allé querir sa femme, à ceste heure
il se va querir. » Et s'en retourne à son logis. Et
tout incontinent voi-le cy qu'il se rameine luy-
mesme à tout son tabourin à l'eglise, là où il
espouse sa femme, et puis la rameine ; et estoit
le marié et le menestrier, et gagnoit son argent
luy-mesmes. Il fit bon mesnage avec elle, vivant
tousjours joyeusement. Au bout de deux ans,
voyant que son beau père ne mouroit point, il
attend encores un mois, deux mois ; mais il vivoit tousjours. Il se advise, pour son plaisir, de

---

1. Var. : *ou*.

faire adjourner son beau-père, et de faict lui envoya un sergent. Ce bonhomme, qui n'avoit jamais eu affaire en jugement et qui ne sçavoit que c'estoit que d'ajournementz, fut le plus estonné du monde de se veoir adjourné, et encores à la requeste de son gendre, lequel il avoit veu le jour de devant, et ne luy en avoit rien dict. Il s'en va incontinent à Chichouan, et luy faict sa plaincte, luy remonstrant qu'il avoit grand tort de l'avoir faict adjourner, et qu'il ne sçavoit pourquoy c'estoit. « Non! non! dit Chichouan ; je le vous diray en jugement. » Et n'en eut aultre chose, tellement qu'il fallut aller à la court. Quand ilz furent devant le juge, voicy Chichouan qui proposa sa demande luy-mesme. « Monsieur, dit-il, j'ay espousé la fille de cest homme icy, comme chascun sçait; je n'en ay point eu d'argent, il ne dira pas le contraire ; mais il me promist, en me baillant sa fille, que j'aurois sa maison et tout son bien, et qu'il ne vivroit qu'un an ou deux, pour le plus. J'ay attendu deux ans et plus de trois mois d'avantage; je n'ay eu ny maison, ni aultre chose. Je requiers qu'il ayt à se mourir, ou qu'il me baille sa maison, ainsi qu'il m'ha promis. » Le bonhomme se fit deffendre par son advocat, qui respondit en peu de plaid ce qu'il debvoit respondre. Le juge ayant ouy les parties et les raisons d'une part et d'aultre, congnoissant la gaudisserie intentée par Chichouan de sa demande, et pour le fol adjournement, le condampna és despens, dommages et interestz du bonhomme, et outre cela en vingt liv. tournois envers le roy. Incontinent Chichouan va dire : « Ah! Monsieur, Chichouan en appelle. —

Attendez! attendez! dit le juge en se tournant vers Chichouan : je modère, dit-il, à un chapon et sa suite, que le bon homme payera demain en sa maison; et en irez tous manger vostre part ensemble [1], comme bons amis; et une aubade que vous luy donnerez tous les ans, le premier jour du moys de may, tant qu'il vivra [2]. Et puis après sa mort, vous en aurez sa maison s'elle n'est vendue ou alienée, ou tombée en fortune de feu. » Ainsi l'appoinctement du juge fut de mesmes la demande de Chichouan [3], auquel il fit une peur de commencement; mais il modera sa sentence, ainsi que peult faire un juge, pourveu que ce soit sus le champ, comme il estoit noté [4] *In l. nescio, ff. ubi et quando; per Bartholum, Baldum, Paulum, Salicetum, Jasonem, Felinum, et omnes tormentatores juris* [5].

1. Var., *ensemblement*.
2. C'étoit la coutume en France depuis des siècles. On fêtoit ainsi le retour du printemps, où les relations, interrompues par l'hiver aux froides et longues nuits, reprenoient leur cours. Il y avoit peu de routes; elles étoient mal entretenues : par le mauvais temps, les plus proches voisins, les meilleurs amis, restoient claquemurés chacun de leur côté et ne pouvoient se réunir. Du jour où les communications sont devenues faciles, les fêtes du mois de mai sont tombées en désuétude.
3. Avant d'en finir avec ce personnage, je ferai remarquer que l'un des fifres du roi François Ier, pendant les années 1522 et suivantes, s'appeloit Chichouan; seroit-ce le nôtre? Un bon fifre cumuloit généralement l'emploi de tambourineur. Voyez le montant de ses gages dans l'*Heptameron*, édité par la *Société des Bibliophiles*, 1854, t. 3, p. 251, 288.
4. « Je crois qu'il faut lire : comme il est noté ff., *in L. nescio ubi et quando...* » (L. M.)
5. Jeu de mots sur *commentatores juris*.

Nouvelle L.

Du Gascon qui donna à son père à choisir des œufz.

Un Gascon, après avoir esté à la guerre, s'estoit retiré chez son père, qui estoit un homme des champs desjà vieulx et qui estoit assez paisible ; mais son filz estoit escarabilhat, et faisoit du soudart à la maison comme s'il eust esté le maistre. Un vendredy, à disner, il disoit à son père : « Pai, dit-il, nous avons assez de pinte pour vous et pour moy, encores que n'en beviez point. » Son père et luy avoyent mis cuire trois œufs au feu, dont le Gascon en prend un pour l'entamer et tire l'aultre à soy, et n'en laisse qu'un dedans le plat ; puis il dit à son père : « Choisissez, mon père. » Auquel son père dit : « Eh ! que veux-tu que je choisisse ? il n'y en ha qu'un. » Lors le Gascon lui dit : « Cap de bieu ! encores avez-vous à choisir : à prendre ou à laisser. » C'estoit faict un bon party à son père. Et, quand son père esternuoit, il luy disoit : « Dieu vous ayde ! mon père » ; et un peu après : « S'il le veut, car il ne fait rien par force. » Il estoit honteux comme une truye qui emporte un levain, car il n'osoit pas maudire son père, mais il disoit : « Vienne le cancre à la moitié du monde[1] ! »

---

1. Gros juron que l'on retrouve plus loin (Nouvelle LXX, Que te vienne le chancre!), et qui étoit familier aux gens de la basse classe.

Et quand et quand il disoit à un sien compagnon : « Donne, dit-il, le cancre à l'autre moytié, afin que mon père en ayt sa part. »

Nouvelle LI.

Du clerc des finances qui laisse cheoir deux detz de son escriptoire devant le roy.

Le roy Louis onziesme estoit un prince de grande deliberation et d'une execution de mesme ; lequel, entre aultres siennes complexions, aymoit ceux qui estoient accortz et qui respondoyent promptement, et si ne faisoit, comme on dit, jamais plus grand present que de cent escuz à une fois. Un jour, entre aultres, qu'il falloit signer quelques lettres et n'y avoit point de secretaire de commandemens present, le roy commanda à un jeune homme de finances qui estoit là, car il n'estoit point autrement difficille, lequel, en ouvrant son escriptoire pour signer, laissa tomber deux detz sur la table, qui estoyent dans le calemart. « Comment ! dit le roy, quelle dragée est-ce là [1] ? A quoy est-elle bonne ? — *Contra pestem*,

1. Brantome, dans les *Vies des capitaines françois*, t. I, p. 34, rapporte ce conte, qu'il a tiré de ce livre, se servant même du mot *dragée* tel qu'il l'avoit lu dans quelques éditions, qui portent que le roi, voyant sortir ces deux dés du calemar, demanda au clerc quelle *dragée* c'étoit, et à quoi elle étoit bonne. Il y a pourtant *drogue* dans l'edition de 1558, et j'ai préféré cette leçon, parceque dans la demande

NOUVELLE LI. 197

Sire, dit le Clerc. — *Contra pestem!* dit le roy. Tu es un de mes gens. » Et commanda qu'on luy donnast cent escus. Un jour les Genevoys [1], desquelz il est escript : *Vane ligur* [2], voyans que le roy s'en alloit au dessus de ses affaires et qu'il rangeoit ses ennemis à la raison, pensans preoccuper sa bonne grâce, luy envoyèrent un ambassadeur, lequel, avec sa belle harangue, s'efforçoit de faire trouver bon au roy que les ennemis estoyent si prestz et appareillez de luy obeyr, et que, de leur bon gré et franche volonté, ilz se donnoyent à luy plus tost qu'à aultre prince de la terre, pour la grandeur de son nom et de ses prouesses. « Oui ! dit le roy ; les Genevoys se donnent-ilz à moy ? — Ouy, Sire. — Ilz sont doncq à moy sans repentir ? — Ouy, Sire. — Et je les donne, dit le roy, à tous les diables ! » Il faisoit un aussi beau present comme il l'avoit receu, et si ne donnoit rien qui ne fust à luy : car on dit communement qu'il n'est point de plus bel acquest que de don.

à quoi une chose est bonne, le terme de *drogue* est plus propre que celui de *dragée*. (L. M.). — Le savant éditeur peut avoir raison quant au fond ; mais il y a bien *dragée*, et non *drogue*, dans l'édition de 1558 (folio 70, ligne 9). D'ailleurs, quoi d'étonnant ? Tout le monde, à cette époque, portoit sur soi des dragées, dans une petite boîte.

1. Au lieu de *Génois* on disoit anciennement *Genevois*, par une composition bizarre du françois *Gênes* et de l'italien *Genovesi*. (L. M.)

2. Mots empruntés au 715e vers du livre 11 de l'*Enéide*. L'édition originale porte : *Vane ligue*.

Nouvelle LII.

De deux poinctz pour faire taire une femme.

Un jeune homme, devisant avec une femme de Paris, laquelle se vantoit d'estre maistresse, luy disoit : « Si j'estoys vostre mary, je vous garderoys bien de faire à vostre teste.— Vous ! disoit-elle ; il vous faudroit passer par là aussi bien comme des aultres. — Ouy ! dit-il ; asseurez-vous que je sçay deux poinctz pour avoir la raison d'une femme. — Dites-vous ? fit-elle. Et qui sont ces deux poinctz-là ? » Le jeune homme, en fermant la main : « En voylà un », dit-il ; puis, tout soudain en fermant l'aultre main : « et voilà l'aultre. » De quoy il fut bien ris, car la femme attendoit qu'il luy allast descouvrir deux raisons nouvelles pour mettre les femmes à la raison, prenant poings de poinct ; mais l'aultre entendoit poings de poing. Et, mon ame, je croy qu'il n'y ha ny poing ny poinct qui sceust assagir la femme quand elle l'ha mis en sa teste.

Nouvelle LIII.

La manière de devenir riche.

D'un petit commencement de marchandise, qui estoit de contreporter des eguillettes, ceintures et espingles, un homme estoit devenu fort riche, de sorte qu'il acheptoit les terres de ses voisins, et ne se parloit que de luy tout autour du pays ; de quoy s'esbahissant un gentilhomme qui alloit avec luy de compagnie par chemin, luy va dire : « Mais, venez ça, tel ! » le nommant par son nom. « Qu'avez-vous faict pour devenir aussi riche comme vous estes ? — Monsieur, dit-il, je vous le diray en deux motz : c'est que j'ay faict grand'diligence et petite despence. » Voylà deux bons motz ; mais il faudroit encores du pain et du vin, car il y en ha qui se pourroyent rompre le col qu'ilz n'en seroyent pas plus riches. Pour le moins si sont-ilz mieulx à propos que de céluy qui disoit que, pour devenir riche, il ne falloit que tourner le dos à Dieu cinq ou six bons ans.

Nouvelle LIV.

D'une dame d'Orléans qui aymoit un escolier qui faisoit le petit chien à sa porte, èt comment le grand chien chassa le petit.

Une dame d'Orleans, gentile et honneste, encores qu'elle fust guespine, femme d'un marchand de draps, après avoir esté assez longuement poursuyvie d'un escolier, beau jeune homme et qui dansoit de bonne grâce, car il y avoit de ce temps-là danseurs d'Orleans, flusteurs de Poytiers, braves d'Avignon, estudians de Thoulouse [1]. Cest escolier estoit nommé Clairet, auquel la femme se laissa gaigner, comme pitoyable et humaine qu'elle estoit, et le mit en possession du bien amoureux, duquel il jouissoit assez paisiblement, au moyen des advertissemens, propos et messages qu'ilz s'entrefaisoyent. Ilz avoient de petites intelligences ensemble qui estoyent jolies, desquelles ilz usoyent par ordre, des unes et puis des aultres; entre lesquelles l'une estoit que Clairet venoit sus les dix heures de nuict à la porte d'elle, et jappoit comme un petit chien; à quoy la chambrière estoit faicte, qui luy ouvroit incontinent la porte sans chandelle et sans lanterne,

---

1. Mieux que cela : *Les bons estudians de Toulouse.* Voy. Chassenée, lieu cité dans une note de la Nouvelle XXIII, p. 104.

et se faisoit tout le mistère sans parler. Il y avoit un aultre escolier, logé tout auprès de la jeune dame, qui en estoit fort amoureulx, et eust bien voulu estre en part avec Clairet ; mais il n'en pouvoit venir à bout, ou fust qu'il n'estoit pas au gré d'elle, ou qu'il ne sçavoit pas s'y gouverner, ou, qui est mieux à croire, que les dames, qui sont un peu fines, ne se donnent pas voulentiers à leurs voisins, de peur d'estre trop tost descouvertes. Toutesfois, estant bien adverty que Clairet avoit entrée, et l'ayant veu aller et venir ses tours, et entre aultres l'ayant ouy japper et veu comme on luy ouvroit la porte, que fit-il ? L'une des fois que le mary estoit dehors, après s'estre bien accertené de l'heure que Clairet y entroit, il se pensa qu'il avoit bonne voix pour faire le petit chien comme Clairet, et qu'il ne tiendroit à abbayer que la proye ne se print. Adonc il s'en vint un peu avant les dix heures et fit le petit chien à la porte de la dame : « Hap ! hap ! » La portière, qui l'entendit, luy vint incontinent ouvrir, dont il fut fort joyeux, et sachant bien les addresses de la maison, ne faillit point à s'aller mettre tout droict au lict, auprès de la jeune dame, qui cuidoit que ce fust Clairet ; et pensez qu'il ne perdit pas temps auprès d'elle. Tandis qu'il jouoit ses jeux, voicy Clairet venir selon sa coustume, et se mit à faire à la porte : « Hap ! hap ! » Mais on ne lui ouvrit pas, combien que la dame en eut bien entendu quelque chose ; mais elle ne pensoit jamais que ce fust luy. Il jappe encores une fois, dont la dame commença à soupçonner je ne sçay quoy, et mesmement parce que celuy qui estoit avec elle luy sembloit avoir une aultre guise et une aultre maniment que non pas Clairet. Et pource, elle se voulut lever pour appeler sa chambrière et sçavoir que c'estoit. Quoy voyant l'escolier, et voulant avoir ceste nuict franche où il se trouvoit si bien, se lève incontinent du lict, et se mettant à la fenestre, ainsi que Clairet faisoit encores : « *Hap! hap!* » luy va respondre en un abbay de ces clabaux de village : « *Hop! hop! hop!* » Quand Clairet entendit ceste voix : « A ! ha ! dit-il, par le corps bieu ! c'est la raison que le grand chien chasse le petit. Adieu, adieu, bonsoir et bonne nuict » ; et s'en va. L'aultre escollier se retourne coucher, et appaisa la dame le mieulx qu'il peut, à laquelle il fut force de prendre patience ; et depuis il trouva façon de s'accorder avec le petit chien, qu'ils iroyent chasser aux connilz chascun en leur tour comme bons amys et compagnons.

NOUVELLE LV.

De Vaudrey et des tours qu'il faisoit.

Il n'y ha pas longtemps qu'estoit vivant le seigneur de Vaudrey [1], lequel s'est bien faict congnoistre aux princes, et quasi à tout le monde, par les actes qu'il ha faictz en son vivant d'une terri-

1. Les Vaudrey, ancienne et illustre famille de la Franche-Comté, ont passé la plus part pour intrepides. Gilbert Cou-

ble bigearre, accompagnez d'une telle fortune que nul, fors luy, ne les eust osé entreprendre, et, comme l'on dit en commun langage, un sage homme en fust mort plus de cent foys. Comme quant il print une pie en la Beausse à course de cheval, laquelle il lassa tant qu'enfin elle se rendit. Et quand il estrangla un chat à belles dentz, ayant les deux mains liées derrière. Et quand une foys, voulant esprouver un collet de buffle qu'il avoit vestu, ou un jacques de maille, ne scay lequel, fit planter une espée toute nue contre une muraille, la poincte devers luy, et se print à courir contre l'espée de telle roydeur, qu'il se persa d'oultre en oultre, et toutesfois il n'en mourut point. Il fault dire qu'il avoit bien l'ame de travers. Entre toutes ses folies, il y en eut encores une qui merite bien d'estre racomptée. Il passoit à cheval sus les ponts de Sey près d'Angiers, lesquelz sont bien haultz de l'eau pour ponts de boys [1], et portoit en crouppe un jeune gentilhomme, qui luy dit en riant : « Viença, Vaudrey ! toy qui as tant de belles inventions et qui sçais faire de si bons tours, si tu voyois mainte-

---

sin (*Gilbertus Cognatus*) les traite de héros, et leur histoire, effectivement, de même que celle des héros, a eté mêlée de beaucoup de fables, témoin le Vaudrey, quel qu'il soit, dont il est ici parlé; témoin encore les amours romanesques de Charle de Vaudrey et de la dame de Vergy, dans le 4e vol. des Nouvelles du Bandel. (L. M.)

1. On ne dit plus que *le Pont de Cé*, au singulier. Ce qui a fait dire *les ponts*, est qu'il se rencontre quelques iles entre deux qui interrompent le pont. Il tire son nom du bourg voisin nommé dans les vieux titres *Saeum*, *Seium*, *Saeium*, *Sageum*. Voyez une excellente notice consacrée à cette localité dans l'un des premiers volumes de la Revue d'Anjou. C'est aujourd'hui un pont de pierre fort remarquable.

nant les ennemys aux deux boutz de ce pont qui t'attendissent à passer, que feroys-tu ? » Lors dit Vaudrey : « Que je feroys ? Mort bieu ! voilà, dit-il, que je feroys. » Et ce disant, il donne de l'esperon à son cheval et le fait saulter par dessus les accoudières dedans Loyre, et se tint si bien qu'il eschappa avec le cheval. Si son compagnon eschappa comme luy, il fut aussi heureux que sage pour le moins ; car c'estoit grand folie à luy de se mettre en crouppe derrière un fol, veu que quand on en est à une lieue, encores n'en est-on pas trop loin.

NOUVELLE LVI.

Du gentilhomme qui couppa l'oreille à un coupeur de bourses.

En l'eglise de Nostre Dame de Paris, un gentilhomme, estant en la presse[1], sentit un larron qui luy couppoit des boutons d'or qu'il avoit aux manches de sa robe, et, sans faire semblant de rien, tira sa dague et print l'oreille de ce larron, et la luy couppa toute necte ; et en la luy monstrant : « Aga, dit-il, ton oreille n'est pas perdue, la vois-tu là ? Rendz moi mes boutons, je la te rendray. » Il ne

---

1. Jean du Bellay, selon H. Estienne, *Apologie pour Hérodote*, ch. 14.

luy faisoit pas mauvais party, s'il eust pu recoudre son oreille comme le gentilhomme ses boutons[1].

Nouvelle LVII.

De la damoiselle de Thoulouse qui ne souppoit plus, et de celuy qui faisoit la diette.

Une damoiselle de Thoulouse, au temps de vendanges, estoit à une borde sienne, et avoit pour voisine une aultre damoiselle de la ville mesme ; lesquelles entendoyent à faire leur vin, et s'entrevoyoient souvent, et quelques foys mangeoyent ensemble. Mais y en avoit une qui avoit prins coustume de ne soupper point, et disoit à sa voisine : « Ma damoyselle, j'ay veu le temps que je me trouvois quasi tousjours malade, jusques à tant que j'ay prins coustume de ne soupper plus, et de faire seullement un petit de collation au soir. — Et de quoy collationnez-vous, Ma damoyselle ? disoit l'autre. — Sçavez-vous, dist-elle, comment j'en use ? Je fais rostir deux cailles entre belles feuilles de vigne (comme ilz les accoustrent en ce pays-

---

[1]. Voy. Henri Estienne, *Apologie pour Hérodote*, ch. 15. Il complète le récit en ces termes :

« Mais ce gentilhomme ne fut pas long-temps sans s'en repentir, non pas de l'avoir puni, mais de l'avoir puni de telle sorte : car, au lieu que s'il luy eust donné un coup de dague, il n'en eust point esté molesté, pour ce qu'il lui avoit coupé l'oreille, le boureau de Paris forma complainte contre lui comme estant troublé en sa possession. »

là pour les faire cuyre avec leur graisse, car elles sont fort grasses), et fais mettre une poire de rateau entre deux braises. (Ces poires sont grosses comme le poingt, et mieulx.) Je fais collation de cela, dit-elle, et quand j'ay mangé cela et beu une jaste de vin (qui vault loyaulment la pinte de Paris) avec un pain d'un hardy, je me trouve aussi bien de cela comme si j'avois mangé toutes les viandes du monde. — Sec! ce dit l'autre, le diable vous en feroit bien mal trouver. » Et quand le temps des cailles estoit passé, à belles peringues, à belles palombes, à belles pellixes : pensez que la povre damoiselle estoit bien à plaindre. J'aimeroys aultant celuy qui disoit à son valet : « Recommande moy bien à monsieur le maistre, et luy dy que je le prie qu'il m'envoye seulement un potage, un morceau de veau, une aisle de chapon et de perdris, et de quelque aultre petite chose, car je ne veux guères manger, à cause de ma diette. » Et l'aultre, cuidant estre estimé sobre en demandant à boire, après qu'il eust esté interrogé duquel il vouloit : « Donnez-moy, dit-il, du blanc cinq ou six coups, et puis du clairet tant qu'il vous plaira. » Mais il ne sembloit pas à celle qui plaignoit l'estomac : «J'ay, dit-elle, mangé la cuisse d'une allouette, qui m'ha tant chargé l'estomac, que je ne puis durer. » Il n'y eut pas entré la pointe d'un jonc.

Nouvelle LVIII.

Du moyne qui respondoit tout par monossyllabes rymez.

Quelque moyne, passant pays, arriva en une hostellerie sus l'heure du soupper. L'hoste le fit asseoir avec les aultres qui avoyent desjà bien commencé, et mon moyne, pour les attaindre, se met à bauffrer d'un tel appetit comme s'il n'eust veu de trois jours pain. Le galant s'estoit mis en pourpoint, pour mieux s'en acquiter; ce que voyant l'un de ceulx qui estoyent à table, luy demandoit force choses, qui ne luy faisoit pas plaisir, car il estoit empesché à remplir sa poche. Mais affin de ne perdre guères de temps, il respondoit tout par monossyllabes rymez; et croy bien qu'il avoit apprins ce langage de plus longue main, car il estoit fort habille. Les demandes et les responses estoyent. L'aultre lui demande : « Quel habit portez-vous ? — Fort[1]. — Combien estes-vous de moynes ? — Trop. — Quel pain mangez-vous ? — Bis. — Quel vin bevez-vous ? — Gris. — Quelle chair mangez-vous ? — Beuf. — Combien avez-vous de novices ? — Neuf. — Que vous semble de ce vin ? — Bon. — Vous n'en bevez pas de tel ? — Non. — Et que mangez-vous les vendredy ? — Œufs. — Combien en avez-vous chascun ? —

---

1. Var. : *Froc.* Cette leçon est préférable.

Deux. » Ainsi cependant il ne perdoit pas un coup de dent ; et si satisfaisoit aux demandes laconicquement. S'il disoit ses matines aussi courtes, c'estoit un bon pillier d'eglise.

Nouvelle LIX.

De l'escollier legiste et de l'apothiquaire qui luy apprint la medecine

Un escollier, après avoir demeuré à Thoulouse quelque temps, passa par une petite ville près de Cahors en Quercy nommée Sainct Anthonin, pour là repasser ses textes de loix : non pas qu'il y eust grandement prouffité, car il s'estoit tousjours tenu aux lettres humaines, esquelles il estoit bien entendu ; mais il se songea[1], puis qu'il s'estoit mis en la profession du droit, de ne s'en debvoir point retourner esgarant et qu'il n'en sceust respondre comme les aultres. Soudain qu'il fut à Sainct-Anthonin, comme en ces petites villes on est incontinent veu et remarqué, un apothicaire le vint aborder, en lui disant : « Monsieur, vous soyez le bien venu » ; et se met à deviser avec luy, auquel en suivant propos il eschappa quelques motz qui appartenoyent à la medecine, ainsi qu'un homme d'estude et de jugement ha tousjours quelque chose à dire en toutes professions. Quand l'apo-

---

1. Voyez la *Légende maistre Pierre Fai-Feu*, citée plus haut, p. 102, Nouvelle XX.

thicaire l'eut ouy parler, il luy dit : « Monsieur, vous estes doncq medecin, à ce que je puis congnoistre? — Non suis point aultrement, dit-il; mais j'en ay bien veu quelque chose. — Je pense bien, dit l'apothicaire, que vous ne le voulez pas dire, parce que vous n'avez pas proposé de vous arrester en ceste ville ; mais je vous asseure bien que vous n'y feriez pas mal vostre prouffit. Nous n'avons point de medecin pour le present; celui que nous avions n'haguères est mort riche de quarante mille francs. Si vous y voulez demeurer, il y fait bon vivre; je vous logeray, et vivrons bien vous et moy, mais que nous nous entendons bien. Venez vous-en disner avec moy. » L'escollier, oyant parler cet apothicaire, qui n'estoit pas beste, car il avoit esté par les bonnes villes de France pour apprendre son estat, se laisse emmener à disner et se pensa en soy mesme : Il fault essayer la fortune, et si cest homme icy fera ce qu'il dit; aussi bien ay-je bon mestier : voicy un pays escarté, il n'y ha homme qui me congnoisse, voyons que ce pourra estre. L'apothicaire le maine disner en son logis. Après disner, ayant tousjours continué ses premiers propos, ilz furent incontinent cousins. Pour abbreger, l'apothicaire luy fit accroire qu'il estoit medecin, et lors l'escollier luy va dire premierement : « Sçavez-vous qu'il y ha? Je ne praticquay encores jamais en nostre art, comme vous pouvez penser; mais mon intention estoit de me retirer à Paris pour y estudier encores quelque année et pour me jetter à la praticque en la ville d'où je suis; mais, puisque je vous ay trouvé et que je congnois que vous estes homme pour me faire plaisir et moy à vous,

regardons à faire nos besongnes ; je suis content
de demeurer. — Monsieur, dit l'apothicaire, ne
vous souciez, je vous apprendray toute la praticque de medecine en moins de quinze jours. Il
y ha long-temps que j'ay esté soubz les medecins et en France et ailleurs ; je sçay leurs façons
et leurs receptes toutes par cueur. D'avantage,
en ce pays-cy, il ne fault pas que faire bonne
mine et sçavoir deviner, vous voylà le plus grand
medecin du monde. Et deslors l'apothicaire commence à luy monstrer comment s'escripvoit une
once, une drachme, un scrupule, une pongnée,
un manipule ; et un aultre demain il luy apprint
le nom des drogues les plus vulgaires ; et puis à
dozer, à mixtionner, à brouiller, et toutes telles
besongnes. Cela dura bien dix ou douze jours,
pendant lesquelz il gardoit la chambre, faisant
dire par l'apothicaire qu'il estoit un peu mal disposé. Lequel apothicaire n'oublia pas à dire par
toute la ville que cest homme estoit le meilleur
medecin et le plus sçavant que jamais fust entré
en Sainct-Anthonin. Dequoy ceulx de la ville estoyent fort aises, et commencèrent à le caresser
incontinent qu'il fut sorty de la maison, et se battoyent à qui le convieroit, et eussiez dict qu'ilz
avoyent desjà envie d'estre malades pour le mettre en besongne, afin qu'il eust courage de demeurer. Mais l'escollier (que dis-je, escollier !
docteur passé par les mains d'un apothicaire) se
faisoit prier, ne frequentoit que peu gens, tenoit
bonne mine, et sur toutes choses ne partoit guère
d'auprès de l'apothicaire, qui luy rendoit ses ora-
cles en moins de rien. Voicy venir urines de tous
costez. Or, en ce pays-là, il falloit deviner par

les urines si le patient estoit homme ou femme, et en quelle part il sentoit mal et quel age il avoit. Mais ce medecin faisoit bien plus, car il devinoit qui estoit son père et sa mère, s'il estoit marié ou non, et depuis quel temps, et combien il avoit d'enfans. Somme, il disoit tout ce que en estoit, depuis les vieulx jusques aux nouveaux, et tout par l'ayde de son maistre l'apothicaire : car, quand il voyoit quelqu'un qui apportoit une urine, l'apothicaire alloit le questionner, ce pendant que le medecin estoit en hault, et lui demandoit de bout en bout toutes les choses susdites, et puis le faisoit un peu attendre, tandis qu'il alloit advertir secrettement son medecin de tout ce qu'il avoit apprins de ce porteur d'urines. Le medecin, en les prenant, les regardoit incontinent hault et bas, mettoit la main entre l'urinal et le jour, et le baissoit et le viroit avec les mines en tel cas requises, puis il disoit : « C'est une femme. — *O par ma fé! segni! bien disez vertat*[1] *!* — Elle ha une grand douleur au costé gauche au dessoubz de la mamelle, ou de teste, ou de ventre, selon que luy avoit dict l'apothicaire. Il n'y ha que trois mois qu'elle ha faict une fille. » Ce porteur devenoit le plus esbahy du monde, et s'en alloit incontinent compter par tout ce qu'il avoit ouy de ce medecin ; tant que de bouche en bouche le bruit court qu'il estoit venu le premier homme du monde. Et si d'adventure quelquefois son apothicaire n'y estoit pas, il tiroit le ver du nez à ces Rouerguoys, en disant par une admiration : Bien malade! — A quoy le porteur respondoit incontinent :

---

1. O par ma foi, Seigneur, vous dites bien la vérité.

Il ou elle. Au moyen de quoy il disoit, après avoir un petit consideré ceste urine : « N'est-ce pas un homme ?—*O certes ! be es un homme*, disoit le Rouerguoys. — Ha! Je l'ay bien veu incontinent », disoit le medecin. Mais, quand ce venoit à ordonner devant les gens, il se tenoit tousjours près de son magister, lequel lui parloit le latin medecinal, qui estoit en ce temps-là fin comme bureau teint. Et soubz ceste couleur-là l'apothicaire luy nommoit le recipé tout entier, faisant semblant de parler d'autre chose ; à quoy je vous laisse à penser s'il ne faisoit pas bon veoir un medecin escripre soubz un apothicaire. En effect, ou fust pour l'opinion qu'il fit concepvoir de soy, ou par quelque autre adventure, les malades se trouvoyent bien de ses ordonnances, et n'estoit pas filz de bonne mère qui ne venoit à ce medecin, et se faisoyent à croyre qu'il faisoit bon estre malade cependant qu'il estoit là, et que, s'il s'en alloit, ilz n'en recouvreroyent jamais un tel. Ilz luy envoyoient mille presens, comme gibiers ou flascons de vin, et ces femmes luy faisoyent des *moucadous et des camises*[1]. Il estoit traicté comme un petit cocq au panier[2], tellement qu'en moins de six ou de sept moys il gaigna force escuz et son apothicaire aussi, par le moyen l'un de l'autre ; dequoy il se mit en equipage pour s'en aller de S. Anthonin, faisant semblant d'avoir receu lettres de son pays par lesquelles on luy mandoit nouvelles qu'il falloit qu'il s'en allast, mais qu'il

1. Des mouchoirs et des chemises.
2. Ou coq en pâte, que l'on engraisse en le tenant sous un panier, où il trouve à discrétion une sorte de pâte faite avec des recoupes de son.

ne failliroit à retourner bien tost. Ce fut à Paris qu'il s'en vint, là où depuis estudia en la medecine, et peult-estre que oncques puis il ne fut si bon medecin comme il avoit esté en son apprentissage ; j'entendz qu'il ne fit point si bien ses besongnes : car quelquesfois la fortune ayde plus aux advantureux que non pas aux trop discretz, car l'homme sçavant est de trop grand discours ; il pense aux circonstances, il s'engendre une crainte et une doubte, par laquelle l'on donne aux hommes une deffiance de soy qui les descourage de s'adresser à vous ; et de faict, on dit qu'il vault mieulx tomber ès mains d'un medecin heureux que d'un medecin sçavant. Le medecin italien entendoit bien cela, lequel, quand il n'avoit que faire, escripvoit deux ou trois centz receptes pour diverses maladies, desquelles il prenoit un nombre qu'il mettoit en la facque de son saye ; puis, quand quelqu'un venoit à luy pour urines, il tiroit l'une de ces receptes à l'advanture comme on met à la blanque, et la bailloit au porteur, en luy disant seullement : *Dio te la daga buona*. Et, s'il s'en trouvoit bien : *In buona hora*. S'il s'en trouvoit mal : *Suo danno*. Ainsi va le monde.

Nouvelle LX.

De messire Jehan, qui monta sus le mareschal pensant monter sus sa femme.

Un mareschal, demeurant en un village qui estoit un lieu de passage, avoit une femme passablement belle, au moins au gré d'un prebstre qui demeuroit tout auprès de luy, appelé messire Jehan, lequel fit tant qu'il accorda ses fleutes [1] avec ceste jeune femme, et s'entendoit tellement avec elle que, quand le mareschal s'estoit levé pour forger ses fers, et que le prebstre congnoissoit bien quand il entendoit battre à deux, car c'estoit signe que le mareschal y estoit avec le valet, messire Jehan ne failloit point à entrer par un huys derrière, dont elle luy avoit baillé la clef, et se venoit mettre au lict en la place du mareschal, qu'il trouvoit toute chaude, là où il forgeoit de son costé sus une enclume [2], mais on ne l'oyoit pas de si loing faire sa besongne, et, quand il avoit faict, il se retiroit gentiment par l'huys où il estoit entré. Mais ilz ne sceurent pas faire leur cas si secrettement que le mareschal ne s'en apperceust, au moins qu'il n'en eust une vehemente presump-

---

1. Il se mit d'accord. Voy. une note de cette première partie, nouvelle XIV, p. 68.
2. Var., *sus une autre enclume.* (La Monnoye, t. 11, p. 198.)

tion, ayant ouy ouvrir et fermer cest huys; tant qu'il s'en print un jour à sa femme et la menassa, et la pressa tant et avec une colère telle qu'ont volontiers ces gens de feu, qu'elle luy demanda pardon et luy confessa le cas, et luy dit comme messire Jehan se venoit coucher auprès d'elle quand il oyoit battre à deux. Le mareschal ayant ouy ces nouvelles, après que sa femme luy eut bien crié mercy, ce luy fut force de demeurer là; mais pensez que ce ne fut pas sans luy donner dronos et chaperon de mesme. De là à quelques jours le mareschal trouva le prebstre, auquel il dit : « Messire Jehan, vous venez veoir ma femme quand vous avez le loisir.» Le presbstre le nia fort et ferme, luy disant qu'il ne luy voudroit pas faire ce tour-là et qu'il aymeroit mieux estre mort. « Vous estes mon compère, disoit le prebstre. — Et bien bien! dit le mareschal, je m'en rapporte à vous; chevauchez-la à vostre aise quand vous y serez; mais gardez-vous bien de me chevaucher : car, s'il vous advient, le diable vous aura bien chanté matines[1].» Le prebstre, congnoissant que ce mareschal estoit un mauvais fol, se tint deslors sus ses gardes et ne voulut plus venir à la forge; mais le mareschal dit à sa femme : « Sçavez-vous qu'il fault que vous faciez? Mais gardez-vous bien de faire la borgne ny la boiteuse, car vous sçavez bien que vostre marché n'en seroit pas meilleur. Refaites congnoissance à messire Jehan et l'entretenez de parolles, et puis,

---

1. Se disoit pour exprimer le manque de chance. Dans la bouche d'un marchand : Le diable m'a chanté matines, c'est : Je n'ai rien vendu.

un matin, je vous diray ce que vous aurez à faire. »
Elle fut fort contente de luy promettre tout ce
qu'il voulut, de peur de la malle adventure. Et
fault entendre qu'elle sçavoit bien battre et de
bonne mesure, car elle avoit appris à battre
avec le valet pour faire la besongne quand le mareschal n'y estoit pas. Adonc elle se mit à faire
bon semblant à messire Jehan, ainsi que son mary l'avoit instruicte, lui donnant entendre que
le mareschal n'y pensoit point et que ce n'estoit
qu'une opinion qui lui avoit passé par l'entendement, et le vous asseura par de belles parolles,
luy disant : « Venez, venez demain au matin à
l'heure accoustumée, quand vous orrez qu'ilz
batteront à deux. » Messire Jehan la creut, le povre home ! Quand le matin fut venu, le mareschal dit à sa femme en la presence du valet : « Le-
vez-vous, et allez battre en ma place, car je me
trouve un peu mal. » Ce qu'elle fit, et se mist à la
forge avec ce valet. Incontinent que messire Jehan entendit battre à deux, il ne fut pas endormy ; il se leva avec sa grosse robe de nuict, entre par l'huys accoustumé et se vient coucher
auprès de ce mareschal, pensant estre auprès de
sa femme ; et parcequ'il y avoit longtemps qu'il
n'avoit donné ès gauffriers, il estoit lors tout prest
à bien faire, et ne fust pas si-tost au lict que de
prinsault il ne se ruast dessus ce mareschal, lequel le vous commença à serrer à deux belles
mains en luy disant : « Eh ! vertu bieu ! (pensez
que c'estoit par un D) messire Jehan, qui vous
ha icy faict venir ? Je vous avois tant dict que
vous ne me chevauchissiez point, et que j'estois
mauvaise beste, et vous n'en avez rien voulu

croire! » Le prebstre se vouloit deffaire; mais le mareschal le vous tenoit à deux bons bras, et se print à crier à son valet, qui estoit en bas, lequel monta incontinent et apporta du feu; et Dieu sçait comment monsieur le prebstre fut estrillé à beaux nerfs de bœuf, que le mareschal tenoit tous prestz et expressement pour battre à deux sur le dos de messire Jehan, à la recrue du maistre et du valet. Et, cependant, il n'osoit pas crier au secours, car le mareschal le menassoit de le mettre en la fournaise, pour ce qu'il aimoyt mieux endurer les coups que le feu. Encores en eut-il bon marché au pris de celuy qui eut les deux tesmoings enfermez au coffre et le feu allumé au derrière, tellement qu'il fut contrainct de se les coupper luy-mesme avec le rasoir qui luy avoit esté baillé en la main.

Nouvelle LXI.

De la sentence que donna le prevost de Bretaigne, lequel fit pendre Jehan Trubert et son fils.

Au pays de Bretaigne y eut un homme, entre aultres, qui ne valloit guères, nommé Jehan Trubert, lequel avoit faict plusieurs larrecins, pour lesquelz il avoit esté reprins assez de fois, et en avoit esté à l'une fois frotté, et l'aultre estrillé, qui estoit assez pour s'en souvenir. Toutefois, il y estoit si affriandé qu'il ne s'en pouvoit chastier; et mêmes il commençoit à apprendre le train à un filz qu'il avoit, de l'age de quinze à seize ans, et le menoit avecques luy en ses factions. Advint un jour que luy et son fils desrobèrent une jument à un riche païsant, lequel se doubta incontinent que ce avoit esté Jehan Trubert; dont il ne faillit à faire telle poursuite, qu'il se trouva par bons tesmoings que Jehan Trubert avoit mené vendre ceste jument à un marché qui avoit esté le mercredy de devant à cinq ou à six lieues de là. Jehan Trubert et son filz furent mis entre les mains du prevost des mareschaux[1], lequel Jehan Trubert ne tarda guères que son procès ne luy fust faict et son dicton signifié, qui portoit entre aultres ces motz : *Jehan Trubert, pour avoir prins, robé un grand jument, seroit pendu et estranglé, le petit ovecques luy;* et là dessus fit livrer Jehan Trubert et son filz à l'executeur de haulte justice, auquel il bailla son greffier, qui n'estoit pas des plus scientifiques du monde. Quant ce fut à faire l'execution, le bourreau pendit le père hault et court, et puis il demanda au greffier que c'est qu'il falloit faire de ce jeune gars. Le greffier va lire la sentence, et, après avoir bien examiné ces mots : « *le petit ovecques* », il dict au bourreau qu'il fist son office, ce qu'il fit, et pendit ce povre petit tout pendu et l'estrangla, qui estoit bien pis. L'execution ainsi faicte, le greffier s'en retourna au prevost, lequel lui va dire : « Et puis, Jehan Trubert? — Jehan Trubert, ce dit le greffier, seroit pendu. — Et le petit ? dit le prevost. — Par Dieu ! et le petit, dit le greffier. — Comment, tous les

---

[1]. Voy. ci-dessus la première note de la nouvelle XXVIII.

diables! dit le prevost, seroit pendu le petit? — Par Dieu! ouy, le petit, disoit le greffier. — Comment! dit le prevost, j'avois pas dict cela. » Et là dessus debattirent long-temps le prevost et le greffier; disant le greffier que la sentence portoit que le petit seroit pendu, et le prevost au contraire, lequel, après longs debatz, va dire: « Lisez la sentence. Par Dieu! je n'aurois pas entendu le petit que seroit pendu. » Le greffier luy va lire ceste sentence, et ces motz substantielz: *Jehan Trubert, pour avoir prins, robé un grand jument, seroit pendu et estranglé, le petit ovecques luy.* Par lesquelz motz: *ovecques luy*, le prevost vouloit dire que Jehan Trubert seroit pendu et que son filz seroit present pour veoir faire l'execution, affin de se chastier de faire mal par l'exemple de son père. Ce prevost vouloit explicquer ces motz; mais il estoit bien tard pour le povre petit, et le greffier, d'un autre costé, se deffendoit, disant que ces motz : *ovecques luy*, signifioyent que le petit debvoit estre pendu avec son père. A la fin, le prevost ne sçeut que dire, sinon que son greffier avoit raison ou cause de l'avoir, et dit seulement: « *Pien le petit, pien, seroit pendu.* Par Dieu! dit-il, seroit une belle deffaicte, que d'un jeune loup! » Voylà toute la recompense qu'eut le povre petit, excepté que le prevost le fit despendre, de peur qu'il en fust nouvelles.

Nouvelle LXII.

Du jeune garçon qui se nomma Thoinette, pour estre receu à une religion de nonnains; et comment il fit sauter les lunettes de l'abbesse qui le visitoit.

Il y avoit un jeune garson de l'age de dixsept à dixhuict ans, lequel, estant à un jour de feste entré en un convent de religieuses, en veid quatre ou cinq qui luy semblèrent fort belles et dont n'y avoit celle pour laquelle il n'eust trop volentiers rompu son jeusne; et les mit si bien en sa fantasie qu'il y pensoit à toutes heures. Un jour, comme il en parloit à quelque bon compaignon de sa cognoissance, ce compaignon luy dit: « Sçais-tu que tu feras? Tu es beau garson, habille-toy en fille et t'en va rendre à l'abbesse; elle te recepvra aisément; tu n'es point congneu en ce pays icy. » Car il estoit garson de mestier, et alloit et venoit par pays. Il creut assez facilement ce conseil, se pensant qu'en cela n'avoit aulcun danger qu'il n'evitast bien quant il voudroit. Il s'habille en fille assez povrement, et s'avisa de se nommer Thoinette. Dont de par Dieu s'en va au couvent de ces religieuses, où elle trouva façon de se faire veoir à l'abbesse, qui estoit fort vieille, et de bonne adventure n'avoit point de chambrière. Thoinette parle à l'abbesse et lui compta assez bien son cas, disant qu'elle estoit une povre orfeline d'un village de là auprès, qu'elle luy nomma. Et en effect parla si humblement que l'abbesse la trouva à son gré, et, par manière d'aumosne, la voulut retirer, luy disant que, pour quelques jours, elle estoit contente de la prendre, et que, s'elle vouloit estre bonne fille, qu'elle demeureroit là dedans. Thoinette fit bien la sage et suivit la bonne femme d'abbesse, à laquelle elle sceut fort bien complaire, et quant et quant se faire aymer à toutes les religieuses; et mesmes en moins de rien elle apprint à ouvrer de l'aiguille (car peut-estre qu'elle en sçavoit desjà quelque chose), dont l'abbesse fut si contente qu'elle la voulut incontinent faire nonne de là dedans. Quand elle eut l'habit, ce fut bien ce qu'elle demandoit, et commença à s'approcher fort près de celles qu'elle voyoit les plus belles, et, de privaulté en privaulté, elle fut mise à coucher avec l'une. Elle n'attendit pas la deuxième nuict que par honnestes et amyables jeux elle fit congnoistre à sa compagne qu'elle avoit le ventre cornu[1], luy faisant entendre que c'estoit par miracle et vouloir de Dieu. Pour abbreger, elle mit sa cheville au pertuys de sa compagne, et s'en trouvèrent bien et l'une et l'aultre; laquelle chose, en la bonne heure, il (dy-je elle) continua assez longuement, et non seulement avec celle-là, mais encores avec trois ou quatre des aultres desquelles elle s'accointa. Et quand une chose est venue à la congnoissance de trois ou quatre personnes, il est aisé que la cinquiesme le sçache, et puis la

---

1. On entend suffisamment ce que veut dire là cette expression. Je ne sais où je l'ai rencontrée dans le sens de *faire pieds neufs*. C'est par une fâcheuse erreur que j'ai renvoyé ici, note 1 de la page 27.

sixiesme; de mode qu'entre ces nonnes (y en ayant quelques unes de belles, et les aultres laydes, ausquelles Thoinette ne faisoit pas si grande familliarité qu'aux aultres, avec maintes aultres conjectures) il leur fut facile de penser je ne sçay pas quoy, et y firent tel guet qu'elles les congneurent assez certainement, et commencèrent à en murmurer si avant que l'abbesse en fut advertie; non pas qu'on luy dit que nommement ce fust sœur Thoinette, car elle l'avoit mise là dedans, et puis elle l'aymoit fort et ne l'eust pas bonnemeut creu; mais on luy disoit par parolles couvertes qu'elle ne se fiast pas en l'habit et que toutes celles de leans n'estoyent pas si bonnes qu'elle pensoit bien, et qu'il y en avoit quelqu'une d'entre elles qui faisoit deshonneur à la religion et qui gastoit les religieuses. Mais, quand elle demandoit qui c'estoit et que c'estoit, elles respondoyent que, s'elle les vouloit faire despouiller, elle le congnoistroit. L'abbesse, esbahie de ceste nouvelle, en voulut sçavoir la verité au premier jour, et, pour ce faire, fit venir toutes les religieuses en chapitre. Sœur Thoinette estant advertie par ses mieulx aimées de l'intention de l'abbesse, qui estoit de les visiter toutes nues, attacha sa cheville par le bout avec un fillet qu'elle tira par derrière, et accoustre si bien son petit cas qu'elle sembloit avoir le ventre fendu comme les aultres à qui n'y eust regardé de bien près, se pensant que l'abbesse, qui ne voyoit pas la longueur de son nez, ne le sçauroit jamais congnoistre. Les nonnes comparurent toutes. L'abbesse leur feit sa remonstrance et leur dit pourquoy elle les avoit assemblées, et leur commanda qu'elles eussent à se despouiller toutes nues. Elle prend ses lunettes pour faire sa reveue, et, en les visitant les unes après les aultres, il vint au reng de sœur Thoinette, laquelle, voyant ces nonnes toutes nues, fraisches, blanches, refaictes, rebondies, elle ne peut estre maistresse de ceste cheville qu'il ne se fist mauvais jeu. Car, sus le poinct que l'abbesse avoit les yeux le plus près, la corde vint rompre, et, en desbandant tout à un coup, la cheville vint repousser contre les lunettes de l'abbesse et les fit saulter à deux grandz pas loing. Dont la povre abbesse fut si surprinse qu'elle s'ecria : « *Jesu Maria !* Ah ! sans faulte, dit-elle, et est-ce vous ! Mais qui l'eust jamais cuidé estre ainsi ! Que vous m'avez abusée ! » Toutesfois, qu'i eust-elle faict, sinon qu'il fallut y remedier par patience, car elle n'eust pas voulu scandalizer la religion ? Sœur Thoinette eut congé de s'en aller avec promesse de sauver l'honneur des filles religieuses.

Nouvelle LXIII.

Du regent qui combatit une harangère du Petit Pont à belles injures.

Un martinet s'en alla un jour de caresme sus le Petit Pont et s'addressa à une harangère pour marchander de la moulue ; mais, de ce qu'elle luy fit deux liards, il n'en offrit qu'un, dont ceste harangère

se fascha et l'appella injure [1], en luy disant :
« Va, va, Joannes [2] ! porte ton liard aux tripes. »
Ce martinet, se voyant ainsi oultragé en sa presence, la menasse de le dire à son regent. « Et va, marmiton ! dit-elle, va le luy dire, et que je te revoye icy, toy et luy ! » Ce martinet ne faillit pas à s'en aller tout droit à son regent, qui estoit bon frippon, et luy dit : « *Per diem* [3], *Domine !* il y

1. La Monnoye annote ainsi ce mot : *Appeler injure*, pour chanter injure, est une façon de parler inconnue, mais qui néanmoins tient un peu de *parler procès*, parler *Balzac*, etc. Je crois tout simplement que l'adjectif est mis pour l'adverbe, et qu'on doit lire « et l'appela injurieusement. »

2. Ce nom, qu'on rencontrera quelquefois dans le courant de ces contes, étoit généralement donné aux valets de collège. Cependant il y avoit quelques exceptions en faveur des écoliers. Voy. les *Contes d'Eutrapel*, t. 1, p. 165. « Le nom de Jean, dit La Monnoye, respectable dans son origine, est devenu méprisable dans la suite pour avoir été trop commun. Voyez le Capitolo du Casa sur son nom *Giovanni*, dont il paroissoit fort malcontent. En Italie, *fare il Zanni*, c'est faire le bouffon bergamasque sur le theatre ; ce que les praticiens de ce pays-là, dans les actes qu'ils expedient en latin, expriment par *facere Joannem*, parceque *Zanni*, en bergamasque, c'est Jean. Les Espagnols ont aussi dans leurs farces *un bobo*, c'est-à-dire un benest, qu'ils appellent Bobo Juan. En françois un Jean, un Joannes, un Jannin, est celui dont la femme se gouverne mal. » Voici le *Capitolo* de Jean de La Case, dont La Monnoye vient de parler :

« *S'io havessi manco quindici a vent'anni,*
Messer Gandolfo, i mi sbattezzerei,
Per non haver mai più nome Giovanni. »

Ajoutons que notre Sganarelle n'est autre que le Zanni bergamasque, et l'un est bien évidemment le dérivé de l'autre.

3. Jurement déguisé, comme les dérivés françois : *Pardi, pargué, parbieu, parbleu.*

ha la plus faulse vieille sus le Petit Pont ; je voulois achepter de la moulue, elle m'ha appellé *Johannes*. — Et qui est-elle ? dit le regent ; la me montreras-tu bien ? — *Ita, Domine*, dit l'escollier ; et encore m'ha-elle dict que, si vous y alliez, qu'elle vous renvoyeroit bien. — Laisse faire, dit le regent ; *per Dies*[1] *!* elle en aura. » Ce regent se pensa bien que pour aller vers une telle dame, qu'il ne falloit pas estre despourveu, et que la meilleure provision qu'il pouvoit faire, c'estoit de belles et gentilles injures, mais qu'il luy en diroit tant qu'il la mettroit *ad metam non loqui* ; et en peu de temps il donna ordre d'amasser toutes les injures dont il se peut adviser, y employant encores ses compagnons, lesquelz en composèrent tant en choppinant, qu'il leur sembla qu'il y en avoit assez. Ce regent en fit deux grands rolletz et en estudia un par cueur ; l'autre, il le met en sa manche pour le secourir au besoing si le premier luy failloit. Quand il eut bien estudié ses injures, il appella ce martinet pour le venir conduire jusques au Petit Pont et lui monstrer ceste harangère, et print encores quelques aultres galochers avec luy, lesquelz, *in primis et ante omnia*, il mena boire à la Mule ; et quand ilz eurent bien choppiné ilz s'en vont. Ilz ne furent pas si tost sus le Petit Pont que la harangère ne recongneust bien ce martinet, et quand elle les veid ainsi en trouppe, elle congneut à qui ilz en vouloyent. « Ah ! voy-les là ! dit-elle ; voy-les là, les gourmands ! l'escole

---

1. L'ecolier n'avoit juré que *per diem*, le regent, croyant, comme La Roche Thomas, que le pluriel avoit plus de force, jure *per dies*. (L. M.)

est effondrée. » Le regent s'approche d'elle et luy vient heurter le bacquet où elle tenoit ses harens en disant : « Et que fault-il à ceste vieille dampnée ? — Oh le clerice ! dit la vieille ; es-tu venu assez tost pour te prendre à moy ? — Qui m'ha baillé ceste vieille macquerelle ? dit le regent. Par la lumière ! c'est à toy voyrement à qui j'en veulx. » Et, en disant cela, il se plante devant elle comme voulant escrimer à beaux coups de langue. La harangère, se voyant deffiée : « Mercy Dieu ! dit-elle ; tu en veulx donc avoir, magister crotté¹ ? Allons, allons par ordre, gros baudet, et tu verras comment je t'accoustrerai. Parle, c'est à toy. — Allez, vieille sempiterneuse ! dit le regent. — Va, ruffien ! — Allez, villaine ! — Va, maraud ! » Incontinent qu'ilz furent en train, je m'en vins, car j'avois affaire ailleurs. Mais j'ay bien ouy dire à ceulx qui en sçavoyent quelque chose que les deux personnages combatirent vaillamment et s'entredirent chascun une centaine de bonnes et fortes injures d'arrachepied ; mais il advint au regent d'en dire une deux foys, car on dit qu'il l'appela villaine pour la seconde foys. Mais la harangère luy en feit bien souvenir. « Mercy Dieu ! dit-elle, tu l'as dejà dict, filz de putain que tu es. — Et bien ! bien ! dit le regent, n'es-tu pas bien villaine deux foys, voyre trois ? — Tu as menty, crapault infaict² ! » Il fault croire

---

1. Au XVIIIe siècle, le mot de *crotté* est entré dans les qualifications injurieuses dont on accabloit les jésuites. C'étoit l'héritage que leur avoient légué les pauvres élèves de l'Université, connus dans toute l'Europe sous le surnom de *Crottés*.

2. Cette injure étoit familière à cette époque ; on la re-

que le champion et la championne furent tout un
temps à se battre si vertueusement que ceulx qui
les regardoyent ne sçavoyent qui devoit avoir du
meilleur. Mais à la fin le regent, estant au bout
de son premier rollet, va tirer l'autre de sa manche, lequel il ne sçavoit pas par cueur comme
l'aultre, et pour ce il se troubla un petit, voyant
que la harangère ne faisoit que se mettre en train,
et se va mettre à lire ce qui estoit dedans, qui
estoyent injures collegiales, et luy vouloit despescher tout d'une traicte pour penser estonner
la vieille en luy disant : « Alecto, Megera, The-
siphone, detestable, exsecrable, infande, abomi-
nable ! » Mais la harangère le va interrompre :
« Ha ! mercy Dieu ! dit-elle, tu ne sçais plus où
tu en es; parle bon françoys, je te respondray
bien, grand niaiz ! parle bon françoys. Ah ! tu ap-
portes un rollet ! Va estudier, maistre Jean ! va,
tu ne sçais pas ta leçon ! » Et, comme à un chien,
la déesse abbaye ², et toutes ces harangères se
mettent à crier sus luy et le presser tellement
qu'il n'eut rien meilleur que se sauver de vitesse,
car il eust esté accablé, le povre homme. Et pour
certain il ha esté trouvé que, quand il eust eu un
calepin, un vocabulaire, un dictionnaire, un
promptuaire, un tresor d'injures, il n'eust pas eu
le dernier de cette diablesse. Par ainsi, il s'en alla

trouve dans la *Chanson sur le massacre de Vassy*, réimprimée
par M. Le Roux de Lincy (*Chants hist.*, t. 2, p. 267).

« *Les huguenaux,*
Infaits crapaux ! »

1. Var. : *Et là-dessus comme à un chien abbaye.*

mettre en franchise au collège de Montaigu¹, courant tout d'une allenée, sans regarder derrière soy².

Nouvelle LXIV.

De l'enfant de Paris qui fit le fol pour jouyr de la jeune vefve, et comment elle, se voulant railler de luy, receut une plus grande honte.

Un enfant de Paris d'assez bonne maison, jeune, dispos, et qui se tenoit propre de sa personne, estoit amoureulx d'une femme vefve bien jolie et qui estoit fort contente de se veoir aymée, donnant tousjours quelques nouveaux attraitz à ceulx qui la regardoyent, et prenant plaisir à faire l'anatomie des cueurs des jeunes gens ; mais elle ne faisoit compte sinon de ceulx que bon lui sembloit, et encores des moins dignes, et par sus

---

1. Collége de Paris situé sur le mont Saint-Hilaire, fondé en 1314 par Gilles Aiscelin, archevêque de Rouen. On y élevoit bien maigrement de pauvres écoliers, ce qui lui valut le surnom de *collége des haricots*. Voir une partie de son histoire, racontée spirituellement par M. E. Fournier dans son *Paris démoli*, p. 71-85.
2. Ici le régent est obligé de céder à la harangère ; mais, dans le petit livre macaronique imprimé à Genéve, in-8, 1556, et intitulé *Censura Theolog. Paris. in Rob. Cœnalem*, p. 68, on voit un exemple tout contraire d'un pédant qui, ayant d'abord eu la patience de laisser cracher à ses harengères tout leur venin, prit son temps de leur chanter pouilles

tous elle vous sçavoit mener ce jeune homme dont nous parlons de telle ruse qu'elle sembloit tout vouloir faire pour luy. Il parloit à elle seul à seule; il manioit le tetin et baisoit, voire et touchoit bien souvent à la chair, mais il n'en tastoit point, tellement qu'il mouroit tout en vie auprès d'elle. Il la prioit, il la conjuroit, il luy presentoit, mais n'en pouvoit rien avoir, fors qu'une foys, ainsi comme ilz devisoient ensemble en privé et qu'il luy comptoit bien expressement son cas, elle luy va dire : « Non, je n'en feray rien, si vous ne me baisez derrière », disant le mot tout oultre, mais pensant en elle qu'il ne le feroit jamais. Le jeune homme fut fort honteux de ce mot; toutesfoys, luy qui avoit essayé tant de moyens, se pensa qu'il feroit encores cela, et qu'aussi bien personne n'en sauroit rien, et luy respondit, s'il ne tenoit qu'à cela pour luy complaire, qu'il n'en feroit point de difficulté. La dame, estant prinse au mot, l'y print aussi et se feit baiser le derrière sans fueille. Mais, quand ce fut à donner sus le devant, point de nouvelles; elle ne fit que se rire de luy et luy dire les plus grandes mocqueries du monde, dont il cuyda desesperer,

---

lorsqu'elles étoient epuisées et n'en pouvoient plus; et, victorieux (dit l'auteur, que je crois être Beze), *reportavit unum bonum bombycinum de Satino, pro quo deposuerat nisi ipsas vinceret.* (L. M.) Et La Monnoye ne donne pas tort à ce petit livre! Des harengères se tenir pour battues! Leur dernier argument, nous n'en doutons pas, étoit d'imiter certaines lavandières. « Quand elles sont *à quia*, dit Noël du Fail, et au bout du rollet de leurs injures actives et passives, elles n'ont d'autre recours de garantie qu'à se montrer et trousser leur derrière à partie adverse. » (*Contes d'Eutrapel*, éd. 1732, t. 2, p. 167.)

et s'en departit le plus fasché que fut jamais homme, sans toutesfois se pouvoir departir d'alentour d'elle, fors qu'il s'absenta pour quelque temps, de honte qu'il avoit de se trouver non seullement devant elle, mais devant les gens, comme si tout le monde eust deu congnoistre ce qu'il luy estoit advenu. Une fois il s'adressa à une vieille qui congnoissoit bien la jeune dame, et luy dit sus le propos de son affaire : « Vien çà. N'est-il pas possible que j'aye cette femme-là ? Ne saurois-tu inventer quelque bon moyen pour me tirer de la peine où je suis ? Asseure-toy, si tu la me veux mettre en main, que je te donneray la meilleure robe que tu vestis de ta vie. » La vieille l'en reconforta et luy promit d'y faire tout ce qu'elle pourroit, luy disant que s'il y avoit femme en Paris qui en vint à bout, qu'elle en estoit une. Et de faict elle y fit ses efforts, qui estoyent bons et grans; mais la vefve, qui estoit fine, sentant que c'estoit pour ce jeune homme, n'y voulut entendre en sorte quelconque, peult-estre l'esperant avoir en mariage, ou pour quelque aultre respect qu'elle se reservoit : car les rusées ont celle façon de tenir tousjours quelqu'un des poursuivantz en langueur pour faire couverture à la jouissance qu'elles donnent aux aultres. Tant y ha que la vieille n'y sceut rien faire et s'en retourna à ce jeune homme, luy disant qu'elle y avoit mis toutes les herbes de la Sainct-Jean[1], mais dit qu'il n'y avoit ordre, sinon qu'à son

---

1. Les bonnes gens attribuent des vertus merveilleuses aux herbes cueillies la veille de la Saint-Jean. (L. M.) Je n'interprète pas ainsi ce passage. A la Saint-Jean, le plus grand nombre de plantes officinales est arrivé à l'état de ma-

advis, s'il vouloit se desguiser, comme s'habiller
en povre et aller demander l'aumosne à la porte
de sa dame, qu'il en pourroit jouir. Il trouva cela
faisable. « Mais quel moyen me faudra-il tenir ?
disoit-il. — Sçavez vous qu'il fault vous faire ?
dit la vielle; il fault que vous vous barbouilliez
le visage, de peur qu'elle vous congnoisse, et
puis que vous faciez le fol, car elle est merveilleusement fine. — Et comment feray-je le fol ?
dit le jeune homme. — Que sçay-je, moi ? dit-
elle. Il fault tousjours rire et dire le premier mot
que vous adviserez, et ne dire que cela, quelque
chose qu'on vous demande. — Je feray bien ainsi. »
Et advisèrent la vieille et luy qu'il riroit tousjours et ne parleroit que de formage. Il s'habille
en gueux et s'en va à la porte de sa dame à une
heure du soir que tout le monde commençoit à se
retirer ; et faisoit assez froid, combien que ce fut
après Pasques. Quand il fut à la porte, il commença à crier assez hault en riant : « Ha ! ha ! formage ! » jusques à deux ou troiz foys, et puis il se
pausoit un petit, recommençoit son : « Ha ! ha ! formage ! » Tant que la vefve, qui avoit sa chambre
sus la rue, l'entendit et y envoya sa chambrière
pour sçavoir qui il estoit et qu'il vouloit ; mais il
ne respondit jamais, sinon : « Ha, ha, formage ! »
La chambrière s'en retourne à la dame et luy dit :
« Mon Dieu ! ma maistresse, c'est un povre garson
qui est fol ; il ne fait que rire et ne parle que de
formage. » La dame voulut sçavoir que c'estoit, et

turité et peut être recueilli, ce qui a donné lieu au proverbe.
N'oublions pas d'ajouter que dans différentes villes du Midi,
entre autres à Marseille, la vente des plantes médicinales a
lieu le jour de la Saint-Jean.

descend, et parle à luy : « Qui estes-vous, mon amy ? » Et ne luy dit aultre chose que : « Ha ! ha ! formage ! — Voulez-vous du fromage ? dit-elle. — Ha ! ha ! formage — Voulez-vous du pain ? — Ha ! ha ! formage ! — Allez-vous-en, mon amy; retirez-vous. — Ha ! ha ! formage ! » La dame, le voyant ainsi idiot : « Perrette, il mourra de froit ceste nuict; il le fault faire entrer, il se chauffera. — Mananda, dit-elle; c'est bien dict, Madame. Entrez, mon amy, entrez; vous vous chaufferez. — Ha ! ha ! formage ! disoit-il. » Et entra ce pendant en riant et de bouche et de cœur, car il pensa que son cas commençoit à se porter bien. Il s'approcha du feu, là où il monstroit ses cuisses à descouvert, charnues et refaictes, que la dame et la chambrière regardoyent d'aguignettes. Elles l'interrogeoyent s'il vouloit boire ou manger; mais il ne disoit que : « Ha ! ha ! formage ! » L'heure vint de se coucher. La dame, en se deshabillant, disoit à sa chambrière : « Perrette, il est beau garson; c'est dommage dequoy il est ainsi fol. — Mananda, disoit la garse, c'est mon, Madame; il est nect comme une perle. — Mais si nous le mettions coucher en nostre lict, dit la dame; à ton advis ? » La chambrière se print à rire. « Et pourquoy non ? Il n'ha garde de nous déceler s'il ne sçait dire aultre chose. » Somme, elles le font deshabiller, et n'eut point besoin de chemise blanche, car la sienne n'estoit point salle, sinon par advanture deschirée, et le firent coucher gentiment entr'elles deux. Et mon homme dessus sa dame : « Et à ce cul, et vous en aurez. » La chambrière en eut bien quelque coup; mais il monstra bien que c'estoit à la dame à qui il en vouloit; et cependant n'oublioit jamais son : « Ha! ha! formage! » Le lendemain, elles le mirent dehors de bon matin, et s'en va vie; et depuis il continua assez de fois à y retourner pour le pris, dont il se trouva fort bien, et ne se fit oncq congnoistre, par le conseil de la vieille. De jour, il reprenoit ses habits ordinaires et se trouvoit auprès de sa dame, devisant avec elle à la mode accoustumée, la poursuivant comme devant, sans faire aultre semblant nouveau. Le mois de may vint, pour lequel ce jeune homme se voulut habiller d'un pourpoinct verd, disant à sa dame que c'estoit pour l'amour d'elle, ce qu'elle trouva fort bon, et luy dit que, en faveur de cela, elle le mettroit en bonne compagnie de dames le premier jour qu'il viendroit à propos. Estant en cet estat, se trouva en une compagnie de dames, entre lesquelles estoit la sienne, et aussi y estoyent d'aultres jeunes gens, lesquelz estoyent en un jardin, assis en rond, hommes et femmes entremeslez un pour une ; et ce jeune homme estoit auprès de sa dame. Il fut question de faire des jeux de recreation, par l'advis mesmes de la jeune vefve, laquelle estoit femme inventive et de bon esprit; et avoit d'assez longue main pensé en soymesme par quel moyen elle se gaudiroit de son jeune homme, qu'elle cuidoit bien avoir trompé à ceste fois-là : car elle ordonna un jeu que chacun eust à dire quelque brief mot d'amour, ou d'aultre chose gentille, selon ce qu'il luy conviendroit le mieulx, et que luy viendroit en fantasie, ce qu'ils firent tous et toutes en leur reng. Quand il toucha à la vefve à parler, elle vint dire d'une grace affaittée ce qu'elle avoit premédité dès le paravant :

> *Que diriez-vous d'un verd vestu*
> *Qui ha baisé sa dame au cu*
>   *En luy faisant hommage ?*

Chacun jetta les yeux sur ce jeune homme, car il fut aysé à congnoistre que cela s'adressoit à luy ; mais il ne fut pas pourtant fort esgaré. Ainçois, tout remply d'une fureur poeticque, vint respondre promptement à la dame :

> *Que diriez-vous d'un verd vestu*
> *Qui ha damé sur vostre cul,*
>   *Disant*[1] *: Ha ! ha ! formage ?*

Si la dame fut bien peneuse, il ne le fault point demander, car, quelque rusée qu'elle fust, ce luy fut force de changer de couleur et de contenance, laquelle se rendit assez coulpable devant toute l'assistance, dont le jeune homme se trouva vengé d'elle à un bon coup de toutes les cautelles du temps passé. Cest exemple est notable pour les femmes moqueuses et qui font trop les difficilles et les asseurées, lesquelles le plus souvent se trouvent attrappées à leur grand honte. Car les dieux envoyent leur aide et faveur aux amoureulx qui ont bon cœur, comme il se peult veoir de ce jeune homme, auquel Phebus donna l'esprit poeticque pour respondre promptement, en se deffendant, contre le blason que sa dame avoit si finement et deliberement songé contre luy.

1. VAR. : *En disant.*

Nouvelle LXV.

*De l'escollier d'Avignon et de la vieille qui le print
à partie.*

Il y avoit en Avignon une bande d'escolliers qui s'esbattoyent à la longue boulle hors les murailles de la ville, l'un desquelz, en faisant son coup, faillit à bouller droict et envoya sa boulle dedans un jardin. Il trouva façon de saulter par dessus le mur pour l'aller chercher. Quand il fut saulté, il trouva au jardin une vieille qui plantoit des choux, laquelle se print incontinent à crier sus luy : « Et que diable venez-vous faire icy ? Vous me venez desrober mes mellons. » Mais l'escollier ne s'en soucioit pas, cherchant tousjours sa boulle, en luy disant seulement : « Paix, vieille dampnée ! » La vieille commença à luy dire mille maux[1]. Quand l'escollier la veid ainsi entrer en injures, pour en avoir son passe temps, il luy va parler le premier langage dont il s'advisa en luy disant : « *Cum animadverterem quam plurimos homines*[2] », en luy faisant signes de menasses pour la faire encores mieulx batailler. Et la vieille de crier,

---

1. Pour *maudissons*, malédictions, dit M. P. Lacroix. Ne seroit-ce pas plutôt : à lui souhaiter mille maux ?

2. Ce sont les premiers mots des fameux *distiques* de Caton. Les autres phrases latines qu'on trouvera dans la suite de cette Nouvelle sont extraites du même livre. V. ci-dessus la première note de la Nouvelle XL.

mais c'estoit en son avignonnois : « O ! ce meschant, ce volleur, qui saulte par dessus les murailles ! » L'escollier continuoit à luy dire ces beaux preceptes de Caton : « *Parentes ama.* — Allez de par le diable ! disoit la vieille à l'escollier ; que le lansi vous esclatte ! — Et l'escollier : *Cognatos cole* — Ouy, ouy, à l'escolle, de par le diable ! — Et l'escollier : *Cum bonis ambula.* — Je n'ay que faire de ta boulle, disoit-elle ; que maugré n'aie bieu de toy ! Tu parle italien, je t'entens bien. — Et voire, voire, dit l'escollier : *Foro te para.* » Mais, s'il l'eust voulu entretenir, il eust fallut dire tout son Caton, tout son *quos decet*[1], encores n'en eust-il pas eu le bout. Mais il s'en vint achever sa partie.

NOUVELLE LXVI.

D'un juge d'Aiguesmortes, d'un pasquin et du concile de Latran.

En la ville d'Aiguesmortes y avoit un juge nommé *De Alta domo*[2], lequel avoit un cerveau faict comme de cire[3], et donnoit en son siège des appointemens tous cornus ; hors son siège faisoit des discours de mesmes. Advint un jour qu'il entra en

---

1. Premiers mots d'une sorte de Civilité puérile et honnête, à l'usage des enfants, écrite en vers latins par Sulpice de Veroli au XVIe siècle. Son véritable titre étoit : *De moribus in mensa servandis*. On en connoît des traductions.
2. De Hautmanoir.
3. Voyez ci-dessus une note de la Nouvelle XXIII.

dispute d'un passage de la Bible avec un bon aposte qui estoit bien ayse de faire batteler monsieur le juge. Le different estoit assavoir mon si, de toutes les bestes qui sont aujourd'huy au monde, y en avoit deux de chascune en l'arche de Noé. L'un disoit qu'il n'y avoit point de souris, et qu'elles s'engendrent de pourriture, ainsi que depuis ha bien confermé maistre Jehan Buter[1], de l'ordre de S. Anthoine en Dauphiné, en son traicté *De Arca Noe*. L'aultre disoit qu'il n'y avoit qu'un lièvre, et que la femelle eschappa à Noé et se perdit en l'eau ; et pour cela que le masle porte comme la femelle[2]. L'un disoit de l'un, l'aultre de l'aultre. Mais à la fin monsieur le juge, qui vouloit tousjours avoir du bon, se faschoit que ce bon marchand tint ainsi fort contre luy, auquel il va dire : « Vous ne sçavez de quoy vous parlez. Où l'avez-vous veu ? — Où je l'ay veu ! dit l'aultre ; il est escript en Genèse. — Genèse ! dit le juge ; vraiment, vous me la baillez belle ! C'est un griffon griffault[3] ; il demeure à Nismes : je le congnois bien. Il n'y entend rien, ne vous avec[4]. » Et de fait y avoit un

1. VAR., *Butet*, *Buteo*. Cette dernière version est la meilleure. Buteo estoit le nom latin de Jean de Bolton, l'auteur de plusieurs ouvrages d'une érudition fort contestable ; celui dont il est question dans cet endroit fut imprimé à Lyon en 1554, in-4.

2. Ce passage nous rappelle certaine réponse à l'antipape Benoît XIII. Celui-ci, défendant ses droits, disoit : « C'est ici l'arche de Noé ! — En vérité, lui répondit-on, il y avoit bien des bêtes dans l'arche ! »

3. Lisez *griffant* et voy. ci-dessus une note de la Nouvelle V.

4. Ce juge est le prototype de celui que Furetière a si comiquement mis en scène dans son *Roman bourgeois*.

greffier à Nismes qui s'appelloit Genèse ; et le povre juge pensoit que ce fust celuy dont l'aultre entendoit. Il fault dire qu'il sçavoit toute la Bible par cueur, fors le commencement, le milieu et la fin. Il sembloit quasi à celuy que l'on dit que devant le roy Françoys, ainsi qu'on parloit d'un pasquin qui avoit esté nouvellement faict à Rome, voulant aussi en dire sa ratelée, dit au roy : « Sire, je l'ay bien veu, Pasquin ; c'est un des plus galans hommes du monde. » Adoncq le roy, qui s'apperceut bien de l'humeur de l'homme, luy va dire : « Vous l'avez veu ? Où l'avez-vous veu ? — Sire, dit-il, je le veis dernierement à Rome qu'il estoit bien en ordre. Il portoit une cappe à l'espagnole bendée de velours, et une chaîne au col d'un quatre-vingts ou cent escus [1], et avoit deux valetz après luy. Mais c'estoit l'homme du monde qui rencontroit le mieulx et estoit tousjours avec ces cardinaulx. — Allez ! allez ! dit le roy, allez querir les platz ; vous avez envie de m'entrettenir. » C'estoit encores un bon homme qui estoit produit pour tesmoing en une matière beneficiale où il estoit question d'une certaine decision du concile de Latran [2]. Le juge disoit à ce bon homme : « Venez çà, mon amy ; sçavez-vous bien de quoy nous parlons ? — Ouy,

---

1. Cette façon de parler ne nous semble point extraordinaire comme à La Monnoye. M. Paul Lacroix y voit une erreur de copiste et propose cette leçon : *Du prix ou du poids de 80 ou 100 écus.* Pourquoi altérer le texte si clair de Des Périers ? Une chaîne d'un quatre-vingt ou d'une *quatre-vingtaine* d'écus, d'un cent ou d'une centaine d'écus, cela n'est-il pas bien compréhensible ?

2. Cinquième concile de Latran, pendant lequel on approuva la révocation de la pragmatique (1517).

Monsieur ; vous parlez du concile de Latran. Je l'ay assez veu de fois ; il avoit un grand chapeau rouge et estoit tousjours ceinct, et portoit voulentiers une grande gibecière de velours cramoysy. Et si ay bien encore congneu sa femme, ma dame la Pragmatique[1]. » Voilà ce qu'il en sembloit au bon homme ; je ne sçay pas si vous m'en croyez, mais il n'est pas damné qui ne le croit.

Nouvelle LXVII.

Des gensdarmes qui estoyent chez la bonne femme de village.

Au temps que les soudars vivoyent sus le bon homme, ilz vivoyent aussi sus la bonne femme, car il en passa une bande par un village, là où ilz ne faisoyent pas mieulx que ceulx du proverbe qui dit : « Un advocat en une ligne, un noyer en une vigne, un pourceau en un blé, une taulpe en un pré et un sergent en un bourg, c'est pour achever de gaster tout. » Car ilz pilloyent, ilz ruinoyent, ilz destruisoyent tout. Il y en avoit deux, ou trois, ou quatre, je ne sçay combien, chez une bonne femme, lesquelz luy mettoyent tout par escuelles ; et comme ils mangeoyent ses poulles, qu'ilz luy avoyent tuées, elle faisoit une chière pitrasse, disant la patenostre du singe. Mais ces gensdarmes faisoyent les galans en disant à la vieille : « Ah !

---

1. V. Rabelais, l. 3, ch. 39.

ah! bonne femme de Meudon, vous vous en allez mourir; avez-vous regret en vos poulles? Sus, sus, faites bonne chère; dites après moy : Au diable soit chicheté! Direz-vous? » La bonne femme, toute maudolente, luy dit : « Au diable soit le dechiqueté! » Elle avoit bien raison, car,

>*Depuis que decrets eurent alles* [1]
>*Et gensdarmes portèrent malles,*
>*Moines allèrent à cheval,*
>*Toutes choses allèrent mal* [2].

1. Mauvais jeu de mot sur les décrétales.
2. Rabelais appelle ces quatre vers *petits quolibets des hérétiques nouveaux*. Assurément c'étoit tirer petite vengeance des désordres de la soldatesque de ces temps. Lorsqu'il fut défendu aux gens d'armes *de vivre sur la bonne femme*, ils poussèrent de belles plaintes, et rimées comme les autres :

>« *Quant m'y souvient de la poulaille*
>*Que mangier soulions sur les champs,*
>*En vuydant barris et boteille,*
>*En nous y donnant du bon temps,*
>*Et nostre hoste allions batant*
>*Quant ne nous donnoit de bon vin!*
>*Cher nous est vendu maintenant :*
>*Manger il nous faut du biscuit.* »
>   (Le Roux de Lincy, *Recueil de chants historiques*, p. 54.)

Nouvelle LXVIII.

De maistre Berthaud, à qui on fit accroire qu'il estoit mort.

Jadis en la ville de Rouen, je ne sçay doncq où c'estoit, y eut un homme qui servoit de passe-temps à tous allans et venans, quand on le sçavoit gouverner, cela s'entend. Il s'en alloit par les rues tantost habillé en marinier, tantost en magister, tantost en cueilleur de prunes, et tousjours en fol; et l'appeloit-on maistre Berthaud. C'estoit possible celuy qui comptoit vingt et onze, et estoit fier de ce nom de maistre comme un asne d'un bast neuf; et qui eust failly à l'appeller, on n'en eust point tiré de plaisir; mais en luy disant : « Maistre Berthaud », vous l'eussiez fait passer par le trou au chat [1]. Et ce qui le faisoit ainsi niaiz fol, c'estoit que quelques bons maistres de mestier l'avoyent veillé onze nuicts tout de suyte, luy fichans de grosses espingles dedans les fesses [2]

---

1. Ce qu'on appelle chatière.
2. En Italie c'étoit l'un des moindres tourments que les étudiants faisoient subir à leurs professeurs. Le cardinal Du Perron disoit : « J'aimerois mieux être professeur du roi de France avec 300 écus qu'en Italie avec 800, car en Italie les professeurs sont esclaves des écoliers, et, lorsque M. le docteur est en chaire, s'il prend un avertin aux écoliers, ils lui feront mille indignitez, luy jetteront leur pantoufle à la tête *et lui ficheront des pointes dans les fesses*, ce qu'il est contraint d'endurer. » (*Recueil manuscrit de Conrart*, à l'Arsenal, Collection in-4, t. 4, p. 454.)

pour le garder de dormir, qui est la vraye recepte de faire devenir un homme parfaict en la science de follie, par becarre et par bemol[1]. Vray est qu'il fault qu'il y ait de la nature, comme pensez qu'il y avoit en maistre Berthaud. Or est-il qu'il tomba un jour entre les mains de quelques gens de bien qui le menèrent aux champs, lesquelz, par les chemins, après en avoir prins le plus de passe-temps qu'ils peurent, luy commencèrent à faire accroire qu'il estoit malade, et le firent confesser par un qui fit le prebstre, luy firent faire son testament, et en fin luy donnèrent à entendre qu'il estoit mort, et le creut par ce principalement qu'en l'ensevelissant ilz disoyent : « Hé ! le povre maistre Berthaud, il est mort. Jamais nous ne le verrons ; helas ! non. » Et le meirent en une charrette qui revenoit de la ville, chantans tousjours *Libera me domine* sur le corps de maistre Berthaud, qui faisoit le mort au meilleur escient qu'il eust. Mais il y en avoit quelques uns d'entr'eux qui luy faisoyent bien sentir qu'il estoit vif, car ilz luy picquoyent les fesses avecq des espingles, comme nous disions tantost ; dont il n'osoit pourtant faire semblant, de peur de n'estre pas mort ; et mesme luy faschoit bien quelquefoys de retirer un peu la cuisse, quand il sentoit les coups de poincte. Mais à la fin, il y en eut un qui le picqua bien si fort qu'il n'en peult plus endurer, et fut contrainct de lever la teste, en disant tout en colère au premier qu'il regarda : « Par Dieu,

[1]. Quand on dit qu'un homme est *fou par bémol et par bécarre*, on entend qu'il l'est par nature, parceque, dans les termes de l'ancienne gamme, *chanter par nature* c'est passer de bémol en bécarre par nature. (L. M.)

meschant, si j'estois vif aussi bien comme je suis mort, je te tueroys tout à ceste heure. » Et tout soudain se remit à faire le mort, et ne se resveilla plus pour chose qu'on luy fist, jusques à tant que quelqu'un vint dire : « Ha! le povre Berthaud qui est mort. » Alors mon homme se leva. « Vous en avez menty, dit-il; il y a bien du maistre pour vous. Or sus, je ne suis pas mort, pour despit. » Voilà comment maistre Berthaud ressuscita, pour ce qu'on ne l'appelloit pas maistre.

Il se fait un aultre compte d'un maistre Jourdain, mais qui s'estimoit un peu plus habile que celuy-cy, combien qu'il n'y eust guères à dire. Il y eut quelque crocheteur, en portant ses faiz par ville, qui le heurta assez indiscrettement, c'est-à-dire assez lourdement, et puis il luy dit gare; il estoit temps ou jamais; auquel maistre Jourdain va dire : « Viença, pourquoy fais-tu cela, ange de grève? Par Dieu, si je n'estois philosophe, je te romprois la teste, gros sot que tu es. » Tous deux en tenoyent : vray est que l'un estoit fol, et l'aultre philofole [1].

1. VAR. : *philosophe.*

Nouvelle LXIX.

Du Poytevin qui enseigne le chemin aux passans.

Il y ha beaucoup de manières de s'exercer à la patience, comme font les femmes qui tencent un valet qui caquette, ou qui gronde, ou qui n'oyt goutte, et qui vous apporte des pantouffles quand vous demandez vostre espée, ou vostre bonnet en lieu de vostre ceinture, et pare[1] un boys verd dedans un feu quand vous mourez de froit, là où il fault brusler toute la paille du lict avant qu'il s'allume; un cheval encloué ou defferré par les chemins, ou qui se fait picquer à tous les pas, et cent mille aultres malheurs qui arrivent. Mais ceulx là sont trop fascheux, ils sont pour souhaitter à quelques ennemys. Il y en ha d'aultres qui ne sont pas si fors à endurer, parce qu'ilz ne durent pas tant, et mesmes sont de telle sorte qu'on est plus ayse par après de les avoir pratiquez et d'en faire ses comptes. Telles adventures sont bonnes à ces jeunes gens pour leur faire rasseoir un peu leur colère; entre lesquelles est la rencontre d'un Poytevin quand on va par pays : comme, prenez le cas que vous ayez à faire une diligence et qu'il face froit ou quelque mauvais temps, en somme, que vous soyez fasché de quelque autre

---

1. VAR. : *met.*

chose, et par fortune vous ne sçachiez vostre chemin; vous advisez un Poytevin assez loing de vous qui laboure en un champ; vous vous prenez à luy demander : « Et hau! mon amy, où est le chemin de Parthenay? » Le picque-bœuf, encore qu'il vous entende, ne se haste pas de respondre; mais il parle à ses bœufs : « Garea, Frementin, Brichet, Castain, ven après moay, tu ves bien crelin coutant[1]! » ce dit-il à son bœuf, et vous laisse crier deux ou trois fois bonnes et haultes. Puis, quand il void que vous estes en colère et que vous voulez picquer droit à luy, il sible ses bœufs pour les arrester et vous dit : « Qu'est-ce que vous dites? » Mais il ha bien meilleure grace au langage du païs : « Quet o que vo disez? » Pensez que ce vous est un grand plaisir, quand vous avez si longuement demeuré à vous estuver et crié à gorge rompue, que ce bouvier vous demande que c'est que vous dites; et bien si fault-il que vous parliez. « Où est le chemin de Parthenay?—Di! De Parthenay, Monsieur? ce vous dira-il.—Ouy, de Parthenay; que te viengne le cancre! — Et dont venez-vous, Monsieur? dira-il. — Il faut resver ou de cueur ou de bouche! Dont je vien! Où est le chemin de Parthenay? —Y voulez-vous aller, Monsieur? Or sus prenez patience. — Ouy, mon amy, je m'y en vois. Où est le chemin? » Adonc il appellera un aultre picque-bœuf qui sera là auprès, et luy dira : « Micha, icoul homme demande le chemin de Parthenay; n'et o pas per qui aval[2]? » L'aultre re-

1. Viens après moi, tu vas bien clopin-clopant.
2. Michel, cet homme demande le chemin de Parthenay; n'est-ce pas de ce côté-ci en descendant?

pondra (s'il plaist à Dieu) : « O m'est avis qu'ol est par deçay[1]. » Pendant qu'ilz sont là tous deux à debatre de vostre chemin, c'est à vous à adviser[2] si vous deviendrez fol ou sage. A la fin, quand ces deux Poyctevins ont bien disputé ensemble, l'un d'eux vous va dire : « Quand vous serez à iceste grand cray, tourne à la bonne main et peu allez tout dret, vous ne sçauriez faillir[3]. » En avez-vous à ceste heure ? Allez hardiment, meshuy vous ne ferez mauvaise fin estant si bien adressé[4]. Puis quand vous estes en la ville, s'il est d'advanture jour de marché et que vous alliez acheter quelque chose, vous aurez affaire à bons et fins marchands : « Mon amy, combien ce chevreau ? — Iquou chevreau, monsieur[5] ? — Ouy. — Le voulez-vous avec la mère ? Da, ol est bon iquou chevreau[6] ! — C'est mon ! il est bien bon. Combien le vendez-vous ? — Sopesez, Monsieur, col est gras. — Voyre, mais combien ? — Monsieur, la mère n'en ai encores porty que doux[7]. — Ha ! je l'entens bien ; mais combien me coustera-il ? — Ne voulez vous qu'une

---

[1]. Il m'est avis qu'il est par deçà.

[2]. VAR. : *deviner*.

[3]. Quand vous serez à cette grande croix, tournez à droite, et puis allez tout droit, vous ne pouvez vous perdre. — On dit aussi *la male main*, pour désigner la gauche. V. Rabelais, l. 4, ch. 23, et les *Aventures du baron de Fæneste*, éd. de M. P. Mérimée, ch. 6 du 4e liv., et chap. 9 du 2e, p. 155.

[4]. D'Ouville (*Contes*, 3e partie, p. 54) raconte une aventure à peu près semblable arrivée à deux jésuites dans le même pays.

[5]. Ce chevreau, Monsieur ?...

[6]. Da, il est bon, ce chevreau !...

[7]. La mère n'en a encore porté que deux...

parolle? I sçay ben qu'il ne vous fault pas surfaire, non. — Mais combien en donneray-je? — Ma foay! o ne vous cousterat pas may de cinq sou e dime[1]. — Voylà vostre marché? — Prenez ou laissez. »

Nouvelle LXX.

Du Poytevin et du sergent qui mit sa charette et ses bœufs en la main du roy.

Je ne m'amuseray icy à vous faire les autres comptes des Poytevins, lesquelz sans point de faulte sont fort plaisantz; mais il fauldroit sçavoir le courtisan du pays pour les faire trouver telz, et puis la grace de prononcer vault mieulx que tout; mais je vous en puis bien dire encores un tandis que j'y suis. Il y avoit un Poytevin qui par faulte de payer la taille avoit esté executé par un sergent, lequel, faisant son exploict par vertu de son mandement, mit la charrette et les bœufz de ce povre homme en la main du roy, dont il fut assez marry; mais si fallut-il qu'il passast par là. Advint au bout de quelque temps que le roy vint à Chasteleraut. Quoy sçachant, ce paysant, qui estoit de

1. Ma foi, il ne vous coûtera pas moins de cinq sous et demi.

La Tircherie[1], y voulut aller pour voir l'esbat, et fit tant qu'il veid le roy comme il alloit à la chasse. Mon paisan, incontinent qu'il l'eut veu, n'ayant plus rien à faire à la court, s'en retourna au village. Et, en souppant avec ses compères picqueboeufz, il leur dit : « La merdé[2] ! j'ay veu le roay d'aussi près qu'iquou chein ; ol a le visage comme in homme ; mais i parleray bien à iqueo bea sergent qui mit avan hier ma charrette et mon boeuf en la main du roay. La merdé ! o na pas la moin[3] pu gran que moay. » Il estoit advis à ce Poytevin que le roy devoit estre grand comme le clocher Sainct Hilaire, et qu'il avoit la main grande comme un chesne, et qu'il y devoit trouver sa charrette et ses boeufz. Mais pourquoy ne vous en compteray-je bien encor un ?

NOUVELLE LXXI.

D'un aultre Poitevin et de son filz Micha.

C'estoit un homme de labeur, assez aysé, qui avoit mené deux siens fils à Poytiers pour estudier en grimaulde, lesquelz se mirent avec d'aultres patrias[4] cameristes, près du *Boeuf couronné*. L'aisné

---

1. Village à 12 kilomètres de Châtelleraudt et autant de Poitiers.
2. VAR.: *Maire de.*
3. La main.
4. Compatriotes parmi les Poitevins.

avoit nom Michel, et l'aultre Guillaulme. Leur père, les ayant logez, retint l'endroit où ils demeuroyent, et les laisse là, où ils furent assez longtemps sans luy rescripre, et mesme il se contentoit d'en sçavoir des nouvelles par les paisans qui alloyent quelquesfois à Poytiers, par lesquels il envoyoit quelquesfois à ses enfants des formages, des jambons et des souliers bien bobelinez. Advint que tous deux tombèrent malades, dont le petit mourut, et l'aisné, qui n'estoit pas encores guery, n'avoit la commodité d'escripre à son père la mort de son frère. Au bout de quelque temps ce père fut adverti qu'il etoit mort un de ses enfans ; mais on ne luy sceut pas dire lequel c'estoit. Dequoy estant bien fasché, fit faire une lettre au vicaire de la parroisse, laquelle portoit en la suscription : A mon fils Micha, demeurant au Roay do beu, ou iqui près ; et au dedans de ceste lettre y avoit, entre aultres bons propos : «Micha, mande-moay lo quau ol est qui est mort, de ton frère Glaume ou de toay, car j'en seu en un gran emoay. Au par su i te veu bein adverty quo disant que noustre avesque est à Dissay[1]. Va t'y en per prendre couronne, et la pren bonne et grande, afin qu'o n'y faille point torné à deu foay[2]. » Maistre Micha fut si aise d'avoir receu ceste lettre de son père qu'il en guerit inconti-

---

1. Bourg à 20 kilomètres de Poitiers.
2. « A mon fils Michel, au Roy des bœufs, ou auprès. Michel, mande-moi lequel c'est qui est mort, de ton frère Guillaume ou de toi, car j'en suis en une grande peine. Du reste, je veux bien t'avertir qu'on dit que notre évêque est à Dissai : vas-y pour prendre couronne, et la prens bonne et grande, afin qu'il n'y faille pas retourner à deux fois. »

nent tout sain, et se lève pour faire sa response, qui estoit pleine de rhetorique qu'il avoit aprise à Poyté[1], laquelle je ne diray ici à cause de brieveté; mais entre aultres y avoit : « Mon père, i vous averti quo n'est pas moay qui suis mort, mais ol est mon frère Glaume; ol est bien vray qu'i estay pu malade que li, car la pea me tombet comme à in gorret[2]. » N'estoit-ce pas vertueusement respondu ? Vrayement, qui voudroit dire le contraire, il auroit grande envie de tancer.

Nouvelle LXXII.

Du gentilhomme de Beausse et de son disner.

Un des gentilz-hommes de la Beausse, que l'on dit qui sont deux à un cheval quand ilz vont par pays, avoit disné d'assez bonne heure, et fort legerement, d'une certaine viande qu'ilz font en ce pays-là, de farine et de quelques moyeux d'œufz; mais à la verité je ne sçaurois pas dire de quoy elle se fait par le menu : tant y ha que c'est une façon de bouillie, et l'ay ouy nommer *de la caudelée*. Ce gentilhomme en fit son disner. Mais il la mangea si diligemment qu'il n'eut loisir de se torcher les babines, là où il demeura de petis go-

---

1. Poitiers.
2. « Mon père, je vous avertis que ce n'est pas moi qui suis mort; mais c'est mon frère Guillaume : il est bien vrai que j'etois plus malade que lui, car la peau me tomboit comme à un cochon. »

beaux de ceste caudelée, et en ce poinct s'en alla veoir un sien voysin, selon la coustume qu'ilz avoyent de voisiner en leurs maisons, comme de baudouiner par les chemins. Il entre privement chez ce voisin, lequel il trouva qu'il se vouloit mettre à table, et commença à parler galamment. « Comment, dit-il, n'avez-vous pas encore disné ! — Mais vous, dit l'aultre, avez vous desjà disné ? — Si j'ay disné ! dit-il, ouy, et fort bien, car j'ay faict une gorge chaude d'une couple de perdris, et n'estions que madamoiselle ma femme et moy ; je suis marry que n'estes venu en manger vostre part. » L'aultre, qui sçavoit bien de quoy il vivoit le plus du temps [1], luy respondit : « Vous dites vray, vous avez mangé de bons perdreaux, voi l'en là encores de la plume », en luy montrant ce morceau de caudelée qui luy estoit demeuré en la barbe. Le gentilhomme fut bien penault quand il veid que sa caudelée luy avoit descouvert ses perdreaux [2].

1. Paul-Louis Courrier est l'homme de notre temps dont le style approche le plus de celui de Des Periers et des meilleurs écrivains du XVIe siècle; aussi les connoissoit-il bien. Ce passage d'une de ses lettres le prouve suffisamment; elle est adressée à sa femme : « Cherche dans Bonaventure Desperiers, Nouvelle 73, vers la fin, tu trouveras ces mots : *le plus de temps*, c'est-à-dire : la plupart du temps. Copie cette phrase et me l'envoie dans ta première lettre.» (Œuvres, etc... Lettre inédite à cette date : vendredi, juin 1821.)

2. Ce conte tourne en ridicule les gentilshommes ou hobereaux de Beauce, que l'on n'épargnoit jamais à l'occasion. On connoît le proverbe : Gentilhomme de Beauce qui vend ses chausses pour avoir du pain. Du Fail en cite un autre : « Un monsieur de trois au boisseau ou trois à une espée, comme en la Beauce. » (*Contes d'Eutrapel*, t. 2, p. 138.) Les Gascons avoient à peu près la même réputation : « Permis aux

NOUVELLE LXXIII.

Du prebstre qui mangea à desjeuner toute la pitance des religieux de Beau-Lieu.

En la ville du Mans y avoit un prestre que l'on appelloit messire Jehan Melaine, lequel estoit un mangeur excessif, car il devoroit la vie de neuf ou dix personnes pour le moins à un repas. Et luy fut sa jeunesse assez heureuse : car, jusqu'à l'aage de trente ou trente-cinq ans, il trouva tousjours gens qui prenoyent plaisir à le nourrir, principalement ces chanoines, qui se battoyent à qui auroit messire Jehan Melaine, pour avoir le passetemps de le saouler. De sorte qu'il estoit aucunes fois retenu pour une sepmaine à disner et à soupper par ordre, chez les uns et puis chez les autres. Mais, depuis que le temps commença à s'empirer, ils commencèrent aussi à se retirer, et laissèrent jeusner le povre messire Jehan Melaine, lequel devint sec comme une busche, et son ventre creux comme une lanterne ; et vesquit trop longuement le povre homme, car ses six blancs n'estoyent pas pour luy donner le pain qu'il mangeoit[1]. Or, du temps qu'il faisoit encores

Gascons de frotter la crouste de pan ambe lou cap d'aillet, et puis faire acroire qu'ils se sont donnez d'une perdrix par les machoires. » (*Recueil de plus. pièces burlesq. et divertiss.*, La Haye, Strik, in-16, p. 32.)

1. Voy. une note de la nouvelle XXII.

bon pour luy, il y avoit un abbé de Beaulieu
qui le traitoit assez souvent, et, une fois entre aultres, il entreprint de le faire mettre si
bien à son aise qu'il en eust assez. Il se faisoit
un anniversaire en l'abbaye, là où se trouvèrent
force prebstres, desquelz messire Jehan Melaine
estoit l'un. L'abbé dit à son pitancier : « Sçavez-vous que c'est ? qu'on donne à desjeuner à messire Jehan, et qu'on le face tant manger qu'il en
demeure devant luy. » Et là dessus il dit luy-mesme au prebstre : « Messire Jehan, incontinent
que vous aurez chanté messe, allez-vous en à la
despence demander à desjeuner, et faites bonne
chère, entendez-vous ? J'ay dit qu'on vous traitast à vostre grand plaisir. — Grand mercy,
Monsieur », dit le prebstre. Il despesche sa messe,
laquelle il dit en chasse [1], ayant le cœur à la
mangerie. Il s'en va à la despence, là où luy
fut attaint d'entrée une grande pièce de beuf
de celles des religieux, et un gros pain de levriers [2], et une bonne quarte de vin mesure de ce
pais-là. Il eut despesché cela en moins qu'un
horloge auroit sonné dix heures, car il ne faisoit
que estourdir ces morceaux. On luy en apporte
encores autant, qu'il despesche aussi tost. Le pitancier, voyant le bon appetit de l'homme, et se
souvenant du commandement de l'abbé, luy fait
apporter deux autres pièces de beuf tout à la fois,
lesquelles il eut incontinent mises en un mesme
sac avec les autres. Somme, il mangea tout ce

1. Var. : *en chasseur*.
2. Un pain, non pas de la qualité, mais de la grosseur de
ceux dont on nourrit les levriers.

qui avoit esté mis pour le disner des religieux : car il fut tiré, comme fit le roy devant Arras [1], jusqu'à la dernière pièce, tant qu'il fut force d'en mettre cuire d'autres à grand haste. L'abbé ce pendant se pourmenoit par les jardins, en attendant que messire Jehan eust desjeuné, lequel, ayant bien repeu, sortit pour s'en aller. L'abbé, qui le veid en s'en allant, luy demanda : « Et puis, messire Jehan, avez-vous desjeuné ? — Oui, Monsieur, Dieu mercy et vous, dit le prebstre ; j'ay mangé un morceau et beu une fois en attendant le disner. » A vostre advis, ne pouvoit-il pas bien attendre un bon disner, pourveu que il ne demeurast guères ?

Une autre fois qu'il estoit vendredy, on luy donna à desjeuner d'une saugrenée de poys pleine une grande jate, avec de la souppe assez pour six ou sept vignerons. Mais celuy qui la luy appresta, cognoissant le patient, mit parmy ces pois deux grandes poignées de ces osselets ronds de moulue qu'on appelle patenostres, avec force beurre et verjus, et la presente à messire Jehan, qui la vous despescha en forme commune [2], et mangea patenostres et tout. Et croy qu'il eust

---

1. Nous disons plutôt *comme fit le roi François devant Pavie*. Au lieu de ce proverbe, qu'on n'avoit peut-être pas encore introduit, on disoit alors *comme fit le roi devant Arras*, par où l'on entendoit Louis XI, qui, indigné contre les habitants d'Arras, fit tirer jusqu'à la dernière pièce de son artillerie sur leur ville, pour les detruire et se venger de leurs insolences. Ce fut au mois d'avril de l'an 1477. (L. M.)

2. C'est-à-dire qu'il ne lui fit point de grace, parceque, en termes de chancellerie romaine, quand on dit qu'une provision est expediée *en forme commune*, on entend qu'elle est expediée sans grace, sans privilége. (L. M.)

mangé l'*Ave Maria* et le *Credo* s'il y eust esté. Vray est que ces os lui crocquoyent par fois soubz les dentz ; mais ils passoyent nonobstant. Quand il eut faict, on luy demande : « Eh bien ! Messire Jehan, ces poys estoyent-ilz bons ? — Ouy, Monsieur, Dieu mercy et vous ; mais ils n'estoyent pas encores bien cuitz. » N'estoit-ce pas bien vescu pour un prebstre ? Dieu fit beaucoup pour ce bas monde de le faire d'eglise : car, s'il eust esté marchand, il eust affamé tout le chemin de Paris, de Lyon, de Flandres, d'Allemagne et d'Italie. S'il eust esté bouchier, il eust mangé tous ses beufs et ses moutons, cornes et tout. S'il eust esté advocat, il eust mangé papiers et parchemins, dont ce n'eust pas esté grand dommage ; mais il eut bien pis faict, car il eust mangé ses cliens, combien que les aultres les mangent aussi bien. S'il eust esté soudart, il eust mangé brigandines, morrions, hacquebutes, et toutes les cacques de poudres. Et s'il eust été marié avec tout cela, pensez que sa povre femme n'eust pas eu meilleur marché de luy qu'eut celle de Cambles, roy des Lydes, qui mangea la sienne une nuict toute mangée [1]. Dieu nous ayde, quel roy ! il en devoit bien manger d'aultres.

1. Allusion à quelque épisode d'un roman qui nous est inconnu, car la supposition de M. P. Lacroix n'est pas admissible : « Il s'agit peut-être, dit-il, de Candaule, roi de Lydie, de la famille des Héraclides, qui, une nuit, fit cacher son favori Gygès dans la chambre de la reine et la lui montra nue, ce qui amena sa perte, par vengeance de cette princesse outragée, et non *mangée*. »

Nouvelle LXXIV.

De Jehan Doingé, qui tourna son nom par le commandement de son père.

A Paris la grand'ville [1] y avoit un personnage de nom et de qualité, homme de grand sçavoir et de jugement, qu'on appelloit monsieur Doingé [2]; mais, comme il advient que les hommes sçavans ne font pas voulentiers des enfans des plus spirituelz du monde (je croy que c'est par ce qu'ilz laissent leur esprit en leur estude quand ilz vont coucher avec leurs femmes), celuy dont nous parlons avoit un filz desjà grand d'âge, nommé Jehan Doingé, lequel en la chose qu'il ressembloit le moins à son père estoit l'esprit. Un jour que son père estoit empesché à escrire ou à estudier, ce vertueux filz estoit planté devant luy comme une image à regarder son père sans rien faire, sinon une contenance d'un homme qui ha sa jour-

---

1. Premiers mots d'une chanson.
2. Le vrai nom de cette famille etoit *Gedoin*. Voyez Tabourot, au chap. *Des anagrammes*.
Jean Gedoin etoit fils de Robert Gedoin, seigneur du fief nommé *Le Tour*. Clément Marot, dans son livre intitulé *Cimetière*, a fait l'epitaphe de *M. Du Tour, Me Robert Gedoin*, qui avoit eté secretaire de quatre rois, Louis XI, Charles VIII, Louis XII et François I. Augustin Justinien, evêque de Nebbio, lui dedia en 1520 le petit ouvrage de Mathieu de Luna, *De rerum inventoribus*. (L. M.)

née payée. De quoy, à la fin, son père ennuyé luy va dire : « Et, mon amy, de quoy sers-tu icy le roy ? Que ne vas-tu faire quelque chose ? — Monsieur, dit-il à son père, que voudriez-vous que je fisse ? je n'ay pas rien à faire. » Le père, voyant cest homme de si bon cueur, luy dit : « Tu ne sçais que faire, povre homme ! Et va tourner ton nom. » Maistre Jehan print ceste parolle à son avantage et bon escient, laquelle son père luy avoit dicte comme on ha coustume de la dire à un homme qui ayme besongne faicte. Et, de ceste empeinte, s'en va enfermer en son estude pour mettre son nom à l'envers. Tantost il trouvoit Doingé Jehan, tantost Jehan Gedoin, tantost Gedoin Jehan. Et puis il va monstrer toutes ces pièces de nom à quelque jeune homme de ses familliers, luy demandant s'il estoit bien tourné ainsi ; mais l'aultre luy dit que, pour tourner son nom, ce n'estoit pas assez de le mettre par les syllabes c'en devant derrière, mais qu'il falloit mesler les lettres les unes parmy les aultres et en faire quelque bonne devise. Mon homme se retourne incontinent enfermer et vous recommence à decouper son nom tout de plus belle, là où il fut deux ou trois jours qu'il en perdoit le boire et le manger, ne s'osant trouver devant son père que ce nom ne fust tourné. A la fin il le tourna et vira tant qu'il en trouva deux sortes les plus propres du monde, dont il fut si aise qu'il en rioit tout seul en allant et venant, et lui duroit mille ans qu'il ne trouvoit l'heure de le dire à son père, laquelle ayant bien espiée, luy vint dire tout à haste, comme s'il l'eust voulu prendre sans vert : « Monsieur, dit-il, je l'ay tourné. » Son père, qui pensoit en tout fors qu'en ce tournement de nom, fut esbahy, tant pource qu'il ne l'avoit veu de tous ces deux jours que aussi pour l'ouyr ainsi parler sans propos. « Tu l'as tourné? dit-il; et qu'est-ce que tu as tourné?—Monsieur, vous me distes lundy que j'allasse tourner mon nom. Je n'ay cessé d'y travailler depuis; mais à la fin j'en suis venu à bout. — Vrayement! je t'en sçay bon gré, dit le père; tu l'as donc tourné, et qu'as-tu trouvé, povre homme?— Monsieur, dit il, je l'ay tourné en beaucoup de sortes, mais je n'en ay trouvé que deux qui soyent bonnes. J'ay trouvé Janin Godé[1] et Angin d'oye.—Vrayement! dit son père, je t'en croy; tu n'ha pas perdu ton temps, va. » N'estoit-ce pas là un gentil filz[2]? Bohemiennes luy pourroyent bien dire : Vous estes d'un bon père et d'une bonne mère, mais l'enfant ne vault guères. Quelqu'un me dira : Voyre, mais nous n'escripvons pas engin par *a* : non; mais que voulez-vous? qu'un homme perde une si belle devise comme celle-là pour le changement d'une seule lettre?

---

1. A Dijon *godé* est la même chose que *guedé*, soû, plein de vin. Le P. Monet croit que *guedé* en ce sens se dit d'un homme que le vin abreuve et pénètre, comme la guède abreuve et pénètre le drap dans la chaudière. (L. M.)

2. G. Colletet a dit aussi, je ne sais où, des faiseurs d'anagrammes :

« *Cet exercice monacal*
Ne trouve son point vertical
Que dans une tête blessée
Et sur Parnasse nous tenons
Que tous ces renverseurs de noms
Ont la cervelle renversée. »

Nouvelle LXXV.

De Janin, nouvellement marié.

Janin s'estoit marié la sienne fois[1], et avoit pris une femme qui jouoit des manequins, laquelle ne s'en cachoit point pour luy, ne voulant point faire de tort au beau nom de son mary. Quelque jour un des voisins de Janin luy faisoit des demandes, et luy faisoit les responses, en forme d'une assez plaisante farce[2]. « Or çà, Janin, vous estes marié ? » Et Janin respondit: « O voire ! — Cela est bon, disoit l'autre. — Pas trop bon pourtant, disoit Janin. — Et pourquoy ? — Elle ha trop mauvaise teste. — Cela est mauvais. — Pas trop mauvais pourtant. — Et pourquoy ? — Et pourquoy ? C'est une des belles de nostre parroisse. — Cela est bon. — Pas trop bon aussi. — Et pourquoy ? — Il y ha un monsieur qui la vient veoir à toute heure. — Cela est mauvais. — Pas trop mauvais pourtant. — Et pourquoy ? — Il me donne tousjours quelque chose. — Cela est bon. — Pas trop bon aussi. — Et pourquoy ? — Il m'envoye tousjours deçà, delà. — Cela est mauvais. — Pas trop

---

1. La sienne fois, suivant l'ancienne édition, ou *à la sienne fois*, comme ont toutes les autres, signifie que *Janin voulut aussi se marier lui*, ou, comme on dit souvent, *une fois en sa vie*. (L. M.)
2. Var.: *face*.

mauvais pourtant. — Et pourquoy ? — Il me baille de l'argent, dequoy je fais grand chère par les chemins. — Cela est bon. — Pas trop bon aussi. — Et pourquoy ? — Je suis à la pluye et au vent. — Cela est mauvais. — Pas trop mauvais pourtant. — Et pourquoy ? — Je y suis tout accoustumé. » Achevez le demeurant si voulez, ceste-cy est à l'usage d'estrivières [1].

Nouvelle LXXVI.

Du legiste qui se voulut exercer à lire, et de la harangue qu'il fit à sa première lecture.

Un legiste estudiant à Poictiers avoit assez bien profité en sa vaccation de droict; et en sçavoit non pas trop aussi; et n'avoit pas grand hardiesse, ny moyen d'expliquer son sçavoir. Et, parce qu'il estoit filz d'un advocat, son père, qui avoit passé par là, luy manda qu'il se mist à lire, afin qu'il se fist la memoire plus prompte en s'exerceant. Pour obéir au commandement de son père, il se delibère de lire à la Ministrerie [2]. Et, afin de mieux s'asseurer, il s'en alloit tous les jours en un jar-

---

1. C'est-à-dire qu'on diminue ou qu'on étend à volonté.
2. C'étoit l'une des salles de l'école de droit de Poitiers. Il paroît que Calvin donna le nom de ministres aux pasteurs de son église parceque Babinot, l'un de ses premiers disciples, pour avoir été professeur en cette ministrerie, n'étoit appelé que le ministre par les confesseurs du nouveau culte. (F. de Rémond, *Hist. de l'hérésie*, l. 7, ch. 11.)

din qui estoit assez secret, pour estre loing des maisons, auquel y avoit des choulz beaux et grands. Il fut long-temps qu'à mesure qu'il avoit estudié, il alloit faire sa lecture devant ces choulz, les appellant *domini*, et leur alleguant ses paragrafes, tout ainsi que si c'eussent esté escolliers auditeurs [1]. S'estant ainsi bien appresté par l'espace de quinze jours ou trois sepmaines, il luy sembla bien qu'il estoit temps de monter en chaire, pensant qu'il diroit aussi bien devant les escolliers comme il faisoit devant ses choulz. Il se presente et commence à faire sa harangue. Mais, avant qu'il eust dit une douzaine de motz, il demeura tout court, qu'il ne sçavoit plus où il en estoit; tellement qu'il ne sceut que dire autre chose, sinon : *Domini, ego bene video quod non estis caules*, c'est-à-dire (car il y en ha qui en veulent avoir leur part en françois) : « Messieurs, je voy bien que vous n'estes pas des choulz. » Estant au jardin, il prenoit bien le cas que les choulz fussent escolliers ; mais, estant en chaire, il ne pouvoit prendre le cas que les escolliers fussent des choulz.

[1]. Florian dans sa jeunesse se livroit à de pareils exercices oratoires (Voy. les *Mémoires d'un jeune espagnol*, histoire de ses premières années). Pogge (*Hist. de Florence*) rapporte aussi une anecdote de ce genre :

Un certain Romain de sa connoissance, étant monté sur une muraille, prêchoit à des roseaux, comme si c'eût été des hommes. Là il discouroit de l'état de la ville et des citoyens. Il se leva un petit vent, qui agitoit les roseaux. Le fou de predicateur, s'imaginant que c'étoient des auditeurs qui faisoient la reverence pour le remercier de son sermon : « Messieurs les Romains, dit-il, point tant de reverences, je suis le moindre d'entre vous. » Pogge dit que cette exclamation passa en proverbe.

Nouvelle LXXVII.

Du bon yvrongne Janicot et de Jannette sa femme.

Dedans Paris, où il y ha tant de sortes de gens, y avoit un cousturier nommé Janicot, lequel ne fut jamais avaricieux, car tout l'argent qu'il gaignoit, c'estoit pour boire. Lequel mestier il trouva si bon, et s'y accoustuma de telle sorte, qu'il luy fallut quitter celuy de cousturier : car, quand il revenoit de la taverne, et qu'il se vouloit mettre sus sa besongne, en enfilant son aiguille il faisoit comme les nouveaux mariez, il mettoit auprès, et puis luy estoit advis d'un filet que c'en estoyent deux, et cousoit aussi tost une manche par derrière comme par devant : tout luy estoit un. De sorte qu'il renonça du tout à ce fascheux cousturage, pour se retirer au plaisant mestier de boire, lequel il entretint vaillamment : car, depuis qu'il estoit au fons d'une taverne, il n'en bougeoit jusques au soir, fors quand quelquefois sa femme le venoit querir, qui luy disoit mille injures ; mais il les avalloit toutes avec un verre de vin. Bien souvent il la flattoit tant qu'il la faisoit asseoir auprès de soy en luy disant : « Taste un peu de ce vin-là, mamie ; c'est du meilleur que tu beuz jamais. — Je n'ay que faire de boire, disoit-elle ; cest yvrongne icy ! verras-tu[1] ? — Eh ! Jannette, tu

---

1. Var. : *Viendras-tu ? Venras-tu ?*

ne bevras que tant petit que tu vourras. » A la fin
elle se laissoit aller, car la bonne dame disoit en
soy-mesme : Aussi bien c'est moy qui paye
tout; il fault bien que j'en boive ma part. Vray
est qu'elle avoit un peu plus de discretion que
Janicot, car elle ne se chargeoit pas tant qu'elle
ne le remenast à la maison; mais croyez que
c'estoit une dure departie, que du pot et de Janicot. Une aultre fois, quand elle faisoit la fascheuse, il luy disoit : « Jannette, tu sçais bien que
c'est que je vey hier : ce monsieur, tu m'entends
bien ? Je n'en diray mot, Jannette; mais laisse-
moy boire; va t'en, mamie, je seray aussi tost
au logis que toy. » Et de reboire; puis en s'en retournant, qui n'estoit jamais qu'il n'eust sa
charge hardiment, qu'il estoit plus aisé à sçavoir
d'où il venoit que non pas où il alloit, car la
rue ne luy estoit pas assez large [1], il alloit chan-
celant, dandinant, tresbuchant. Il heurtoit tousjours à quelque ouvroir, ou, quand il estoit
nuict, à quelque charrette, et se faisoit à tous
coups une bigne au front; mais elle estoit guerie
avant qu'il s'en apperceust. Il se laissoit mainte-
fois tomber du hault d'un degré, ou en la trappe
d'une cave; mais il ne se faisoit point de mal :
Dieu lui aidoit tousjours. Et, si vous me demandez où il prenoit dequoy payer; je vous respons
qu'il n'y avoit plat ny escuelle qui ne s'y en
allast. Les nappes, les couvertes de lict, il vendoit tout cela; quand sa femme estoit quelque

---

1. On demandoit un jour à un ivrogne s'il étoit encore loin
de chez lui : « Non, répondit-il; mais ce n'est pas la longueur
du chemin, c'est sa largeur, qui me lasse. »

part en commission, son demy-ceint, s'il le povoit avoir, ses chapperons, sa robbe, à un besoin. Mais pourquoy n'eust-il engagé tout cela, quand il eust engagé sa femme mesme à qui luy eust voulu donner dequoy boire? Et puis il avoit tousjours quelque payeur : car ce que le pertuis d'en hault despendoit, celuy d'embas en respondoit[1]. A propos, Janicot avoit tousjours sa bouteille de trois choppines, laquelle il tenoit toute la nuict auprès de soy, et l'esgouttoit toutes les fois qu'il s'esveilloit; et en dormant mesme il ne songeoit qu'en sa bouteille, et y avoit une telle addresse que tout endormy il y portoit la main, et la prenoit pour boire tout ainsi que s'il eust veillé. Quoy congnoissant, sa femme bien souvent le prevenoit, et luy beuvoit le vin de sa bouteille, laquelle elle remplissoit d'eau, que le povre Janicot beuvoit en dormant. Et bien souvent se resveilloit à ce goust aquatique, qui luy affadissoit toute la bouche; mais il se rendormoit sus ceste querelle, sans faire grand bruict. Et le plus souvent mesmes y avoit un tiers couché en mesme lict, qui dansoit la dance trevisaine avec sa femme; mais tout cela ne luy faisoit point de

---

1. C'est de ce pertuis qu'il est question dans l'épigramme suivante, que nous tirons d'un vieux manuscrit :

> « *De Brissac si bien se pendit*
> *Au pertuis d'une damoiselle,*
> *Qu'il en mourut, comme l'on dit,*
> *Sans corde, cordeau, ni cordelle.*
> *Après la mort je ne sais pas*
> *En quel lieu l'ame s'envola ;*
> *Mais je sais bien qu'on ne va pas*
> *Au paradis par ce trou là.* »

mal. Quelquesfois il s'advisoit de mettre de l'eau en son vin; mais c'estoit avec la poincte d'un cousteau, lequel il mouilloit dedans l'aiguière, et en laissoit tomber une goutte en son voirre, et non plus. Vous ne l'eussiez jamais trouvé sans un ossellet de jambon en sa gibecière. Il aymoit uniquement les saucisses, le formage de Milan, les sardines, les harens sors, et tous semblables esguillons à vin. Il hayssoit les pommes et les salades comme poison; les flannetz, les tartelettes, quand il les entendoit crier par les rues, il bouschoit ses oreilles. Il avoit les yeux bordez de fine escarlatte, et, un jour qu'il y avoit mal, sa femme luy fit deffendre par un medecin d'eau douce qu'il ne beust point de vin; mais on eust faict avec luy tous les marchez plustost que celuy-là, car il aymoit mieulx perdre les fenestres que toute la maison. Et, quand on luy disoit qu'il se pouvoit bien laver les yeulx de vin blanc : « Eh ! disoit-il, que sert-il de s'en laver par dehors? C'est autant de gasté. Ne vault-il pas mieux en boire tant qu'il en sorte par les yeux, et s'en laver dedans et dehors ? » Quand il gresloit, il se jettoit à genoux, et ne plaignoit que les vignes à haulte voix. Et quand on luy disoit : « Et, Janicot, les blez, quoy? — Les blez, disoit-il? avec un morceau de pain gros comme une noix, je bevray une quarte de vin : je ne me soucie pas des blez; il y en aura bien peu s'il n'y en ha assez pour moy. » Et cecy estoit quand il estoit en son meilleur sens : car les uns disent, quand il eut prins son ply, que depuis il ne desenyvra; et mesme tiennent que tout son sang se convertit en vin. Aussi ne parloit-il que de vin, et, s'il eust esté prebstre, il n'eust chanté que de vin, tant il avoit sa personne bien avinée. Il est bien vray qu'il fallut qu'il mourust en son reng. Pource, deux ou trois jours avant sa mort, on luy osta le vin, ce qu'il fit au plus grand regret du monde, en disant qu'on le tuoit, et qu'il ne mouroit que par faulte de boire. Et, quand ce fut à se confesser, il ne se souvenoit point d'avoir faict aucun mal, sinon qu'il avoit beu, et ne sçavoit parler d'aultre chose à son confesseur que de vin. Il se confessoit combien de fois il en avoit beu qui n'estoit pas bon, dont il se repentoit et en demandoit à Dieu pardon. Puis, quand il veid qu'il falloit aller boire ailleurs, il ordonna par son testament qu'il fust enterré en une cave, soubz un tonneau de vin, et qu'on luy mist la teste soubz le degouttoir, afin que le vin luy tombast dedans la bouche, pour le desalterer : car il avoit bien veu au cimitière Sainct-Innocent que les trespassez ont la bouche bien sèche. Advisez s'il n'estoit pas bon philosophe, de penser que les hommes avoyent encore après la mort le ressentiment de ce qu'ilz ont aymé en leur vie. C'est le vin qui fait ainsi l'homme qu'il ne luy est rien impossible. Les autres dient qu'il voulut estre enterré au pied d'un sep de vigne, lequel sep ne cessa oncques puis de porter de plus en plus : tellement qu'on ha veu toute la vigne greslée, que le sep s'est defendu et ha porté autant ou plus que jamais. Je vous laisse à penser s'il est vray, et comment il en va.

Nouvelle LXXVIII.

*D'un gentilhomme qui mit sa langue en la bouche
d'une damoiselle en la baisant.*

En la ville de Montpelier y eut un gentilhomme lequel, nouvellement venu audit lieu, se trouva en une compagnie où l'on dansoit. Entre les dames qui estoyent en celle assemblée [1] estoit une damoyselle de bien bonne grace, laquelle estoit vefve et encores jeune. Je croy qu'ilz dansèrent la piemontoise, et fut question de s'entrebaiser. Il advint que ce gentilhomme se print à ceste jeune vefve. Quant ce vint à baiser, il en voulut user à la mode d'Italie, où il avoit esté : car, en la baisant, il luy mit sa langue en la bouche. Laquelle façon estoit pour lors bien nouvelle en France, et est encores de present, mais non pas tant qu'alors : car les Françoys commencent fort à ne trouver rien mauvais, principallement en telles matières. La damoiselle se trouva un peu surprise d'une telle pigeonnerie [2], et, combien qu'elle ne sceust pas prendre les choses en mal, si est-ce qu'elle regarda ce gentilhomme de fort mau-

---

1. VAR. : *en ceste tant honneste assemblée.*
2. La femme de Sigismond, empereur d'Autriche, n'étoit pas de cette trempe. Æneas Sylvius raconte qu'un jour on l'invitoit à imiter la chaste tourterelle. « Si vous voulez, dit-elle, me donner des bêtes pour modèles, proposez-moi les pigeons et les moineaux. »

vais œil, et si ne s'en peut pas taire ; car bien peu après elle en fit le compte en une compagnie où elle se trouva, à laquelle un personnage qui estoit là, et qui peut-estre luy appartenoit en quelque chose, dit ainsi : « Comment avez-vous souffert cela, madamoiselle ? c'est une chose qui se fait à Romme et à Venise en baisant les courtisanes. » La damoiselle fut fort faschée, entendant par cela que le gentilhomme la prenoit pour aultre qu'elle n'estoit. Tant qu'avec l'instance que luy en faisoit ledit personnage, elle se mit en opinion que, s'elle laissoit cela ainsi, elle feroit grand tort à son honneur. Surquoy, après avoir songé des moyens uns et aultres d'en rechercher le gentilhomme, il ne fut point trouvé de meilleur expedient que de le traicter par voye de justice, pour mieux en avoir la raison et à son honneur. Pour abbreger, elle obtint incontinent un adjournement personnel contre son homme, pour les moyens qu'elle avoit en la ville, lequel ne s'en doubtoit point aultrement, jusques à tant que le jour luy fut donné. Et, parce qu'il n'estoit pas de la ville, combien qu'il ne fust de loing de là, ses amys luy conseillèrent de s'absenter pour quelque temps, luy remontrans qu'il n'auroit pas du meilleur, et qu'elle, qui estoit apparentée des juges et des advocatz, luy pourroit faire telle poursuyte qu'il en seroit fasché ; car de nier le faict il n'y avoit point d'ordre, d'autant que luy-mesme l'auroit confessé en quelques compagnies où il s'estoit depuis trouvé. Mais luy, qui estoit assez asseuré, n'en fit pas grand cas, et respondit qu'il ne s'enfuiroit point pour cela, et qu'il sçavoit bien ce qu'il avoit à faire. Le jour de l'assignation venu, il se presenta en jugement, où y avoit assez bonne assemblée pour ouyr debattre ce different, qui estoit tout divulgué par la ville. Il luy fut demandé d'unes choses et aultres : Si un tel jour il n'estoit pas en une telle danse? Il respondit que ouy. S'il ne congnoissoit pas bien la dame complaignante? Il respondit qu'il ne la congnoissoit que de veue et qu'il voudroit bien la congnoistre mieux. S'il vouloit dire ou maintenir qu'elle fust aultre que femme de bien? Respondit que non. S'il estoit pas vray qu'un tel soir il l'eust baisée? Respondit que ouy. « Voyre mais, vous luy avez faict un deshonneur grand, ainsi qu'elle se plaint. » Et luy de le nier. « Vous luy avez mis vostre langue en sa bouche. — Eh bien! quand ainsi seroit? dit-il. — Cela ne se fait (dit le juge) qu'aux femmes mal notées; ce n'estoit pas là où vous deviez addresser. » Quand il se veid ainsi pressé, alors il respondit : « Elle dit que je luy ay mis la langue en la bouche; quant à moy, il ne m'en souvient point; mais pourquoy ouvroit-elle le bec, la folle qu'elle est? » Comme à dire : S'elle ne l'eust ouvert, je ne luy eusse rien mis dedans. Mais à ceux qui entendent le langage du pays il est un peu de meilleure grace. *Et per che badave, la bestia?* C'est à dire : Pourquoy bridoit-elle[1], la beste? Voire mais qu'en fut-il dict? Il en fut ris, et les parties

---

1. Toutes les editions, hors celle d'Amsterdam, ont *Pourquoi bridoit-elle*. Mais pour le coup celle d'Amsterdam, qui a *baailloit*, doit être suivie. *Bada* en languedocien, de même que *badare* en italien, c'est *baailler*, ouvrir la bouche, et l'auteur apparemment n'a pas écrit *bridoit*, lui qui cinq ou six lignes plus haut avoit dit : *Pourquoi ouvroit-elle le bec, la*

hors de court et de procès, à la charge pourtant que une aultre fois elle serreroit le bec quand elle se laisseroit baiser.

Nouvelle LXXIX.

Des coupeurs de bourse et du curé qui avoit vendu son bled.

Il n'y ha pas mestier au monde qui ayt besoing de plus grande habileté que celuy des coupeurs de bourses, car ces gens de bien ont affaire à hommes, à femmes, à gentilzhommes, à advocatz, à marchantz et à prebstres, que je devois dire les premiers ; brief, à toutes sortes de personnes, fors par aventure aux cordeliers; encores y en ha il qui ne laissent pas de porter argent, nonobstant la prohibition francisquine [1]. Mais ilz la tiennent si cachée que les povres coupe-bourses n'y peuvent aveindre. Lesquelz, avec ce qu'ilz ont affaire à tous les susnommez, le pis est et le plus fort qu'ilz vous desrobent en votre presence, et ce que vous tenez le plus cher. Et puis ilz sçavent bien de quoy il y va pour eulx ; et pour ce vous laisseray à penser comment il fault qu'ilz entendent leur estat et en quantes manières. Je vous

---

folle ! ce qui est la vraie explication de *perche badava, la bestia !* Voyez la 8e Epitre du l. 6 des Epitres de Campanus. (L. M.)

1. Les Cordeliers, d'après la règle de saint François, ne pouvoient porter d'argent sur eux.

racompteray seulement deux ou trois de leurs tours, lesquelz j'ay ouy dire pour assez subtilz, ne voulant nier toutesfois qu'ils n'en facent bien d'aussi bons, voire de meilleurs quand il y affiert. Je dis donc qu'en la ville de Thoulouse fut pris l'un de ces bons marchans dont nous parlons. Je ne sçay pas s'il estoit des plus fins d'entre eulx; mais je penserois bien que non, puisqu'il se laissa prendre et puis pendre, qui fut bien le pire; mais la cruche va si souvent à la fontaine qu'à la fin elle se rompt le col. Tant y ha que estant en la prison, il encusa ses compaignons soubz ombre qu'on luy promit impunité, et se met à déclarer tout plain de belles praticques du mestier, desquelles celle-cy estoit l'une : qu'un jour les coupeurs de pendans, lesquelz estoient bien dix ou douze de bende, se trouvèrent en la ville susdite, à la Peire[1], à un jour de marché, où ilz veirent comme un curé avoit receu quarante ou cinquante francs en beau payement pour certain bled qu'il avoit vendu, lesquelz deniers il mit en une gibecière qu'il portoit à son costé (vous pouvez bien penser qu'il ne la portoit pas sus sa teste); dequoy ces galans furent fort rejouis, car ilz n'en eussent pas voulu lui tenir un denier moins. Et, parce que le butin estoit bon, ilz commencèrent à se tenir près les uns des autres, car c'estoit là qu'ilz se devoyent entendre, ou ailleurs non ; et se mirent à presser ce curé de plus près qu'ilz peurent, lequel estoit jaloux de sa gibecière comun coquin de sa poche : car, estant en la presse, il

---

VAR. : *à la Paire*. A Toulouse, la place où se tient le marché s'appelle *La Pierre*, et en langage du pays *La Peyre*.

avoit tousjours la main dessus, se doubtant bien des inconveniens, et lui estoit advis que tous ceulx qu'il voyoit estoyent coupeurs de bourses et de gibecières. Ces compaignons, cependant, le serroyent, le tournoyent, le viroyent en la foule, faisans semblant d'avoir haste de passer pour trouver moyen de crocquer ceste gibecière; mais, pour tourment¹ qu'ilz sceussent faire, ce curé ne partoit point la main de dessus sa prise, dont ilz se trouvèrent fort faschez et esbahis, de ce que un curé leur donnoit tant de peine; et de faict, celuy qui le racontoit dit au juge qui l'interroguoit qu'il s'estoit trouvé en une centaine de factions, mais qu'il n'avoit point vu d'homme plus obstiné à se donner garde que ce curé, ni qui eust moins d'envy de perdre sa bourse. Or si avoyent-ilz juré qu'ilz l'auroyent. Que firent-ilz en le pourmenant ainsi parmi la foule? Ilz firent tant qu'ilz le firent approcher d'un grand monceau de souliers de buche, *alias* des sabots, qu'ils disent en ce pais-là des esclops (si bien m'en souvient), lesquelz esclops ilz font pointus par le bout, pour la braveté. (Voyez, encores se fait-il de braves sabotz!) Quoy voyant l'un d'entre eulx, comme ilz sont tous accorts de faire leur profit de tout, vint pousser avec le pied l'un de ces esclops, et en donne un grand coup contre la greve de ce curé; lequel, sentant une extresme douleur, ne se peust tenir qu'il ne portast la main à sa jambe, car un tel mal que cestuy-là fait oublier toutes autres choses; mais il n'eut pas plustost lasché la

---

1 Il faut lire *tournement*, quoique toutes les éditions ayent *tourment*. (L. M.)

gibecière, que cest habile hillot ne la luy eust enlevée. Le curé, avec tout son mal, voulut reporter la main à ce que il tenoit si cher; mais il n'y trouva plus rien que le pendant, dont il se print à crier plus fort que de sa jambe; mais la gibecière estoit desjà en main tierce, voire quarte, si besoing estoit, car en telles executions ilz s'entresecourent merveilleusement bien. Ainsi le povre curé s'en alla mauvais marchand de son blé, estant blessé en la jambe et ayant perdu sa gibecière et son argent. Il y en ha qui sont si scrupuleux qui diroyent que c'estoit de peché[1], de vendre les biens de l'Eglise; mais je de dis rien de cela, j'ayme mieux vous faire un autre compte.

Nouvelle LXXX.

Des mesmes coupeurs de bourses, et du prevost La Voulte.

Il faut entendre que le meilleur advis qu'ayent pris les coupeurs de bourses ha esté de se tenir bien en ordre : car, quand ilz estoyent habillez chetivement, ilz n'eussent pas osé se trouver parmy les gens d'apparence, qui sont les lieux où ils ont le plus grand affaire; ou, s'ils s'y trouvoyent, on se donnoit garde d'eulx; car les hommes mal vestus, quand ilz seroyent plieurs de corporaux, si sont-ilz à tous coups prins pour espies. A propos, un jour

1. Var. : *que c'estoit peché.*

estant le roy François à Bloys, se trouvèrent de ces bons marchans dont est question, qui estoyent tous habillez comme gentilzhommes : desquelz y en eut un qui se laissa surprendre en la basse court de Bloys faisant son estat ; il fut incontinent representé devant monsieur de La Voulte, homme qui ha fait passer les fièvres en son temps à maintes personnes. Je faux : il donnoit la fièvre, mais il avoit le medecin quant et luy, qui en guerissoit. Estant ce couppe bourse devant le prevost, s'amassèrent force gens à l'entour de luy, ainsi qu'en tel cas chacun y court comme au feu, et ce tant pour congnoistre cest homme de mestier que pour veoir la façon du prevost, qui estoit un mauvais et dangereux fol, avec son col tors. Or les aultres couppeurs de bourses se tindrent aussi là auprès, faisans mine de gens de bien, pour ouyr les interrogatoires que feroit ce prevost à leur compagnon, et aussi pour praticquer quelque bonne fortune, s'elle se presentoit, comme en tel lieu les hommes ne se donnent pas bien garde : car ilz ne pensent point qu'il y ait plus d'un loup dedans le boys ; et il y en ha peut-estre plus de dix. Et puis, qui penseroit qu'il y en eust de si hardis de desrober au propre lieu où se fait le procès d'un larron ? Mais il y en eut bien de trompez. Or devinez qui ce fut ; vous ne le devinerez pas du premier coup. Jan[1] ! ce fut monsieur le prevost : car, cependant qu'il examinoit celuy qu'il avoit entre ses mains, touchant

---

[1]. Sorte de jurement qu'on a dejà rencontré plus haut et que l'on retrouvera avec modification, c'est le plus souvent : *Par Saint Jean !*

la bourse qui avoit esté couppée, il y en eut un en la foule qui luy couppa la sienne dedans sa manche, et la bailla habilement à un sien compagnon et amy. Le prevost, quelque ententif qu'il fust environ ce prisonnier, si sentit-il bien qu'on luy fouilloit en sa manche[1]. Il taste et trouve sa bourse à dire, dont il fut le plus despité du monde ; et, ne voyant autour de soy que des gens de bien, au moins bien habillez, il ne sçavoit à qui s'en prendre. Mais à la chaude vint saisir un gentilhomme le plus prochain de luy, en luy disant : « Est-ce vous qui avez prins ma bourse ? — Tout beau, monsieur de La Voulte, luy dit le gentilhomme ; retournez vous cacher[2], vous n'avez pas bien deviné ; prenez-vous en à un aultre qu'à moy. » Le prevost cuyda desesperer. Et le bon fut que, pendant qu'il estoit empesché à questionner de sa bourse, celuy qu'il tenoit luy eschappe et se sauve parmy le monde. Dont La Voulte, par un beau depit, en fit pendre une douzaine d'aultres qu'il tenoit prisonniers, et puis leur fit faire leur procès.

1. On mettoit à cette époque l'argent sous l'aisselle gauche, « dessous l'aile », dit comiquement notre conteur, dans une sorte de poche attachée à un lacet ; celui du prévôt étoit trop long et sa bourse pendoit. Quelquefois aussi, comme on le verra dans la nouvelle suivante, une fente étoit pratiquée dans la manche pour en rendre l'usage plus facile. Cette bourse, nommée communément gousset, contractoit à cet endroit du corps une fort mauvaise odeur, d'où est venue l'expression : Sentir le gousset.
2. Allusion au jeu qu'on appelle du *metier deviné*, où, quand on n'a pas deviné juste, on s'en retourne se cacher en attendant qu'on prepare la representation d'un autre metier. (L. M.)

Nouvelle LXXXI.

D'eux-mesmes encores, et du coultelier à qui fut couppé la bourse.

A Moulins, en Bourbonnois, y en avoit un qui avoit le renom de faire les meilleurs coulteaux de tout le pays, duquel bruit esmeu un de ces venerables couppeurs de cuir s'en alla jusques à Moulins trouver ce coultelier pour faire faire un coulteau, se pensant qu'en voyant ce pays il pourroit gaigner son voyage, tant par les chemins que sur les lieux. Estant arrivé à Moulins (car je ne dy rien de ce qu'il fit en allant), il va trouver ce coultelier et luy dit : « Mon amy, me ferez-vous bien un coulteau de la façon que je vous deviseray? » Le coultelier luy respond qu'il le feroit si homme de Moulins le faisoit. « Mon amy, dit cet homme de bien, la façon n'en est point aultrement difficile; le plus fort est qu'il couppe bien, car je le voudrois fin comme un rasoir. — Et bien! dit le coultelier, l'appelant Monsieur (car il le voyoit bien en ordre), ne vous souciez point du trenchant; dites-moy seulement de quelle sorte vous le voulez. — Mon amy, dit-il, je le veulx d'une telle grandeur et d'une telle façon.» Et n'oublia pas à le lui desseigner tout tel qu'il le luy falloit, en luy disant : « Mon amy (car il le falloit amieller), faites-le moy seulement, et ne vous souciez du pris, car je le vous payeray à vostre mot. » Il s'en va. Le coultelier se met après ce coulteau, qui fut prest à heure nommée. L'aultre le vint querir et le trouva bien faict à son gré et à son besoin. Il tire un teston [1] de sa faque et le baille au coultelier; et, comme tels gens ont tousjours l'œil au guet pour espier si fortune leur envoyera point quelque butin, il veid que ce coultelier tira sa bourse de sa manche pour mettre ce teston, ainsi qu'on la portoit en ce temps-là, et la mettoit-on par une fente qui estoit en la manche du sayon ou du pourpoint. Incontinent que le galant veid ceste bourse à descouvert, il commence à presser ce coultelier de quelques propos apostez, et l'embesongna tellement qu'il luy fit oublier de remettre sa bourse en sa manche et la laissa pendre sans y prendre garde. Estant cette bourse en si beau gibier, le galant se tenoit tousjours près de sa proye, entretenant fort famillierement et de près le coultelier, duquel il estoit desjà cousin. De propos en propos, ce coultelier s'adventure de luy dire : « Mais, Monsieur, vous

---

[1]. Petites pièces de monnoie que l'on commença de fabriquer sous Louis XII, appelées ainsi à cause de la tête du roi qui y étoit representée; un demi-siècle après, elles étoient tombées dans un grand discrédit : « Il est plus d'ecus qu'il n'y avoit en vostre beau siècle de *testons* » (*Contes d'Eutrapel*). Cependant jusqu'au XVIIIe siècle le mot resta en usage ; nous le retrouvons dans ce couplet gascon, tiré d'un manuscrit de 1720 :

« *C'est dans notre païs, cadédis,*
Qu'on boit vriller l'allure;
Sans un teston,
Partout un Gascon
Bit à son aise et fait le fanfaron :
Boilà du païs l'allure, mes cousis,
Boilà du païs l'allure. »

desplaira-t-il point si je vous demande à quoy c'est faire ce coulteau ? J'en ay fait en ma vie de beaucoup de façons ; mais je n'en fis jamais de semblable. — Mon amy, dit-il, si tu pensois à quoy il est bon, tu en serois esbahy. — Et à quoy ? Dites-le moy, je vous en prie. — Ne le diras-tu point ? dit le couppe-bourse. — Non, dit le coultelier ; je vous le prometz. » Le couppe bourse s'approche comme pour lui parler à l'oreille et luy dit tout bas : « C'est pour coupper des bourses. » Et, en disant cela, fit le premier chef-d'œuvre de son coulteau, car il ne faillit à luy coupper ceste bourse ainsi pendante ; puis, après luy avoir couppé la bourse, il luy couppe la queue[1] et s'en va chercher praticque deçà, delà, par la ville, là où il fit plusieurs belles executions de son mestier avec ce coulteau ; mais je croy bien qu'il s'afrianda tant en ce lieu qu'il fut surpris en un sermon couppant la bourse à un jeune homme de la ville (ainsi que font ceulx du mestier, tousjours attrapés tost ou tard), car les regnards se trouvent tous à la fin chez le peletier. Quand il eut esté quelques jours en prison, on luy promit (selon la coustume) qu'il n'auroit point de mal s'il vouloit parler rondement et dire les veritez en tel cas requises, sus laquelle promessse il commença à se declarer et à dire tout ce qu'il sçavoit. En ses interrogatoires estoit compris le cas de ce coultelier, d'autant que il, ayant ouy dire que ce couppeur de bourses estoit pris, s'estoit venu rendre partie et se plaindre à la justice ; sur quoy le prevost (car tel-

---

1. Il clot la conversation. Cela se disoit du joueur qui ne vouloit pas donner de revanche.

les personnes ne sont pas voulentiers renvoyées devant l'evesque) luy dit en riant, mais c'estoit un ris d'hostelier[1] : « Viença. Tu estois bien mauvais de coupper la bourse à ce coultelier qui t'avoit fait l'instrument pour gaigner ta vie. — Eh ! Monsieur, dit-il, qui ne la luy eust couppée ? Elle luy pendoit jusques aux genoulx. » Mais le prevost, après tous jeux, l'envoya pendre jusques au gibet.

Nouvelle LXXXII.

Du bandoullier Cambaire et de la responce qu'il fit à la court de parlement.

Dedans le ressort de Thoulouze y avoit un fameux bandoulier, lequel se faisoit appeller Cambaire, et avoit autresfois esté au service du roy avec charge de gens de pied, là où il avoit acquis le nom de vaillant et hardy capitaine ; mais il avoit esté cassé avec d'aultres quand les guerres furent finies, dont par despit et par necessité s'estoit rendu bandoulier des montaignes et des environs. Lequel train il fit à l'avantage qu'il se fit si incontinent congnoistre pour le plus renommé de ses compagnons, contre lequel la court de parlement fit faire telle poursuite qu'à la fin il fut prins et amené en la conciergerie, où il ne demeura guères que son procès ne fut faict et parfaict, par lequel

---

1. L'hôtelier rit aux dépens de son hôte.

il fut sommairement conclud à la mort, pour les cas enormes par luy commis et perpetrez. Et, combien que par les informations il fust chargé de plusieurs crimes et delicts, dont le moindre estoit assez grand pour perdre la vie, toutesfois la court n'usa pas de sa severité accoustumée, car on dit : rigueur de Thoulouse, humanité de Bordeaux, misericorde de Rouen, justice de Paris, beuf sanglant, mouton bellant et porc pourry, et tout n'en vault rien s'il n'est bien cuit. Mais elle eut certain respect à ce Cambaire, qu'elle luy voulut bien faire entendre avant qu'il mourust. Et, l'ayant faict venir, le president luy va dire ainsi : « Cambaire, vous devez bien remercier la court pour la grace qu'elle vous fait, qui avez merité une bien rigoureuse punition pour les cas dont vous estes attainct et convaincu; mais, parce qu'autresfois vous vous estes trouvé ès bons lieux où vous avez faict service au roi, la cour s'est contentée de vous condamner seulement à perdre la teste. » Cambaire, ayant ouy ce dicton, respondit incontinent en son gascon : « Cap de Diou; be vous donni la reste per un viet-d'aze. » Et à la verité le reste ne valloit pas guères après la teste ostée, attendu mesme que le tout n'en valloit rien. Mais si est-ce que pour ceste response il luy en print fort mal : car la court, irritée de ceste arrogance, le condamna à estre mis en quatre quartiers.

Nouvelle LXXXIII.

De l'honnesteté de monsieur Salzard.

Je veulx vous faire un beau conte d'un honneste monsieur qui s'appelloit Salzard. Sçavez-vous quel homme c'estoit ? Premierement, il avoit la teste comme un pot à beurre, le visage froncé comme un parchemin brullé, les yeux gros comme les yeux d'un beuf, le nez qui luy degoutoit, principalement en hyver, comme la poche d'un pescheur, et alloit tousjours levant le museau comme un vendeur de cinquailles[1], la gueule torte comme je ne sçay quoy, un bonnet gras pour lui faire une potée de choulx, sa robe avallée que vous eussiez dict qu'il estoit espaulé, une jacquette ballant jusques au gras de la jambe, des chausses deschicquetées au talon, tirans par le bas comme aux amoureux de Bretaigne. Je faulx : ce n'estoit pas des chausses, c'estoit de la crotte bordée de drap ; sa belle chemise de trois sepmaines, encores estoit-elle desjà salle ; ses ongles assez grands pour faire des lanternes ou pour bien s'egraffigner contre celuy qui est soubz les piedz Saint-Michel. A qui le marierons-nous, mes damoiselles ? Y ha-il point quelqu'une d'entre vous qui soit frappée des perfections de luy ? Vous en riez ! Or n'en riez plus. Luy donne une femme qui en sçaura quelqu'une qui luy soit

---

1. VAR. : *quinquailles*.

bonne; quand à moy, je n'en congnoy point pour luy si je n'y pensois. Non, non; ne différez point à l'aymer, car il est gracieux en recompense, car, quand on lui demandoit : « Monsieur, comme vous portez-vous? » il respondoit en villenois : « Je ne me porte jà. — Qu'avez-vous, Monsieur? — J'ay la teste plus grosse que le poing. — Monsieur, le disner est prest. — Mangez-le. — Monsieur, ils sont onze heures[1]. — Ilz en seront plus-tost douze. — Voulez-vous le poisson frict, ou bouilly, ou rosty, ou quoy? —Je le veux quoy. » Et qui estoit cest honneste homme-là? Voire, allez le luy dire, pour engendrer noise! ne vous enquerez point de luy si vous ne le voulez espouser.

Nouvelle LXXXIV.

De deux escolliers qui emportèrent les ciseaux du tailleur.

En l'Université de Paris y avoit deux jeunes escolliers qui estoient bons fripons et faisoient tousjours quelque chatonnie, principalement en cas de remuement de besongnes. Ilz prenoyent livres, ceinctures, gans; tout leur estoit bon; ilz n'atten-

---

1. Ménage (*Observations sur la langue françoise*, 1re partie, ch. 253) nous apprend que de son temps on parloit encore ainsi à Paris à la chambre des comptes. Voy., nouv. LXXXIX, un exemple d'une faute qui se rapproche de celle-ci : « Ilz viennent beaucoup de chose en six ans. »

doyent point que les choses fussent perdues pour les trouver, et falloit qu'ils prinssent, et n'eussent-ils deu emporter que des souliers. Mesmes estans en vostre chambre, tout devant vous, s'ilz eussent veu une paire de pantouffles soubz un coing de lict, l'un d'eulx les chaussoit gentiment sus ses escarpins et s'en alloit à tout. Et à ce compte, pour se donner garde d'eulx, il leur falloit regarder aux piedz et aux mains, combien que le proverbe ne nous advertisse que des mains. Somme, ilz avoyent fait serment qu'en quelque lieu qu'ils entreroyent, ilz en sortiroyent tousjours plus chargez, ou ilz ne pourroyent, et s'entendoyent bien ensemble : car, tandis que l'un faisoit le guet, l'autre faisoit la prise. Un jour, ilz se trouvèrent tous deux chez un tailleur (car ils n'estoient quasi jamais l'un sans l'aultre), là où l'un d'eulx se faisoit prendre la mesure de quelque pourpoint ; et, comme ilz jettoyent les yeux deçà, delà, pour voir ce qu'ilz emporteroient, ilz ne veirent rien qui fust bonnement de leur gibier, sinon que l'un d'eulx advisa une paire de cizeaux en assez belle prise, dont son compaignon estoit le plus près, auquel il dit en latin, en le guignant de la teste : *Accipe*. Son compaignon, qui entendoit bien ce mot, et le sçavoit bien mettre en usage, prend tout doulcement ces cizeaux et les met soubz son manteau tandis que le tailleur estoit amusé ailleurs, lequel ouyt bien ce mot *accipe* ; mais il ne sçavoit qu'il vouloit dire, n'ayant jamais esté à l'escole ; jusques à tant que, les deux escolliers estans departis, il eut affaire de ses cizeaux, lesquelz ne trouvant point, il fut fort esbahy et vint à penser en soy-memes qui estoit venu en sa boutique, dont ne se peut doubter que de ces deux jeunes gens; et mesme, se reduysant en memoire la contenance qu'il leur avoit veu faire, se souvint aussi de ce mot *accipe*, dont luy commença à croistre suspicion. Il vint tantost un homme en sa boutique, auquel, en parlant de ses cizeaux (car il souvient tousjours à Robin de ses fleutes[1]), il demanda : « Monsieur, dit-il, que signifie *accipe ?* » L'aultre luy respond : « Mon amy, c'est un mot que les femmes entendent ; *accipe* signifie pren. — O ! de par Dieu (je croy qu'il dist bien le diable), si *accipe* signifie pren, mes cizeaux sont perdus. » Aussi estoyent-ilz, sans point de faulte, pour le moins estoyent-ilz bien esgarez.

Nouvelle LXXXV.

Du cordelier qui tenoit l'eau auprès de soy à table et n'en beuvoit point.

Un gentilhomme appeloit ordinairement à disner et à soupper un cordelier qui preschoit le caresme en la paroisse, lequel cordelier estoit bon frère et aymoit le bon vin. Quand il estoit à table, il demandoit tousjours

---

1. Ce proverbe, qui doit être une allusion à quelque passage ou jeu de scène de l'ancienne farce de *Robin et Marion*, si populaire en France, se retrouve partout au XVIe siècle. B. de Verville (*Moyen de parvenir*, ch. 21) l'interprète à sa façon, et même le corrige ; il faut dire, selon lui : « Il souvient toujours à Martin de sa flûte. » Bèze, dans son Passavant, le traduit de la sorte : « *Semper subvenit Robino de suis fistulis.* »

l'aiguière auprès de soy, et toutesfois il ne s'en servoit point, car il trouvoit le vin assez fort sans eau, beuvant *sicut terra sine aqua ;* à quoy le gentilhomme ayant pris garde, lui dist une fois : « Beau père, d'où vient cela, que vous demandez tousjours de l'eaue, et que vous n'en mettez point en vostre vin ? — Monsieur, dit-il, pourquoy est-ce que vous avez tousjours vostre espée à vostre costé et si n'en faites rien ? — Voyre mais, dit le gentilhomme, c'est pour me deffendre si quelqu'un m'assailloit. — Monsieur, dit le cordelier, l'eau me sert aussi pour me deffendre du vin s'il m'assailloit, et pour cela je la tiens tousjours auprès de moy ; mais, voyant qu'il ne me fait point de mal, je ne luy en fais point aussi.»

Un cordelier qui est ceinct homme[1]
Boit du vin comme un aultre homme.

Nouvelle LXXXVI.

*D'une dame qui faisoit garder les coqs
sans cognoissance de poulles.*

Une grande dame de Bourbonnois avoit appris, par l'enseignement d'un personnage qui sçavoit que c'estoit de vivre friandement, que les jeunes cochetz sans estre chastrez, pourveu qu'ilz n'eussent point

---

1. VAR. : *sainct*. On comprend le mauvais jeu de mots que Des Periers a voulu faire, à moins que ce ne soit — chose plus vraisemblable — l'œuvre d'un copiste.

congnoissance de poulles, avoyent la chair aussi tendre et plus naturelle que les chappons, et que ce qui faisoit les coqs devenir aussi durs, c'estoit l'amour des gelines, comme font tous les masles avec les femelles : car, sans point de faultes, celuy parloit bien en homme experimenté qui disoit que qui le moins en faict trompe son compagnon, que les apprentis en sont maistres, que les plus grands ouvriers en vont aux potences, que les hommes en meurent et que les femmes en vivent, et aultres bons motz appartenans à la matière. Toutesfois, je m'en rapporte à ce qui en est ; ce que j'en dis n'est pas pour appaiser noise. A propos de nos cochetz, ceste dame dont nous parlons les faisoit garder à part des poulles, pour servir à table en lieu de chappons, dont elle se trouvoit bien. Un jour la vint veoir (comme sa maison estoit grande et principale) un grand seigneur, auquel elle fit tel et si honorable racueil qu'elle sçavoit faire. Luy voulut faire veoir les singularitez de sa maison une pour une, entre lesquelles elle n'oublia pas ses cochetz, luy en faisant grand feste et luy prometttant de luy en faire veoir l'experience à soupper. Ce seigneur print cela pour une grande nouveauté ; mais il eut pitié de ces povres cochetz, lesquelz il veid ainsi punis à la rigueur d'estre privez du plus grand plaisir que nature eust mis en ce monde, et se pensoit en soy-mesme qu'il feroit œuvre de misericorde de leur donner quelque secours, qui fut que, s'estant mis à part d'avec madame, il fit appeller l'un de ses gens, auquel il commanda secretement que tout à l'heure il luy recouvrast trois ou quatre poulles en vie, et qu'il ne faillist à les aller mettre dedans le poullaillier où estoient ces cochetz sans faire bruict, ce qui fut incontinent faict. Aussi-tost que ces poulles furent là-dedans et mes cochetz environ, et de se battre; jamais ne fut telle guerre; comme l'un montoit, l'aultre descendoit. Ces pauvres poulles furent affollées, car on dit que :

Gallus gallinaceus ter quinque sufficit unus.
Ter quinque viri non sufficiunt mulieri.

Mais je croy que ce dernier est faulx, car j'ai ouy dire à une dame qu'elle se contentoit bien de trois fois la nuyct : l'une à l'entrée du lict, l'aultre entre deux sommes, et la tierce au poinct du jour; mais, s'il y en avoit quelqu'une extraordinaire, qu'elle la prenoit en patience. De moy, je dirois ceste dame assez raisonnable, et qu'une fois n'est rien, deux font grand bien, troys c'est assez, quatre c'est trop, cinq est la mort d'un gentilhomme sinon qu'il fust affamé; au dessus, c'est à faire à charretiers. Vray est qu'il y avoit un gentilhomme qui se vantoit de la dix-septième fois pour une nuict[1], dont chacun qui l'oyoit s'en esmerveilloit; mais à la fin, quand il eut bien faict valoir son compte, il se declara en disant qu'il avoit fait une faulte qui valloit quinze; c'estoit bien rabattu. Mais, qu'est-ce que je vous compte? Pardonnez-moy, Mesdames : ce ont esté les cochetz qui m'ont fait cheoir en ces termes. Par mon ame! c'est une si douce chose qu'on ne se peult tenir d'en parler à tous propos. Aussi n'ay-je pas entrepris au commencement de mon livre de vous parler de rencherir le pain.

1. Voy. ci-dessus une note de la nouvelle XXXII, p. 141.

Nouvelle LXXXVII.

De la pie et de ses piauz.

C'est trop parlé de ces hommes et de ces femmes : je vous veux faire un compte d'oiseaux. C'estoit une pie qui conduisoit ses petits piauz par les champs pour leur apprendre à vivre; mais ilz faisoyent les besiatz et vouloyent tousjours retourner au nic, pensans que la mère les deust tousjours nourrir à la bechée; toutesfois, elle, les voyant tous drus pour aller par toutes terres, commença à les laisser manger tous seulz petit à petit en les instruisant ainsi : « Mes enfans, dit-elle, allez-vous en par les champs; vous estes assez grans pour chercher vostre vie; ma mère me laissa que je n'estois pas si grande de beaucoup que vous estes. — Voire mais, disoyent-ilz, que ferons-nous ? Les arbalestriers nous tueront. — Non feront, non, disoit la mère; il faut du temps pour prendre la visée. Quand vous verrez qu'ils leveront l'arbaleste et qu'ilz la metteront contre la joue pour tirer, fuyez-vous en. — Et bien ! nous ferons bien cela, disoyent-ils ; mais, si quelqu'un prend une pierre pour nous frapper, il ne faudra point qu'il prenne de visée. Que ferons-nous, alors ? — Et vous verrez bien tousjours, disoit la mère, quand il se baissera pour amasser la pierre. — Voire mais, disoyent les piauz, s'il portoit d'advanture la pierre tousjours preste en la main pour ruer? — Ah! dit la mère, en sçavez-vous bien tant! Or pourvoyez-vous si vous voulez. » Et, ce disant, elle les laisse et s'en va. Si vous n'en riez, si n'en ploureray-je pas.

Nouvelle LXXXVIII.

D'un singe qu'avoit un abbé, qu'un Italien entreprint de faire parler.

Un monsieur l'abbé avoit un singe, lequel estoit merveilleusement bien né: car, oultre les gambades et les plaisantes mines qu'il faisoit, il congnoissoit les personnes à la phisionomie; il congnoissoit les sages et honnestes personnes à la barbe, à l'habit, à la contenance, et les caressoit; mais un page, quand bien il eust esté habillé en damoiselle, si l'eust-il discerné entre cent aultres: car il le sentoit à son pageois incontinent qu'il entroit en la salle, encores que jamais plus il ne l'eust veu. Quand on parloit de quelque propos, il escoutoit d'une discretion, comme s'il eust entendu les parlans, et faisoit signes assez certains pour montrer qu'il entendoit; et, s'il ne disoit mot, asseurez-vous qu'il n'en pensoit pas moins. Brief, je croy qu'il estoit encores de la race du singe de Portugal qui jouoit si bien aux echetz [1]. Monsieur l'abbé estoit tout fier de ce singe et en

1. B. de Castiglione en fait le conte (*Cortegiano*; l. 2). Le gentilhomme à qui ce singe appartenoit jouant avec lui

parloit souvent en disnant et en souppant. Un jour, ayant bonne compaignie en sa maison, et estant pour lors la court en ce pays-là, il se print à magnifier son singe. « Mais n'est-ce pas là, dit-il, une merveilleuse espèce d'animal ? Je croy que nature vouloit faire un homme quant elle le faisoit, et qu'elle avoit oublié que l'homme fust faict, estant empeschée à tant d'aultres choses. Car, voyez-vous, elle lui fit le visaige semblable à celuy d'un homme, les doigtz, les mains, et mesme les lignes escartées dedans les paulmes, à un homme [1]. Que vous en semble ? Il ne lui fault que la parolle que ce ne soit un homme ; mais ne seroit-il possible de le faire parler ? On apprend bien à parler à un oyseau, qui n'ha pas tel entendement ni usage de raison comme ceste beste-là. Je voudrois, dit-il, qu'il m'eust cousté une année de mon revenu et qu'il paslast aussi bien que mon perroquet ; et ne croy point qu'il ne soit possible : car, mesme quand il se plaint ou quand il rit, vous diriez que c'est une personne et qu'il ne demande qu'à dire ses raisons ; et croy, qui voudroit ayder à ceste dexterité, qu'on y parviendroit. » A ces propos, par cas de fortune, estoit present un Italien, lequel, voyant que l'abbé parloit d'une telle affection et qu'il estoit si bien acheminé à croire que ce singe deust apprendre à parler, se presente d'une asseurance (qui est naturelle à la

---

aux échecs devant le roi de Portugal, perdit la partie ; pour se venger, il le frappa rudement à la tête. Une autre fois, crainte du même châtiment, notre intelligent animal se couvrit la tête d'un coussin en donnant échec et mat, puis alla, en signe de victoire, faire des cabrioles devant le roi.

1. Gasconisme, pour : *d'un homme*.

nation) et va dire à l'abbé, sans oublier les reverences, excellences et magnificences : « Seigneur, dit-il, vous le prenez là où il le fault prendre, et croyez, puisque nature ha faict cet animal si approchant de la figure humaine, qu'elle n'ha voulu estre impossible que le demeurant ne s'achevast par artifice, et qu'elle l'ha privé de langage pour mettre l'homme en besongne et pour montrer qu'il n'est rien qui ne se puisse faire par continuation de labeur. Ne lit-on pas des elephans qui ont parlé[1], et d'un asne semblablement[2]? (Mais plus de cent, eussé-je dict voulentiers.) Et suis esmerveillé qui ne se soit encore trouvé roy, ny prince, ny seigneur, qui l'ait voulu essayer de ceste beste, et dy que celui-là acquerra une immortelle louange qui premier en fera l'experience. » L'abbé ouvrit l'oreille à ces raisons philosophales, et principalement d'autant qu'elles estoyent italicques, car les François ont tousjours eu cela de bon (entre aultres mauvaises graces) de prester plus voulentiers audience et faveur aux estrangers qu'aux leurs propres. Il regarde cest Italien de plus près avec ses gros yeux

---

1. Oppien, l. 2, De la chasse, attribue aux elephans un langage articulé, φδογὼ μεροπηίδα, qu'avec Turnebe et Bodin on peut interpreter *voix humaine*. Christophle Acosta dit à peu près la même chose de ceux du Malabar, citant même l'exemple d'un qui, étant invité par le gouverneur de la ville de Cochin à vouloir aider à metre en mer une galiote du roi de Portugal, repondit très à propos et très intelligiblement : *Hoo! hoo!* ce qui, dans la langue du pays, signifioit qu'il le vouloit bien. (L. M.)

2. *D'un âne.* On voit dans Hygin, l. 2 de son *Astronomique poétique*, ch. 23, que l'âne sur lequel Bacchus passa certain marais de Thesprotie eut pour recompense de ce service le don de la parole. (L. M.)

et luy dist : « Vrayement, je suis bien aise d'avoir trouvé un homme de mon opinion, et y ha long-temps que j'estois en ceste fantaisie. » Pour abbreger, après quelques aultres argumens alleguez et deduicts, l'abbé, voyant que cest Italien faisoit profession d'homme entendu, avec une mine[1] qui valloit mieux que le boisseau, luy va dire : « Venez çà ; voudriez-vous entreprendre ceste charge de le faire parler? — Ouy, Monseigneur, dit l'Italien, je le vouldrois entreprendre. J'ay aultresfois entrepris d'aussi grandes choses, dont je suis venu à bout. — Mais en combien de temps? dit l'abbé, — Monsieur, respondit l'Italien, vous pouvez entendre que cela ne se peut pas faire en peu de temps. Je voudrois avoir bon terme pour telle entreprise que celle-là et si incongnue : car, pour ce faire, il le faudra nourrir à certaines heures, et de viandes choisies, rares et precieuses, et estre environ[2] nuict et jour. — Et bien ! dit l'abbé, ne parlez point de la depense : car, quelle qu'elle soit, je n'y espargneray rien; parlez seulement du tems. » Conclusion, il demanda six ans de terme ; à quoy l'abbé se condescendit et luy fait bailler ce singe en pension, dont l'Italien se fait avancer une bonne somme d'escus, et prend ce singe en gouvernement. Et pensez que tous ces propos ne furent point demenez sans appresterà rire à ceulx qui estoyent presens, lesquelz, toutesfois, se reservoyent à rire pour une aultre fois tout à loisir,

---

1. Jeu de mots : la *mine* étoit une sorte de mesure de grains valant plusieurs boisseaux.
2. Environ le singe, auprés de lui.

n'en voulant pas faire si grand semblant devant
l'abbé. Mais les Italiens qui estoient de la congnoissance de cet entrepreneur s'en portèrent
bien faschez, car c'estoit du temps qu'ilz com-
mençoyent à avoir vogue en France[1], et, pour
ceste singerpedie[2], ilz avoyent peur de perdre
leur réputation. A ceste cause, quelques-uns d'entre eulx blasmèrent fort ce magister, luy remontrans qu'il deshonoroit toute la nation par ceste
folle entreprinse, et qu'il ne devoit point s'a-
dresser à monsieur l'abbé pour l'abuser; et que,
quand il seroit venu à la congnoissance du roy,
on luy feroit un mauvais party. Quand cest Italien les eust bien escoutez, il leur respondit ainsi :
« Voulez-vous que je vous die ? Vous n'y entendez rien, tous tant que vous estes. J'ay entrepris
de faire parler un singe en six ans ; le terme vaut
l'argent, et l'argent le terme. Ilz viennent beaucoup de choses en six ans : avant qu'ilz soyent
passez, ou l'abbé mourra, ou le singe, ou moy-
mesme par adventure ; ainsi j'en demeureray
quicte[3]. » Voyez que c'est que d'estre hardy en-

---

1. Vers 1540.
2. Instruction de singe. Pourquoi ce mot ne seroit-il pas de l'invention de Des Periers ? La Monnoye et M. Paul Lacroix y voient une imitation de *Cyropédie*, terme forgé en 1547 par Jacques de Vintimille. Ce personnage étoit-il plus habile ou plus instruit que Des Periers parcequ'il a traduit en françois l'Institution de Cyrus ?
3. Cette nouvelle, qui nous paroît empruntée à Pogge, est conçue en ces termes dans son *Histoire de Florence* :
« Un tyran qui ne cherchoit qu'à saigner ses sujets en exigeoit des choses impossibles sous de grosses peines. Il commanda à l'un d'eux d'apprendre à lire à un âne ; l'autre, n'osant refuser, demanda dix ans de terme pour pouvoir

trepreneur! On dit qu'il advint le mieux du monde pour cest Italien. Ce fut que l'abbé, ayant perdu ce singe de veue, se commença à fascher de mode qu'il ne prenoit plus plaisir en rien, car il faut entendre que l'Italien le print avec condition de luy faire changer d'air, avec ce qu'il se disoit vouloir user de certains secretz que personne n'en eust la vue ny la congnoissance. Pour ce, l'abbé, voyant que c'estoit l'Italien qui avoit le plaisir de son singe, et non pas luy, se repentit de son marché et voulut ravoir son singe. Ainsi l'Italien demeura quitte de sa promesse, et cependant il fit grand chère des escus abbatiaux.

Nouvelle LXXXIX.

Du singe qui beut la medecine.

Je ne sçay si ce fut point ce mesme singe dont nous parlions tout maintenant, mais c'est tout un; si ce ne fut luy, ce fut un aultre. Tant y ha que le maistre de ce singe devint malade d'une grosse fiebvre, lequel fit appeller les medecins, qui luy ordonnèrent tout premierement le clistère et la saignée à la grande mode accoustumée, puis des syrops par quatre matins, et tandis une medecine, laquelle l'apoticaire luy apporte de bon

executer cet ordre, il les obtint. Comme on se moquoit de lui d'avoir entrepris une chose aussi impossible : « Laissez-moi faire, dit-il, je n'ai rien à craindre. Avant ce temps-là, ou je mourrai, ou l'âne ou mon maître mourront. »

matin au jour nommé. Mais, ayant trouvé son patient endormy, ne le voulut pas resveiller, d'aultant mesme qu'il n'avoit reposé long-temps avoit. Mais il laisse la medecine dedans le gobelet dessus la table, couvert d'un linge, et s'en alla en attendant que le patient se resveillast, comme il fit au bout de quelque temps, et veid sa medecine sus la table; mais il n'y avoit personne pour la luy bailler, car tout le monde estoit sorty pour le laisser reposer. Et par fortune avoyent laissé l'huys de la chambre ouvert, qui fut cause que le singe y entra pour venir veoir son maistre. La première chose qu'il fit fut de monter sus la table, où il trouve ce gobelet d'argent auquel estoit la medecine. Il le descouvre, et commence à porter ce breuvage au nez, lequel il trouva d'un goust un petit fascheux qui luy faisoit faire des mines toutes nouvelles. A la fin il s'adventure d'y taster, car jamais ne s'en fust passé. Mais, pour ceste amertume succrée, il retiroit le museau, il demenoit les babines, il faisoit des grimasses les plus estranges du monde. Toutesfois, parce qu'elle estoit doulceatre, il y retourna encores une fois, et puis une aultre. Somme, il fit tant, en tastant et retastant, qu'il vint à bout de ceste medecine et la beut toute; encores s'en leschoit-il ses barbes. Ce pendant le malade, qui le regardoit, print si grand plaisir aux mines qu'il lui veid faire qu'il en oublia son mal, et se print à rire si fort et de si bon courage qu'il guerit tout sain. Car, au moyen de la soubdaine et inopinée joye, les espritz se revigorèrent, le sang se rectifia, les humeurs se remirent en leur place, tant que la fiebvre se perdit. Tantost le medecin arrive, qui demanda au gisant comment il se trouvoit, et si la medecine avoit faict operation. Mais le gisant rioit si fort qu'à grand peine pouvoit-il parler, dont le medecin print fort mauvaise opinion, pensant qu'il fust en resverie, et que ce fust faict de lui. Toutesfois, à la fin il respondit au medecin : « Demandez, dit-il, au singe quelle operation elle ha faicte. » Le medecin n'entendoit point ce langage, jusques à tant que, luy ayant demouré quelque espace de temps, voicy ce singe qui commença à aller du derrière tout le long de la chambre et sus les tapisseries : il saultoit, il couroit, il faisoit un terrible mesnage. A quoy le medecin congneut bien qu'il avoit esté le lieutenant du malade, lequel à peine leur compta le cas comme il estoit advenu, tant il rioit fort; dont ilz furent tous resjouis, mais le malade encores plus, car il se leva gentiment du lict et fit bonne chère, Dieu merci et le singe.

Nouvelle XC.

De l'invention d'un mary pour se venger de sa femme.

Plusieurs ont esté d'opinion que, quand une femme fait faulte à son mary, il s'en doibt plustost prendre à elle que non pas à celuy qui y ha entrée, disant que qui veult avoir la fin d'un mal, il en fault oster la cause, selon le proverbe italien :

Morta la bestia, *morto il veneno* ; et que les hommes ne font que cela à quoy les femmes les invitent, et qu'ilz ne se jettent volentiers en un lieu auquel ils n'ayent quelque attente par l'attraict [1] des yeux ou du parler, ou par quelque aultre semonce. De moy, si je pensois faire plaisir aux femmes en les deffendant pour leur fragilité [2], je le ferois volentiers, qui ne cherche qu'à leur faire service ; mais j'aurois peur d'estre desadvoué de la pluspart d'entre elles, et des plus aymables de toutes, desquelles chacune dira : « Ce n'est point legiereté qui le me fait faire, ce sont les grandes perfections d'un homme, qui merite plus que tous les plaisirs qu'il pourroit recevoir de moy ; je me tiens grandement honorée et m'estime très heureuse me voyant aymée d'un si vertueux pesonnage comme celuy-là. Et certes, ceste raison là est grande et maintenant invincible ; à laquelle il n'y ha mary qui ne fust bien empesché de respondre. Vray est que, si d'advanture il se pense honneste et vertueux, il ha occasion de retenir sa femme toute pour soy ; mais, si sa conscience le juge qu'il n'est pas tel, il semble qu'il n'ayt pas grand'raison de tancer ny de deffendre à sa femme d'aymer un homme plus aymable qu'il n'est ; sinon, qu'on me respondra qu'il ne la doibt voirement ny ne peult empescher d'aymer la vertu et les hommes vertueux. Mais il s'entend de la vertu spirituelle, et non pas de cette vertu substantifique et humorale [3] ; et qu'il suffit de joindre les espritz en-

---

1. VAR. : *extrait*.
2. VAR. : *par la fragilité*. — 3. VAR. : *honorable*.

semble, sans approcher les corps l'un de l'autre[1], car

> *Le berger et la bergère*
> *Sont en l'umbre d'un buisson,*
> *Et sont si près l'un de l'autre*
> *Qu'à grand'peine les veoid-on*[2].

D'excuser les femmes par la force des presens qu'on leur fait, ce seroit soustenir une chose vile, sordide et abjecte. Plutost les femmes meritent griefve punition, qui souffrent que l'avarice triomphe de leur corps et de leur cueur, combien que ce soit la plus forte pièce de toute la batterie, et qui fait la plus grand' bresche. Mais sur quoy les excuserons-nous donc ? Si fault-il trouver quelques raisons (sinon suffisantes, à tout le moins recevables, par faulte de meilleur paiement). Certes, mon advis est qu'il n'y ha point de plus valable deffence que de dire qu'il n'est place si forte que la continuelle et furieuse batterie ne mette par terre. Aussi n'est-il cueur de dame si ferme, ne si preparé à resistence, qui à la fin ne soit contraïnct de se rendre à l'obstinée importunité d'un amant. L'homme mesme qui s'attribue la constance pour une chose naturelle et proprietaire se laisse gaigner plus souvent que tous les jours, et s'oublie ès choses qu'il doit tenir pour les plus deffensables, exposant en vente ce qui est soubz la clef de la foy. Dont la femme, qui est de nature doulce, de cœur pitoyable, de parole affable, de complexion delicate, de puis-

---

1. VAR. : *sans approcher le corps si près l'un de l'autre.*
2. Ce couplet doit être extrait de quelque chanson.

sance foible, comment pourra-elle tenir contre un homme importun en demandes, obstiné en poursuites, inventif en moyens, subtil en propos et excessif en promesses? Vrayement, c'est chose presque difficile jusques à l'impossible; mais je n'en resouldray rien pourtant en ce lieu-cy, qui n'est pas celuy où se doibt terminer ce different. Je dirai seulement que la femme est heureuse, plus ou moins, selon le mary auquel elle a affaire, car il y en ha de toutes sortes : les uns le sçavent et n'en font semblant, et ceux-là ayment mieux porter les cornes au cueur que non pas au front; les autres le savent et s'en vengent, et ceulx-là sont mauvais, folz et dangereux. Les autres le savent et le souffrent, qui pensent que patience passe science, et ceux-là sont povres gens; les autres n'en savent rien, mais ilz s'en enquièrent, et ceulx-là cherchent ce qu'ilz ne voudroient pas trouver. Les aultres ne le sçavent ny ne tendent à le sçavoir, et ceulx-ci de tous les cocus sont les moins malheureux, et mesmes plus heureux que ceux qui ne le sont point et le pensent estre. Tous ces cas ainsi premis, nous vous compterons d'un monsieur qui en estoit; mais certainement ce n'estoit pas à sa requeste, car il s'en faschoit fort. Mais il estoit de ceulx du premier rang, dissimulant tant qu'il pouvoit son inconvenient, en attendant que l'opportunité se presentast d'y remedier, fust en se vengeant de sa femme ou de l'amy d'elle, ou de tous deux s'il luy venoit à poinct. Et, parce qu'il estoit mieux à main de se prendre à sa femme, le premier sort tomba sur elle, au moyen d'une invention qu'il imagina. Ce fut qu'au temps de vacations de court, il s'en alla esbattre à une terre qu'il avoit à deux lieues de la ville ou environ, et y mena sa femme avec un semblant de bonne chère, la traittant tousjours à la manière accoustumée tout le temps qu'ilz furent là. Quand vint qu'il s'en fallut retourner à la ville, un jour ou deux avant qu'ils deussent partir, il commanda à un sien valet (lequel il avoit trouvé fidelle et secret) que, quand ce viendroit à abreuver sa mule sus laquelle montoit sa femme, qu'il ne la menast pas à l'abreuvoir, mais qu'il la gardast de boire tous les deux jours; avec cela, qu'il mist du sel parmy son avoine, ne luy disant point pourtant à quelle fin il faisoit faire cela; mais il se congneut par l'evenement qui depuis s'en ensuivit. Ce valet fit tout ainsi que son maistre luy commanda, tellement que, quand il fut question de partir, la mule n'avoit beu de tous les deux jours. La damoiselle monte sus ceste mule et tire droit le chemin de Thoulouze, lequel s'adonnoit ainsi qu'il failloit aller trouver la Garonne et cheminer au long de la rive quelque temps, qui estoit la première eau qu'on trouvoit par le chemin. Quand ce fut à l'approche de la rivière, la mule commence de tout loing à sentir l'air de l'eau, et y tira tout droict, pour l'ardeur qu'elle avoit de boire. Or les endroits estoient creux et non gueables, et falloit que la mule (pour boire) se jettast en l'eau tout de secousse, dont la damoyselle ne la peut jamais garder, car la mule mouroit d'alteration. Tellement que ladicte damoiselle, estant surprinse de peur, empeschée d'accoustremens, et le lieu estant difficille, tomba du premier coup en l'eau, dont le mary s'estoit tenu loing tout expressement avec son varlet, pour laisser venir la chose au poinct qu'il avoit premedité ; si bien qu'avant que la povre damoiselle peust avoir secours, elle fut noyée suffoquée en l'eau. Voylà une manière de se venger d'une femme qui est un peu cruelle et inhumaine [1]. Mais que voulez-vous ? Il fasche à un mari d'estre cocu en sa propre personne. Et si se songe que, s'il ne se prenoit qu'à l'amy, son mal ne sortiroit pas hors de sa souvenance, voyant tousjours auprès de soy la beste qui auroit faict le dommage; et puis elle seroit toute preste et appareillée à refaire un autre amy. Car une personne qui ha mal faict une fois (si c'est mal faict que cela toutes fois) est tousjours presumée mauvaise en ce genre-là de mal faire. Quand est de moy, je ne sçaurois pas qu'en dire : il n'y ha celuy qui ne se trouve bien empesché quand il y est. Par quoy j'en laisse à penser et à faire à ceux à qui le cas touche.

---

[1]. On croit que celui qui en fit usage fut Geoffroi Carles, président au parlement de Grenoble en 1505, et précepteur de Renée de France. Néanmoins d'autres auteurs pensent qu'il employa pour se débarrasser de sa femme un moyen moins ingénieux.

*Sur le discours des Nouvelles Récréations et Joyeux
     Devis contenus en ce premier livre.*

SONNET DE L'AUTHEUR[1]
aux lecteurs.

*Or çà, c'est faict : en avez-vous assez ?
Mais, dites-moy, estes-vous saoulz de rire ?
Si ne tient-il pour le moins à escrire.
Ces gais devis j'ay pour vous amassez.*

*J'ay jeune et vieux pesle-mesle entassez :
Hay au meilleur, et me laissez le pire ;
Mais rejectez chagrin qui vous empire,
Tant plus songeards en resvant ravassez.*

*Assez, assez, les siècles malheureux
Apporteront de tristesse entour eux ;
Donq au bon temps prenez esjouyssance ;*

*Puis, quand viendra malheur vous faire effort,
Prenez un cueur, mais quel ? Hardy et fort,
Armé sans plus d'invincible constance.*

---

1. Dans quelques éditions ce sonnet est suivi de ces mots :
ATTENDANT MIEUX.

FIN DE LA PREMIÈRE PARTIE.

LES NOUVELLES
RECREATIONS
ET
JOYEUX DEVIS
DE FEU
BONAVENTURE DES PERIERS
Valet de chambre de la royne de Navarre

DEUXIÈME PARTIE
NOUVELLES ATTRIBUÉES A DES PERIERS
dans les éditions postérieures à 1558.

LES NOUVELLES RECREATIONS

ATTRIBUÉES A

BONAVENTURE DES PERIERS.

Nouvelle XCI.

De l'assignation donnée par messire Itace, curé de Baignolet, à une belle vendeuse de naveaux, et de ce qui en advint.

Messire Itace, curé de Baignolet, combien qu'il fût grand homme de bien, docteur en theologie, *ergo* il estoit homme, *ergo* naturel par argumens pertinens, *ergo* aymoit les femmes naturelles comme un autre [1], si bien que, voyant un jour une belle vendeuse de naveaux, simple et facile à toutes bon-

---

1. Imité de Rabelais. Voyez une note de la Nouvelle V, p. 25.

nes choses faire, il l'arraisonna un peu en passant, luy demandant comme se portoit marchandise et si ses naveaux estoient bons et sains, parce qu'il en aymoit fort le potaige ; à ceste occasion luy monstra son Joannes[1], auquel commanda luy enseigner son logis pour luy en apporter d'ores-en-avant, dont elle seroit bien payée, et *reliqua*, car il estoit charitable et davantage respectif d'adresser ses charitez et aumosnes en lieu qui le meritoit. Elle luy promet d'y aller, et Joannes par provision en emporte sa fourniture, la payant au double par le commandement de son maistre. La marchande de naveaux ne fait faute au premier jour de passer par devant le logis et demander si on vouloit des naveaux ; il luy fut dit qu'elle vînt le soir parler secretement à monsieur, afin de recevoir une liberalité honneste, laquelle fournye de la main dextre, il ne vouloit pas (selon que dict l'Evangile) que la main senestre en sentist rien ; à l'occasion de quoy il assignoit la nuict prochaine. La jeune femme s'y accorde. Le curé demeure en bonne devotion sur le soir l'attendant, et commandant à Joannes son *famulus* de soy coucher de bonne heure en la garde-robe, et, s'il oyoit d'aventure quelque bruit, de ne s'en resveiller, ne relever, ne formaliser aucunement. Cependant le bon Itace se pourmène, descend, remonte, regarde par la fenestre si ceste marchande vient point ; brief il est reduit en semblable agonie que Roger en l'attente d'Alcine, au romand de Roland furieux[2]. Finablement, estant

---

1. Voyez une note de la Nouvelle LXIII, p. 224.
2. Voyez l'Arioste, *Roland furieux*, chant 7.

lassé de tant descendre et monter par son escalier, assis en une chaire en sa chambre, ayant toutesfois laissé la porte de son logis entr'ouverte pour recevoir la marchande sans en faire oyr aucun bruit aux voisins de peur de scandale, qui seroit plus grand procedant de sa qualité que des autres, à cause de la vie qui doit estre exemplaire, voicy arriver la chalande qui monte droit en haut : « Bon soir, Monsieur, dit-elle. — Vous soyez la très-bien venue, m'amye (respond-il), vrayement, vous estes femme de promesse et de tenue »; et, s'approchant pour la tenir et accoller amoureusement, survint un quidam qui les surprend et s'escrie à la femme : « O, meschante! je me doutois bien que tu allois en quelque mauvais lieu quand tu te robbois ainsi sur la brune. » Et, ce disant, avec un gros baston et à tour de bras commença à ruer sus sa drapperie [1], quand le bon Itace s'y oppose et se met entre deux, disant : « Holà! tout beau! » et tout ce qui luy pouvoit venir en la teste et en la bouche, comme à personne bien estonnée du basteau. « Comment, Monsieur (replique l'homme), subornez-vous ainsi les femmes mariées que vous faictes venir de nuit en vostre logis ? Et vous preschez que qui veut mal faire suit les tenèbres et fuit la lumière! » La femme alors luy dit : « Mon mary! mon amy! vous n'entendez pas nostre cas; le

1. Image bien communément employée à cette époque et analogue à celle-ci : *pleuvoir sur sa mercerie* : « Il n'avoit pas encore tant plu sur leur mercerie comme il a plu depuis. » (H. Estienne, *Apologie pour Hérodote*, ch. 21.) « Et Dieu sait comment il plut sus sa mercerie ! », a dit Des Periers, Nouv. X p. 54.

bon seigneur que voicy, adverty de nostre pauvreté honteuse, m'a fait dire par ses gens qu'il nous vouloit faire une liberalité, mais qu'il n'en pretendoit aucune vaine gloire et ne vouloit qu'elle fust veue ne sceue. Et, pour ce que nous couchons mal, en faveur de lignée et generation il s'est resolu de nous donner son lict que vous voyez bel et bon, à la charge seulement de prier Dieu pour luy, chose qu'il ne pouvoit bonnement executer qu'à telle heure pour les raisons que dessus; pour ce, mon mary, passez votre colère, et, au lieu de faire ainsi l'Olybrius, remerciez messire Itace. » Adonc se print le mary à s'excuser grandement du peché d'ire envers son bon curé et confesseur, luy en demandant pardon et mercy. Ceste bonne et subtile invention de femme resjouit aucunement messire Itace, lequel estoit en voye d'estre testonné par ledict mary irrité et en danger d'estre scandalisé des voisins, chose qui eust esté grandement enorme pour un homme de son estat. Le mary, avec fort gracieuses paroles de remerciement, tire le lict de plume en la place, sans oublier les draps mesmes, qui y estoient tout blancs, attendant l'escarmouche. Il monte après, deffait le beau pavillon de sarges de diverses couleurs qui y estoit, print sa charge du plus lourd fardeaux, et sa femme du reste, avec très-humbles actions de graces. Eux ainsi departis, messire Itace, non trop content, tant de la proye qui luy estoit si facilement eschappée que du butin qu'on luy avoit enlevé, appelle Joannes, qui avoit assez ouy le bruit et entendu la pluspart du jeu, auquel dit de mine fort faschée : « Aga, *famule*, le villain, comme il a

emboué ma paillace de ses piedz ; au moins s'il
eust osté ses souliers avant que monter sur mon
lict. » Le Joannes, voulant d'une part consoler son
maistre et d'autre part estant fasché qu'il n'avoit
eu sa part au butin, luy dit : « *Domine*, vous sçavez le bon vieil latin : *Rustica progenies nescit habere modum*, c'est-à-dire : *Oignez vilain, il vous poindra*[1]. Si vous m'eussiez appellé quand les souillons sont venus ceans, je les eusse chassez à coups de baston, et ne seriez maintenant faché de veoir vostre chambre desgarnie sans l'aide de sergens.

Nouvelle XCII.

Des moyens qu'un plaisantin donna à son roy afin de recouvrer argent promptement.

Puis que Triboulet a eu credit ès meilleures compaignies, et que ses faceties tiennent lieu en ce present livre, il nous a semblé bon de luy donner pour compagnon un certain plaisant des mieux nourris en la court de son roy ; et, pour ce qu'il le voyoit en perplexité de recouvrer argent pour subvenir à ses guerres, luy ouvrit deux moyens (dont peu d'autres que luy se fussent advisez). « L'un, dit-il,

---

1. C'est la première partie d'un proverbe alors populaire :

    Oignez vilain, il vous poindra ;
    Poignez vilain, il vous oindra.

Sire, est de faire vostre office alternatif, comme vous en avez faict beaucoup en vostre royaume. Ce faisant, je vous en ferai toucher deux millions d'or et plus. » Je vous laisse à penser si le roy et les seigneurs qui y assistoient rirent de ce premier moyen, desquelz, pensant mettre ce fol en sa haute game, luy demandèrent : « Et bien! maistre fol, est-ce tout ce que tu sçais de moyens propres à recouvrer finances ? — Non, non, respond le fol (se presentant au roy), j'en sçay bien un autre aussi bon et meilleur : c'est de commander par un edit que tous les licts des moines soyent venduz par tous les pays de vostre obeissance, et les deniers apportés ès coffres de vostre espargne. » Sur quoy le roy luy demanda en riant : « Où coucheroient les pauvres moines quand on leur auroit osté leurs licts ? — Avec nonnains. — Voire mais, repliqua le roy, il y a beaucoup plus de moines que de nonnains. » Adonc le compagnon eut sa response toute preste, et fust qu'une nonnain en logeroit bien une demi-douzaine pour le moins. « Et croyez, disoit ce fol, qu'à cette fin les roys vos predecesseurs, et autres princes, ont fait bastir en beaucoup de villes les couvents des religieux vis-à-vis de ceux des religieuses [1]. »

---

[1]. Les expédients si nombreux auxquels recourut le gouvernement, au XVIe siècle, pour remplir ses coffres, rendent très vraisemblables ces propositions d'un esprit en délire. M. E. Fournier, dans ses *Variétés historiques*, a donné plusieurs pièces fort curieuses sur la matière.

Nouvelle XCIII.

D'un larron qui eust envie de desrober la vache de son voisin.

Un certain accoustumé larron, ayant envye de desrober la vache de son voisin, se lève[1] de grand matin, devant le jour, et, estant entré en l'estable de la vache, l'emmène, faisant semblant de courir après elle. A tel[2] bruit le voisin s'estant esveillé et ayant mis la teste à la fenestre : « Voisin (dit ce larron), venez-moy aider à prendre ma vache, qui est entrée en vostre cour, pour avoir mal fermé vostre huis. Après que ce voisin luy eut aydé à ce faire, il luy persuada d'aller au marché avec luy (car, demourant en la maison, il se fust apperceu du larrecin). En chemin, comme le jour s'esclaircissoit, ce pauvre homme, recognoissant sa vache, luy dit : « Mon voisin, voilà une vache qui ressemble fort à la mienne.—Il est vray, dit-il, et voilà pourquoy je la meine vendre, pource que tous les jours vostre femme et la mienne s'en debattent, ne sçachans laquelle choisir. » Sur ces propos, ils arrivèrent au marché ; alors le larron, de peur d'estre descouvert, fait semblant d'avoir affaire parmy la ville, et prie son dict voisin de vendre[3] ceste vache le plus

---

1. Var. : *se leva.*
2. Var. : *auquel.*
3. Var. : *de vendre cependant cette vache.*

qu'il pourroit, luy promettant le vin. Le voisin donc la vend et puis luy apporte l'argent. Sur cela s'en vont droict à la taverne, selon la promesse qui avoit esté faicte ; mais, après y avoir bien repeu, le larron trouve moyen d'evader, laissant l'autre pour les gaiges. De là s'en vint à Paris, et là se trouvant, une fois entr'autres, en une place du marché où il y avoit force asnes attachez (selon la coustume) à quelques fers tenans aux murailles, voyant que toutes les places estoient remplies, ayant choisi le plus beau, monte dessus, et, se promenant par le marché, le vendit très bien à un incongneu, lequel achepteur, ne trouvant place vuyde que celle dont il avoit esté osté, le rattache au lieu mesme. Qui fut cause que celuy qui estoit le vray maistre de l'asne, et auquel on l'avoit desrobé, le voulant puis après detacher pour l'emmener, grosse querelle survint entre luy et l'achepteur, tellement qu'il en fallut venir aux mains. Or, le larron qui l'avoit vendu, estant parmi la foule et voyant ce passe-temps, mesmement que l'achepteur estoit par terre, chargé de coups de poing, ne se peut tenir de dire : « Plaudez, plaudez-moy hardiment ce larron d'asnes ! » Ce qu'oyant ce pauvre homme, qui estoit en tel estat et ne demandoit pas mieux que de rencontrer son vendeur, l'ayant recongneu à la parolle : « Voilà, dit-il, celuy qui me l'a vendu. » Sur ce propos il fut empoigné, et, toutes les susdictes choses averées par sa confession, fut executé par justice, comme il meritoit.

Nouvelle XCIV.

D'un pauvre homme de village qui trouva son asne, qu'il avoit esgaré, par le moyen d'un clistaire qu'un medecin luy avoit baillé.

Es pays de Bourbonnois (où croissent mes belles oreilles) fut jadis un medecin très fameux, lequel, pour toutes medecines, avoit accoustumé bailler à ses patiens des clistères, dont de bonheur il faisoit plusieurs belles cures ; et pource en estoit-il plus estimé, en manière qu'il n'y avoit enfant de bonne mère qui ne s'addressast à luy en sa maladie. Advint qu'au mesme temps un pauvre homme de village avoit esgaré son asne par les champs, dont il estoit fort troublé ; et, ainsi qu'il alloit par les destroicts querant cest asne, il rencontra en son chemin une bonne vieille femme, qui luy demanda qu'il avoit à se tourmenter ainsi ; à laquelle il feit responce qu'il avoit perdu son asne, et qu'il en estoit si fort courroucé qu'il en perdoit le boire et le manger. Alors la vieille lui enseigna la maison de ce medecin, auquel elle l'envoya seurement, l'advertissant que de toutes choses perdues il en disoit certaines nouvelles, sans faute, dont le bon homme fut très-aise ; et, pource, print son chemin vers ledit medecin. Et quand il fut en son logis, il veit tant de gens à l'entour de luy qui l'empeschoient d'approcher, qu'il fut fort ennuyé, et, pource, il commença à crier : « Helas ! monsieur, pour Dieu, rendez-moy mon asne ! C'est toute ma vie ; je vous prie, ne le cachez point. On m'ha dict que vous l'avez ou me l'enseignez. » Et reïtera telles parolles par plusieurs fois, criant tousjours plus hault, dont le medecin fut ennuyé. Et, pource, le regarda en face, et, cuydant qu'il fust hors de son entendement, il commanda à ses serviteurs qu'ils luy baillassent un clistaire, ce qui fut tost faict. Puis le pauvre homme sortit de leans, esperant trouver son asne en sa maison ; et, quand il fut à my-chemin, il fut pressé de vuyder son clistaire, et, pource, incontinent se retira dedans une petite masure, où il opera très-bien ; et ainsi qu'il estoit en telz affaires, il entendit la voix de son asne, qui hannissoit[1] parmy les champs, dont le pauvre homme fut très-joyeux, et n'eut pas le loysir de lever ses chausses pour courir après son asne, lequel recouvert, il feit grande feste, et puis monta dessus et s'en retourna en la ville bien vistement pour remercier le medecin ; et, cependant, par les chemins publioit le grand sçavoir et prudence de sondict medecin, et comment, par son moyen, il avoit retrouvé son asne, dont le medecin fut encores prisé davantage et plus estimé que jamais n'avoit esté.

---

[1]. Tant qu'à faire, pourquoi n'écrire pas *asnir ?* L'auteur cherche un point de ressemblance entre *hennir* et *asne*.

Nouvelle XCV.

*D'un superstitieux medecin qui ne vouloit rire avec
sa femme sinon quand il plouvoit, et de la
bonne fortune de ladicte femme
après son trespas.*

En la ville de Paris est recentement advenu qu'un medecin se fonda tellement en raisons superstitieuses jouxte la quinte essence, qui estoit par astrologie que rire et prendre le deduit avecques sa femme en temps sec luy fust très contraire, et pource il s'en abstenoit totalement; et encore, quand il veoit le temps humide, observoit-il le cours de la lune, ce qui ne plaisoit guères à sa femme, laquelle souvent le requeroit du deduit, et, par necessité qu'elle avoit, s'efforçoit à le faire joindre; mais elle ne gaignoit guères, et pour toute resolution, il luy donnoit à entendre que le temps n'estoit disposé, et que telle chose luy seroit plus nuysible qu'à son profit. Ainsi rapaisoit sa pauvre femme à rien ne faire. Advint que familierement la medecine compta son affaire à une sienne voisine, laquelle luy conseilla qu'incontinent qu'elle seroit couchée elle fist porter trois ou quatre seaux d'eau en son grenier, et les fist verser en un bassin de plomb qui estoit jouxte la fenestre dudict grenier, et servoit à recevoir les eaux des esgoutz de la pluie pour la faire distiller par un tuyau ou canal de plomb jusques au bas de la court (ainsi que l'on a accoustumé faire aux bonnes maisons); et dit la voisine qu'incontinent qu'elle oüyroit le bruit de ladite eaue, qu'elle en advertist son mary. Ce que la bonne dame medecine feit très volentiers; et, combien que la journée eust esté chaulde et sèche, neantmoins elle executa son entreprise. Et quand tous deux furent couchez en leur lict, la chambrière instruicte laisse peu à peu decouller l'eaue par ledict canal, ce qui rendoit bruit, auquel la dame esveilla son medecin, le conviant à faire le deduict; ce que le medecin executa à son pouvoir, non toutesfois qu'il ne fust esbahy comment le temps estoit si tost changé. La dame continua par aucuns jours à telle subtilité, dont elle se trouva bien aise. Depuis advint que le medecin mourut, et pource que ladite dame estoit une très belle femme, jeune et riche, plusieurs la demandoient en mariage; mais oncques ne voulut accorder à aucun, tant riche fust-il, qu'elle n'eust parlé à luy. De medecins elle n'eut plus cure, et demandoit aux autres s'ils se congnoissoyent aux estoilles et à la lune; et plusieurs d'iceux, ignorans du faict, luy respondoyent qu'ils en avoient fort bien apris tout ce qu'il en falloit sçavoir, lesquels pour cela elle esconduysoit. Advint qu'un bon compagnon, assez lourdaut, luy demanda s'elle le vouloit pour mary; et ainsi qu'ils devisoient joyeusement, elle l'interrogea s'il se congnoissoit aux estoilles; lequel feit responce qu'il ne se congnoissoit au soleil, ny aux estoilles, n'à la lune, et ne sçavoit quand il se failloit aller coucher, sinon quand il ne veoit plus goutte. Cette parolle plut à la dame, et pource elle le print à mary, dont elle fut très bien labourée et à profit, et se vanta depuis qu'elle avoit trop de ce qu'elle avoit eu trop peu auparavant.

Nouvelle XCVI.

D'un bon compaignon hollandois qui fit courir après luy un cordouannier qui luy avoit chaussé des botines.

Ce ne sera chose hors de propos de reciter icy l'habilité d'un bon compaignon se promenant parmy une assez bonne ville de Hollande, lequel entré en la boutique d'un cordouannier, le maistre luy demande s'il y a quelque chose qui luy duise [1]. Or, l'ayant apperceu jetter la veue sur des botines qui estoient là pendues, luy demande s'il avoit envie d'en avoir une paire. Quant il eut respondu et dit ouy, il luy choisit celles qui luy sembloient le mieux venir à ses jambes, et les luy chaussa. Quant il les eust, il se feit aussi essayer des souliers, lesquels luy semblèrent venir bien à ses pieds comme les botines à ses jambes. Après cecy, au lieu de faire marché et de payer, il vint à demander au cordouannier par manière de jaserie : « Dittes-moy par vostre foy, ne vous advint-il jamais que quelqu'un que

1. VAR. : *plaise.*

vous auriez si bien equippé pour courir s'en soyt fuy sans payer ? — Jamais, dit-il. — Et si d'adventure il advenoit, que feriez-vous ? — Je courrois après, dit le cordouannier. — Dittes-vous cecy à bon escient ? — Je le dy en verité [1], et ne ferois point autrement, respondit le gentil cordouannier. — Il en faut veoir l'experience, dit l'autre. Or sus, je me mettray le premier à courir ; courez après moy. » Et sur cecy commença à fuir tant qu'il peut. Alors le cordouannier de courir après et de crier : « Arrestez le larron ! arrestez le larron ! » Mais l'autre, voyant qu'on sortoit des maisons, et de peur qu'il avoit qu'on ne meit la main sur luy, faisant bonne mine comme celuy qui ne faisoit cecy que pour son passe-temps : « Que personne (dit-il) ne m'arreste, car il y a grosse gaigeure. » Ainsi s'en revint le cordouannier, grandement faché d'avoir perdu son temps, son argent et sa peine [2], car l'autre avoit gaigné le prix quant à courir. Or combien qu'en ce joyeux deviz il soit usé de ce mot *botines*, si est-ce qu'il [3] ne faut pas entendre des botines faictes à la façon des modernes nostres, puis qu'elles se mettent en des souliers [4].

1. Var. : *en bon escient.*
2. Var. : *Ainsi s'en revint en la maison le pauvre cordouannier, bien fasché d'avoir perdu son temps et son argent et encore sa peine.*
3. Var. : *toutefois.*
4. La bottine étoit alors une sorte de pantoufle que l'on chaussoit sur les bas et qui ne tenoit pas quitte des souliers. On cite plusieurs hommes de guerre qui durant des assauts combattirent en bottines, c'est-à-dire les pieds libres de toute entrave.

Nouvelle XCVII.

De l'escolier qui feuilleta tous ses livres pour sçavoir que signifioient ramon, ramonner, hart, sur peine de la hart, etc.

Un meschant mot, *hart*, fort renommé et presché en France en temps de paix, avoit autresfois fasché un jeune escolier de ce qu'il n'en pouvoit rendre l'interpretation à ceux qui luy demandoient (encore qu'il l'eust demandé mille fois aux clercs de son village); mais c'estoit un mot plus que hebreu pour eux. De quoy plus qu'auparavant irrité, l'escollier n'espargna frère [1] *Calepinus auctus et recognitus, Cornucopiæ, Catholicon magnum et parvum* [2], où il ne cherchast; mais pour neant, car il n'y estoit pas. Toutesfois, après qu'il eut bien ruminé à part luy, il se souvint qu'environ dix ans auparavant, une chambrière qui se disoit Picarde (combien qu'elle fust de Normandie) luy apprint que c'estoit un soir qu'il estoit à Paris, sans y penser, faisant collation [3] d'une bourrée devant qu'aller au lict, et de laquelle il avoit aprins, un peu auparavant, que *ramon* estoit

---

1. M. Lacroix pense qu'il vaut mieux lire *guère*.
2. Titres des dictionnaires latins en usage à cette époque.
3. VAR. : *sans y penser, que c'estoit un soir qu'il estoit à Paris, faisant collation*, etc.

un balay, et *ramonner*, balier, en la chansonnette :

> *Ramonnez-moy ma cheminée.*

Hart, doncques (disoit-il), en discourant à part luy, est le lien d'un fagot ou d'une bourrée à Paris, qu'on appelle une riotte en mon benoist païs ; parquoy j'entens que quant on crie : « De par le roy, sur peine de la hart (hart *est fœminini generis*) ! » vault autant à dire que sur peine de la corde, jadis qu'on s'aydoit des branches des arbres pour espargner le chanvre. Ainsi s'acquitta de sa promesse le gentil escolier, ayant leu ce qui est escript en une epistre de Clement Marot au roy, que sentir la hart vault autant à dire que chatouilleux de la gorge [1] :

> *Ainsi s'en va chatouilleux de la gorge,*
> *Ledit valet, monté comme un sainct George* [2].

Nouvelle XCVIII.

De Triboulet, fol du roy Françoys premier, et de ses facetieux actes.

Le defunct roy François premier du nom (que Dieu absolve!) fut très-vertueux prince et magnanime, lequel nourrissoit un pauvre idiot pour aucunes fois en avoir quelque esbatement (après son travail ès

---

[1]. Voy. un autre exemple de cette expression ci-dessous, p. 324.
[2]. *Epître au roi pour avoir été desrobé.*

affaires du royaume de France), et le faisoit voulontiers marcher devant luy quand il chevauchoit par les chemins. Advint quelque jour, ainsi que Triboulet marchoit devant le roy, devisant tousjours de quelque sornette emmanchée au bout d'un baston[1], son cheval feit six ou huict pets, dont Triboulet fut fort courroucé ; et pour ce il descendit incontinent de la selle de son cheval, et prend la selle sur son dos, et dit au roy : « Cousin, vous m'avez ce jour d'huy baillé le plus meschant cheval qui fut oncques. C'est un yvrogne ; après qu'il a bien beu, il ne fait que peter. Par Dieu ! il ira à pied. Ha ! ha ! il a peté devant le roy ! » Et de sa massue frappoit son cheval, et luy estoit tousjours chargé de la selle. Ainsi feit environ demye lieue à pied. Une autre fois advint que le roy entra en sa Sainte-Chappelle, à Paris, pour ouyr vespres, et Triboulet le suivoit ; et d'entrée il veid le plus grand silence leans qu'il estoit possible. Peu de temps après, l'evesque[2] commença *Deus in adjutorium* (assez bellement) ; et incontinent après tous les chantres respondirent en musique, en sorte que l'on n'eust pas ouy tonner leans. Alors Triboulet se leva de son siége et s'en alla droict à l'evesque, qui avoit commencé l'office, et à grands coups de poing il lorgnoit dessus luy. Quand le roy l'eut apperceu, il l'appella et luy demanda pourquoy il frappoit cet homme de bien, et il dit : « Da, da, mon cousin, quand nous

---

1. Qu'il falloit que tout le monde entendît ; dont il faisoit parade.
2. Var. : *un evesque*.

sommes entrez ceans, il n'y avoit point de bruit, et cestuy-cy a commencé la noyse. C'est doncques luy qu'il faut punir[1]. » Une autrefois, Triboulet vendit son cheval pour avoir du foin ; autrefois vendoit son foin pour avoir une massue. Et ainsi vescut tousjours folliant jusques à la mort (qui fut bien regrettée), car on dit qu'il estoit plus heureux que sage[2].

Nouvelle XCIX.

Des deux playdans qui furent plumez à propos par leurs advocats.

Un païsan assez resolu en ses affaires, s'estant advisé, en mengeant ses choux, du tort et dommage que luy faisoit un sien voysin, le meit en procès en la court, et, par l'advis d'aucuns siens amys, choi-

---

[1]. Ceci me rappelle une aventure peu connue, arrivée aux marguilliers de Versailles, en présence du roi Louis XIV. C'étoit en 1682, le puissant monarque n'habitoit sa ville de prédilection que depuis peu de temps ; les marguilliers voulurent le complimenter, et, par l'entremise de Bontemps, obtinrent une audience. A peine furent-ils entrés, que, sans s'inquiéter des formalités du cérémonial, le nommé Colette, épicier de profession, enthousiasmé, sans doute, par la présence du roi, se mit à chanter à pleine gorge : *Domine, salvum fac regem* ; à quoi les autres marguilliers, électrisés à leur tour, répondirent : *Et exaudi nos in die qua invocaverimus te.* Bontemps, rouge de colère, mais à bon escient, chassa Colette et sa trop naïve compagnie hors du salon. Voy. Le Roi, *Hist. anecdot. des rues de Versailles*, 1854, in-8, t. 1, p. 160.

[2]. Voy. une note de la Nouvelle I.

sit un advocat, lequel il pria vouloir prendre sa cause en main, ce qu'il accepta. Au bout de deux heures après vient la partie adverse, qui estoit un homme riche, et le prie semblablement d'estre son advocat en ceste mesme cause, ce qu'il accepta aussi. Le jour approchant que la cause se devoit plaider, le païsan s'en vint à son advocat (duquel il se pensoit asseuré qu'il ne fauldroit à ce qu'il luy avoit promis), et ce pour l'advertir de se tenir prest à plaider le lendemain, dont il fut aucunement honteux, attendu la charge qu'il avoit prise pour sa partie adverse. Toutesfois, pour contenter le païsan, il luy remonstra et feit accroire qu'il ne luy avoit promis s'employer pour luy, et, pour mieux se descharger, luy disoit : « Mon amy, l'autre fois que vous vîntes, je ne vous dis rien pour raison des empeschemens que j'avois ; maintenant, je vous advertis que je ne puis estre vostre advocat, estant celuy de vostre partie adverse ; mais je vous bailleray lettres addressantes à un homme de bien qui deffendra vostre cause. Alors, mettant la main à la plume, escripvit à l'autre advocat ce qui s'ensuit : « Deux chappons gras sont venuz entre mes mains, desquels, ayant choisy le meilleur et le plus gras, je vous envoye l'autre. » Puis sous secret estoit escript : « Plumez de vostre costé, et je plumeray du mien. » Ceste lettre, ainsi expediée, fut baillée par le susdit advocat à ce païsan, lequel (ne s'asseurant mieux de celuy à qui il devoit porter les recommandations que à l'advocat qui les envoyoit) s'enhardit de les ouvrir ; et icelles leues, après avoir long-temps playdé sans avoir rien avancé, et se voyant deceu par les trop grandes faveurs et authoritez de sa partie, delibera d'appoincter avec luy, ayant esté par plusieurs fois solicité de ce faire par ses amys propres.

Nouvelle C.

Des joyeux propos que tenoit celuy qu'on menoit pendre au gibbet de Montfaucon.

Un bon vault-rien, ayant par ses merites esté monté de reculon jusques au bout d'une eschelle pour descendre par une corde (disent les bons compaignons), faisoit là merveilles de prescher, durant lequel sermon le maistre des hautes œuvres, affutant son cas[1], passoit souvent la main soubs et autour la gorge dudit prescheur, tant qu'à la fin il le vous regarde. « Hé! maistre, mon amy, dit-il, ne me passe plus là la main : je suis plus chatouilleux de la gorge que tu ne penses. Tu me feras rire, et puis que diront les gens? Que je suis mauvais chrestien et que je me mocque de justice. » Puis, sentant l'heure approcher qu'il debvoit faire le guet à Mont-faulcon, et que pource il passoit par la porte de la ville, il se print à hucher à pleine teste le portier par plusieurs fois, lequel l'entendit bien dez la première; mais, à cause qu'il se sentoit autant ou plus chatouilleux

1. Préparant la potence et les accessoires du supplice.

de la gorge que celuy qu'on menoit pendre, se remue bel et beau de là, en lieu de venir parler à cet homme, de peur qu'il ne l'encusast à la justice (comme telles gens disent plus aucunes fois qu'on ne leur demande). Ainsi s'adresse à la parfin ce pauvre alteré à son confesseur, et luy dit : « Mon père, je vous prie dire au portier qu'il ne laisse hardiment de fermer la porte de bonne heure, car je n'ay pas deliberé de retourner aujourd'huy coucher à Paris. » Et[1] comme son confesseur, entre autres consolations, luy disoit : « Mon amy, en ce monde n'y a rien que peines et ennuys; tu es heureux de sortir aujourd'huy hors de tant de misères. — Ha! ha! frère, dit-il, pleust à Dieu que fussiez en ma place pour jouir tost de l'heur que me preschez! » Le pater ne faisoit semblant d'entendre cela, et, passant outre, luy disoit : « Pren courage, mon amy; quelques maux que tu ayes faicts, demande pardon à Dieu de bon cœur : tout te sera pardonné, et iras aujourd'huy soupper là-haut en paradis avec les anges, etc. — Soupper aujourd'huy en paradis, beau père! ce seroit beaucoup si j'y pouvois estre demain à disner; et, pource qu'un homme se fasche fort par les chemins quand il est seul, je vous prie, venez-moy tenir compagnie jusques là. Faites-moy cest œuvre de charité, et mesmement si sçavez le chemin. » Plusieurs autres petits deviz faisoit le gentil fallot, lesquels seroient trop longs à reciter.

1. VAR. : or.

Nouvelle CI.

Du souhait que feit un certain conseiller du roy Françoys premier du nom.

Un conseiller[1] du roy Françoys premier de ce nom, homme qui avoit l'esprit naturellement fertil de faceties, s'estant trouvé un jour qu'on tenoit propos au roy des moyens qu'il debvoit choisir pour faire teste à l'empereur, qu'on disoit venir avec grandes forces, et ayant ouy l'un souhaiter au roy tant de nombre de bons Guascons, l'autre tel nombre de lansquenetz, les autres faisans quelque autre bon souhait : « Sire, dit-il, puis que il est question de souhaitter, je feray aussi, s'il vous plaist, mon souhait ; mais je souhaitterois une chose à laquelle il ne vous faudroit faire aucune despense, au lieu que ce qu'ils ont icy souhaitté vous cousteroit beaucoup. » Le roy luy ayant demandé quelle estoit cette chose, respondant d'une promptitude d'esprit : « Sire, dit-il, je souhaitterois seulement de devenir diable pour l'espace d'un quart d'heure. — Et que feriez-vous ? dit le roy. — Je m'en irois droit rompre le col à l'empereur. — Vrayement, dit le roy, vous estes un grand fol de dire cela ; comme s'il n'y avoit pas de l'eau benoiste au païs de l'empereur, comme

---

1. *Gadon,* d'après H. Estienne.

au mien, pour faire fuir les diables. » Alors, comme bien deliberé de faire rire le roy, il repliqua : « Sire, vous me pardonnerez, s'il vous plaist ; je croy bien que si c'estoit quelque jeune diable qui n'entendist pas bien son mestier, il s'enfuiroit ; mais un diable tel que je m'estime ne s'enfuyroit pas. » Il disoit cela de telle grace qu'il provoquoit un chacun de la compagnie à rire, tant il estoit copieux en dits et faits.

Nouvelle CII.

De l'escolier qui devint amoureux de son hostesse, et comment ilz finèrent leurs amours.

Du temps qu'on portoit souliers à poulaine [1], que on mettoit potz sur table, et que pour prester argent on se cachoit, la foi des femmes vers les hommes estoit inviolable ; et n'estoit aussi loisible aux hommes, fors de jour ou de nuit, vers leurs preudes femmes l'enfreindre [2]. Ainsi estoit une coustume reciproquement observée, dont n'estoient moins à

---

1. Sous Charles VI.
2. Tel est le véritable texte de Du Fail (éd. Groulleau, Paris, 1548, in-16), auquel ce conte est emprunté ; il est altéré de la sorte dans Des Periers : « *La foy des femmes vers les hommes et des hommes vers les femmes estoit inviolable (fors de jour ou de nuit). Aucune fois celui des hommes vers leurs preudes femmes l'enfreindre : ainsi*, etc. » Que comprendre à ce galimatias ?

louer qu'en merveilleuse admiration; au moyen de quoy jalousie n'estoit en vigueur, fors celle qui provient de mal aimer, et de laquelle les janins [1] meurent. A l'occasion de ceste merveilleuse confidence, couchoient indifferemment tous les mariez, ou à marier, en un grand lict [2], fait tout à propos [de trois toises de long et de neuf pieds de large][3], sans peur ou crainte de quelque desmesuré pensement [ou effaict lourd], et n'aymoient les hommes et femmes l'un l'autre que pour compter leurs pensées. Toutes-fois, le monde estant venu mauvais garçon, chacun a voulu avoir son lict à part, pour cause, et ce pour obvier à tous et un chacun des dangers qui en eussent peu sourdre [4]. Pour exemple de cecy sera mis en jeu ce jeune escolier, lequel, n'ayant attaint le dixhuictième an de son aage, commença à pratiquer les bonnes graces de son hostesse, et, passant plus outre, à hanter les compagnies joyeuses, non sans pratiquer quelque cas avec les garses. Dequoy aucunement eschaudé, se rengea du tout à son hostesse, et se fourra si avant en son amour qu'il jetta au loin toutes dialectiques, logiques, physiques, et toutes autres telles resveries à tous les diables, après partie de son argent, pour

---

1. VAR. : *les amis.*
2. Du Fail revient à plusieurs reprises sur ces grands lits : « Ne vous souvient-il de ces grands lictz où l'on couchoit tous ensemble sans difficulté », dit-il, mêmes *Propos rustiques*, chap. 5.
3. Nous avons ajouté ces mots d'après le texte de Du Fail.
4. Ce qu'on vient de lire est emprunté au 6e chapitre des *Propos rustiques*; le reste est tiré du 14e chapitre du même ouvrage.

mieux obtemperer à ses passions et entretenir ses fantasies. Si bien que, de sophiste et fol logicien, il devint l'un des plus sotz amans du monde, comme il se feit congnoistre à l'endroit de son hostesse, car, voulant luy manifester ses passions, disoit : « Helas ! principale et seule regente de mes entrailles, que n'ay-je le moyen de vous en faire anatomie sans mort ! Vous verriez comme mon cœur s'eschauffe ! le foye fume [1] ; mon poulmon rotist, et l'espine me brusle si ardamment que j'en ay la vie [2] gastée ! Dont je suis perdu, s'il ne vous plaist me consoler [3]. » Puis, se souvenant de la sentence du poëte souspirant, disoit : « Helas ! mon Dieu, que de peines à celuy qui commence à aymer ! il n'en peut menger sa soupe sans engresser sa jaquette. Ah ! ah ! Amour, quand je pense en vostre assiette, je concluds qu'il y fault entrer de nature, en B dur, car le mol n'y vaut rien. » [C'est à propos de musique, durant qu'il y aprenoit.] Puis, se recordant du moyen que feu son oncle luy avoit delaissé pour tromper ses ennuiz, se met à contrepointer une chanson, dont advertie, son amye, doubtant qu'il ne publiast ses angoisses douloureuses et passions nocturnes, où il estoit par elle detenu, luy pria de chanter, disant : « Amy, refermez vostre bouche ; j'ay advisé le coing du memorial où vous l'avez enfermée en vostre cerveau pour la garder seurement », pensant, par ces allusions, le divertir de son propos. Toutes-fois, par trop longuement passionné, il commença :

1. Var. : *finist*.
2. Var. : *la testé*. Autre : *la rate*.
3. Var. : *retrouver*.

Nouvelle CII.

Chanson.

e refuz tout outre me passe,
Et peu s'en fault que n'en trespasse.
Las! il fault endurer beaucoup
Pour aymer un seul petit coup.

Ah! vous avez grand tort, voisine.
Je vous pensois doulce et benigne;
Mais j'ai bien cogneu, en effect,
Que vous vous mocquez de mon faict.

Je vous ay declaré ma peine,
Et que c'est qui vers vous m'ameine;
J'en souffre trop de la moytié,
Et n'en avez point de pitié.

Or fault-il bien faire autre chose,
Car l'amour q'est dans moy enclose
Ne me lairroit point en repos
Si vous n'avez autre propos.

Toutes les fois que vous voy rire,
Je vous voudrois volontiers dire :
Dictes-moy, belle, si m'aymez!
Je vous ayme, ne m'en blasmez.

Visage avez de bonne grace,
Comme moy estes grosse et grasse;
Aymez-moy donq', Dame, aymez-moy,
Et mon cueur jettez hors d'esmoy.

Si mon mal-aise vous peult plaire,
Mon heur vous pourra-il desplaire ?
Qui du mal d'autruy s'esjouist
Le sien faict qu'on s'en resjouist.

NOUVELLE CII.

 Tous les jours en la patenostre
Pardonnons à l'ennemy nostre;
Point ne suis-je vostre ennemy,
Mais vostre langoureux amy.

 Si de m'aymer n'avez envie,
Pardonnez au moins à ma vie,
Et en ayez quelque remord,
Ou serez cause de ma mort.

 Je ne sçaurois me plaire au vivre,
Languissant toujours à poursuivre;
Il me vault trop mieux n'aymer point
Qu'attendre sans venir au poinct.

 Aymez donc puis qu'estes aymée [1],
Vous en serez mieux estimée;
Vostre grace, vostre maintien,
Me gluent en vostre entretien.

 Mon las cœur[2] *commença dimenche,*
N'est-il pas temps que vous emmenche?
J'ay desjà trois jours attendu,
C'est trop pour un homme entendu.

 Je ne puis bonnement comprendre
Quel plaisir c'est de tant attendre;
Du temps perdu je suis marry,
N'en desplaize à vostre mary.

1. VAR. : Aimez, puis-qu'estes tant aimée.
2. VAR. : Mon amour.

Nouvelle CIII.

Du curé qui se coleroit en sa chaire de ce que ses semblables ne faisoyent le debvoir comme luy de prescher leurs paroissiens[1].

Un curé de par le monde, assez remarqué par ses faceties et insuffisance de la charge à luy commise, se met, un jour qu'il preschoit à ses paroissiens, à jurer de par Dieu, en despit des lutheriens de son temps, et, voulant prouver qu'ils estoyent pires que les diables : « Le diable (disoit-il) s'enfuiroit incontinent que je luy aurois fait le signe de la croix ; mais si je faisois le signe de la croix à un lutherien, par Dieu! il me sauteroit au col et m'estrangleroit. Parquoy je vous conseille, mes parroissiens, que vous fuyez du tout en tout leurs compagnies. » Puis, se colerant en luy-mesme de ce que plusieurs autres curez ne faisoyent le debvoir de prescher comme luy, commença à s'exclamer en chaire : « Et ilz disent qu'ilz ne sont assez sçavans! Qu'ilz estudient, de par Dieu ou de par tous les diables! Et, s'ilz ne le sont, ilz le deviendront comme moy[2]. » Et,

---

1. Il est assez difficile de reconnoître dans ce curé messire Le Coq, que Du Val nomme un *docte théologien* (*Catalogue des professeurs du collége Royal*; p. 187); c'est cependant l'opinion de La Monnoye.

2. Long-temps les prêtres, en France, et surtout ceux de

observant diligemment les contenances de ses parroissiens, leur disoit : « Eh ! vous savez bien, Messieurs et Dames, qu'il n'y a qu'un an que je ne sçavois rien, et maintenant vous voyez comment je presche ! » Mil et mil autres petits comptes faisoit ce copieux curé à ses paroissiens, afin de les engarder de dormir en ses sermons.

Nouvelle CIV.

D'un tour de villon joué dextrement par un Italien à un François estant à Venise.

Il advint à Venise, en l'hostellerie de l'Estourgeon, qu'un François nouvellement arrivé fut adverti par un Italien, lequel y estoit aussi logé, qu'en leurs païs il n'estoit seur à ceux qui avoient de l'argent de monstrer qu'ilz en avoient; et pourtant l'advisa que, quand il auroit des escuz à peser ou quelque somme à compter, il ne fît comme il avoit accoustumé, mais qu'il fermast la chambre sur soy. Le François, prenant cest advertissement comme estant procedé d'un cœur debonnaire, l'en remercia bien fort, et, dès lors, feit cognois-

---

village, faute d'instruction, ont été incapables de prêcher. On sait qu'en Russie, dans beaucoup de contrées, les ministres du culte ne prêchent jamais leurs paroissiens : on lit, en langue du pays, les homélies des pères grecs, et, s'il est besoin de faire le panégyrique d'un saint, on récite sa légende.

sance avec luy. L'Italien, incontinent qu'il eut senty qu'il y faisoit bon, luy vint dire que, s'il luy plaisoit de changer des escuz au soleil contre des escuz pistolets, il feroit cest eschange avec luy. « Et au lieu, disoit-il, que vos escuz au soleil ne vous vaudroient icy non plus que des pistolets, je les vous feray valloir quelque chose davantage » Le François luy ayant fait response que c'estoit le moindre plaisir qu'il luy vouldroit faire, luy pria de se souvenir de ce qu'il luy avoit dit peu de jours auparavant. « Quant à tenir secret l'argent qu'on a, pourtant, dit-il, je serois d'opinion que nous nous meissions en une gondole, portant avec nous un tresbuchet, et, en nous promenant par le grand canal, nous pezissions nos escuz et feissions nostre eschange. » Le François respond d'estre prest à faire tout ce que bon luy sembleroit. Le lendemain, donc, ilz entrent en une gondole, et là le François desploie ses escuz, lesquelz l'Italien serra, les ayans toutesfoys prealablement pesez pour faire meilleure mine. Après les avoir serrez, cependant qu'il fait semblant de chercher sa bourse où estoient ceux qu'il debvoit bailler en eschange, se fait mettre à bord par le barquerolle, auquel il avoit donné le mot du guet, et d'autant qu'il aborda en un lieu de la ville où il y a plusieurs petites ruelles d'une part et d'autre. Il fut si bien perdu pour ledit François qu'il est encores pour le jourd'huy (comme il est à presuppozer) à ouyr des nouvelles de luy et de ses cent escuz, et croy fermement que le proverbe des Italiens pratiqué en plusieurs nations luy debvoit servir d'advertissement à l'advenir de ne s'adjoindre à telz changeurs, ayant, pour authoriser leur renommée, signant leur front, cette sentence en usaige : *Zara a chi tocca*, donnans facilement à entendre que malheureux est celuy qui s'y fie.

Nouvelle CV.

Des facetieuses rencontres et façons de faire d'un Hybernois, pour avoir sa vie en tous païs.

Un Hybernois, homme d'assez bon esprit, se proposa de congnoistre les manières de faire des nations estrangères et leur usage de parler ; tant qu'il voyagea en plusieurs contrées, où, encore que son argent fust esgaré dedans les semelles de ses souliers, pour cela il ne perdit à disner, tant il se sçavoit bien entregenter en toutes compaignies ; et, comme peu convoiteux des honneurs de ce monde, ne se soucioit d'injures qu'on luy feit, aymant trop mieux pratiquer la manière de faire des Mycioniens [1], gens pauvres et famelics, qui, pour leur indigence et pauvreté, s'ingeroient d'eux-mesmes aux banquets et conviz, que perdre son temps en procès. Un jour, ce gentil frerot, estant entré en la maison du roy à l'heure du disner, ne voulant point perdre l'occasion de se souler, ayant veu, d'autre part [2], la table preparée pour le disner des

---

1. Lisez *Myconiens*.
2. Var. : *ayant veu la table*.

officiers du roy, attendit qu'on s'assist, puis s'assist avec eux, et disne très bien sans sonner aucun mot; dequoy esmerveillez, aucuns de la compagnie, qui n'avoyent point accoustumé de veoir ceste oye estrangère disner avec eux, luy demandérent de quel païs il estoit, et à qui il appartenoit, et leur rendit responce tout de mesmes, sans qu'il perdît un seul coup de dent. Puis luy demandèrent s'il avoit quelque charge en la court : « Non, dit-il, mais j'y en voudroys bien avoir. » Lors luy feirent commandement de se lever de leur table et gaigner au trot, sur peine de recepvoir bien tost le payment de sa trop grande temerité et hardiesse. « Ouy, dea, dit-il, Messieurs, je le feray; mais que j'aye disné. » Et cassoit toujours. Ce qu'ayans longuement observé ceux qui luy avoient faict cette pœur, et se sentans offencez, furent contrains de quicter leur colère et rire comme les autres. Or, pour en tirer d'avantage de passetemps et plaisir, ils luy demandèrent comment il avoit esté si hardy (estant estranger du païs et sans adveu) d'entrer en la maison et sommelerie du roy. « Pource, dit-il, que je sçavois bien que le roy estoit assez riche pour me donner à disner. » Par ceste gaillardise et promptitude d'esprit il captivoit le plus souvent la bonne grace de ceux qui, en le regardant seulement, l'eussent du tout rejetté.

Nouvelle CVI.

Des moyens dont usa un medecin afin d'estre payé d'un abbé malade lequel il avoit pansé.

Un medecin, assez recommandé envers plusieurs pour sa bonne reputation et doctrine, fut mandé par un abbé afin de le secourir en sa maladie, ce qu'il accepta volontiers, et en feit si bien son debvoir qu'en peu de jours il l'avoit remis debout. Or apperceut-il qu'au lieu que l'abbé (estant au fort de sa maladie) luy promettoit chiens et oyseaux, et quand il recommençoit à revenir en convalescence il ne le regardoit pas de bon œil, et ne faisoit aucune mention de le contenter de ses peines, et doubtoit fort qu'enfin il ne toucheroit aucuns deniers, il s'advisa d'user d'un moyen pour se faire payer : c'est qu'il feit entendre à son abbé qu'il craignoit fort une recheute, pire que la maladie, et qu'il en avoit de grandes conjectures ; et pourtant qu'il luy falloit encores prendre une medecine, laquelle il luy feit faire telle que, deux heures après l'avoir prise, il trouva qu'il avoit compté sans son hoste, et qu'il avoit plus grand besoin de son medecin que jamais. Se trouvant donc en tel estat, envoye messagers l'un sur l'autre vers son medecin ; mais, comme auparavant il avoit fait de l'oublieux à le contenter, aussi faisoit alors le medecin de l'empesché. Enfin l'abbé luy envoya un sien serviteur, qui luy garnit très bien la main, et luy dit que son maistre le prioit pour l'honneur de Dieu qu'il l'allast visiter, et qu'il ne pensoit pas reschapper de sa maladie. Ce serviteur donq, ayant usé du vray moyen pour faire cesser tous les empeschemens du medecin, feit tant qu'il alla visiter l'abbé, lequel il rendit gay comme Perot au bout de trois jours, au bout desquelz il eut derechef la main garnie. Par ce moyen, ce gentil medecin fut payé de son abbé, lequel il avoit en peu de temps deliberé faire vivre et mourir, ou mourir et vivre, en vray medecin.

Nouvelle CVII.

De l'apprenty larron qui fut pendu pour avoir trop parlé.

Un apprenty larron, estant entré par le toict en une maison, pour veoir s'il ne trouveroit point quelque bonne adventure, fut descouvert par ceux qui estoient dedans, à raison du bruit qu'il avoit mené y entrant; qui fut occasion que les voysins d'entours s'assemblèrent pour voir que c'estoit; mais le larron, voyant que chacun entroit à foulle pour le chercher, descendit par quelques adresses qu'il avoit remarquées, et se vint rendre parmy la foulle du peuple qui entroit pour le chercher, et par ce moyen se garda d'estre descouvert. Un peu après qu'il eust veu le bruict appaisé, et qu'on ne cherchoit plus le larron, d'autant qu'on pensoit qu'il fust eschappé, se delibera de sortir par la porte, feignant estre demeuré seul pour le chercher, ne craignant aucunement d'estre congneu ; mais, par faute d'estre maistre de sa langue, il se donna luy-mesme à cognoistre, et se mist la corde au col : car, ainsi qu'il pensoit sortir, ayant rencontré plusieurs à la porte qui devisoient du larron en le maudissant, vint à le maudire aussi, disant qu'il luy avoit fait perdre son bonnet. Or faut-il noter que, pendant que ce rustre taschoit à se sauver, fuyant tantost çà et tantost là, son bonnet luy estoit tombé, lequel on avoit gardé en esperance qu'il donneroit des enseignes du larron. Quand donq on luy eut ouy dire cela, on entra incontinent en soupçon ; tellement qu'il fut prins et incontinent pendu, pour avoir trop parlé.

Nouvelle CVIII.

De celuy qui se laissa pendre sous ombre de devotion.

Un certain prevost de par le monde, voulant sauver la vie à un larron qui estoit tombé entre ses mains, à l'intention qu'il participeroit au butin (comme aussi ils en estoient d'accord), en considerant l'autre part qu'il en seroit reprins et que le mur-

mure seroit grand s'il n'en faisoit justice, et mesme qu'il se mettoit en grand danger, usa de ce moyen : c'est qu'il feit prendre un pauvre homme auquel il dit qu'il y avoit long-temps qu'il le cherchoit, et que c'estoit luy qui avoit fait un tel acte et un tel. Cest homme ne faillit luy nyer fort et ferme, comme celuy qui avoit a conscience nette de tout ce qu'on luy mettoit à sus. Mais ce prevost, estant resolu de passer outre, luy fit remonstrer qu'il gaigneroit bien mieux de confesser (puis qu'aussi bien, ainsi qu'en à, il luy falloit perdre la vie), et que, s'il le confessoit, le prevost s'obligeroit, par son serment, de luy faire tant chanter de messes qu'il pourroit estre asseuré d'aller au paradis; au lieu qu'en ne confessant point, il ne laisseroit d'estre pendu et iroit à tous les diables, d'autant qu'il n'y auroit personne qui fît chanter pour luy une seule messe. Ce pauvre homme, oyant parler d'estre pendu et puis aller à tous les diables, se trouva fort estonné, et ayma mieux estre pendu et aller en paradis. Tellement qu'en la fin il vint à dire qu'il ne se souvenoit point d'avoir faict ce de quoy on le chargeoit; toutesfois que, si on s'en souvenoit mieux que luy et on en estoit bien asseuré, il prendroit la mort en gré ; mais qu'il prioit qu'on lui tînt promesse touchant les messes. Et n'eust plustost dit le mot qu'on le mena tenir la place de l'autre qui avoit merité la mort. Mais, quand il fut à l'eschelle et que la fièvre commença à le saisir, il entra en des propos par lesquelz il donnoit à entendre qu'il se repentoit, nonobstant ce qu'on luy avoit promis. Pour à quoy remedier, le prevost, qui craignoit qu'il ne le decelast au peuple, feit signe au bourreau qu'il ne luy laissast achever : ce qui fut faict. Et ainsi fut pendu sous ombre de devotion ce pauvre homme.

Nouvelle CIX.

D'un cu.é qui n'employa que l'authorité de son cheval pour confondre ceux qui nyent le purgatoire.

Un curé, voulant donner à congnoistre combien il avoit l'esprit aigu et gaillard (encore qu'il n'eust long-temps versé en bonnes lettres), n'employa que l'authorité de son cheval pour confondre ceux qui nyent le purgatoire, au lieu que les autres (pour ce faire) ont employé et employent ordinairement les authoritez de tant de bons et sçavans docteurs. Parlant donc ce bon personnage des lutheriens, qui ne vouloient croire qu'il y eust un purgatoire : « Je vay, dit-il, vous faire un compte, par lequel vous cognoistrez combien ils sont meschans de nyer le purgatoire. Je suis fils de feu monsieur d'E... (comme vous sçavez), et nous avons un assez beau lieu en un village d'icy entour [1]. Y allant un jour, ainsi que la nuict nous avoit surprins, mon malier (notez, disoit-il, que je veux que vous sçachez que j'ay un fort beau et bon malier au commandement et service

---

1. Au pont d'Antoni, dit Henri Estienne (*Apologie pour Hérodote*, chap. 36).

de toute la compagnie) s'arresta contre sa coustume et commença à faire pouf, pouf. Je dy à mon varlet : « Picque, picque. — Je picque (dit-il), Monsieur; mais vostre malier voit quelque chose pour certain. » Alors il me souvint de ce que j'avois ouy dire un jour à madame ma mère, qu'il y avoit eu autrefois quelque apparition en ce lieu-là; parquoy je me mis à dire mon *Pater* et *Ave Maria*, qu'elle m'avoit apprins (la bonne dame), et commande derechef à mon varlet de picquer, ce qu'il fait. Mais le cheval, ayant marché deux ou trois pas en avant, s'arresta de plus beau et feit encore pouf, pouf (estant par adventure trop sanglé), et, m'ayant encore asseuré mon varlet que ce cheval voyoit quelque chose, j'adjoustai mon *De profundis*, que feu mon père m'avoit apprins, et incontinent ne faillit mon cheval à passer outre. Mais, s'estant arresté pour la trôisième fois, je n'euz pas plustost dit *Avete omnes*, etc., et *Requiem*, etc., qu'il passa franchement, et depuis n'en feit difficulté (peut-estre qu'il ne l'y remena point depuis). » Or maintenant il disoit à ses paroissiens : « Que ces meschans dient qu'il n'y a point de purgatoire et qu'il ne faut point prier pour les trespassez! je les renvoiray à mon malier, voire, à mon malier, pour apprendre leur leçon. »

Nouvelle CX.

Du bastelleur qui gagea contre un duc de Ferrare qu'il y avoit plus grand nombre de medecins en sa ville que d'autres gens, et comment il fut payé de sa gageure.

Un plaisant bastelleur[1], assez bien receu en plusieurs des bonnes maisons d'Italie, se presenta un jour au marquis de Ferrare, Nicolas, prince vertueux et fort recréatif[2], qui, pour experimenter ce plaisant, luy demanda en riant quel plus grand nombre il estimoit qu'il y eust de personnes exerçans un mesme estat et vacation en la ville de Ferrare. Le bastelleur, cognoissant l'humeur du marquis, se proposa d'attirer à soy de son argent soubs couleur de gaigeure, et, luy rendant responce à ce qu'il lui avoit demandé, luy dit : « Eh! qui est celuy qui doute que le nombre des medecins ne soit plus grand en ceste ville que de tous autres estats ? — O pauvre sot! dit le marquis, il appert bien que tu n'as pas beaucoup frequenté en ceste ville, veu qu'à grand peine y pourroit-on trouver deux medecins, soient naturelz ou estrangers. » Le bastelleur repliqua et luy dit : « O!

1. Chapuis (*Facétieuses journées*), Favoral (*Plaisantes journées*), et d'autres auteurs, l'appellent Gonelle.
2. Chapuis (*loc. cit.*) le nomme le duc Borso de Ferrare. —Nicolas III, marquis d'Est et de Ferrare, fut un des princes les plus distingués du XVe siècle.

qu'un prince est empesché en grans et urgens affaires qui n'a visité ses villes et ne sçait quels subjects et vassaux il ha ! » Alors le marquis dist au bastelleur : « Que veux-tu païer si ce que tu m'as asseuré n'est trouvé veritable ? — Mais, dit le bastelleur, que me donnerez-vous s'il vous en apparoist, et qu'il soit veritable ? » Dèslors accordèrent le marquis et le bastelleur de ce que le perdant donneroit au gaignant. Parquoy le lendemain au matin le bastelleur vint à la porte de la maistresse eglise de la ville, vestu de peaux, ouvrant la bouche et toussant le plus fort qu'il pouvoit, faisoit à croire qu'il estoit bien malade. Et, comme chacun qui entroit en l'eglise l'avoit apperceu, plusieurs luy demandoyent quelle maladie le tourmentoit, et leur disoit que c'estoit le mal de dents, pour lequel guarir plusieurs luy donnoient des remèdes, desquelz il prenoit leurs noms et remèdes et les escrivoit en une petite tablette, et, afin de mieux asseurer sa gageure, il se trainoit par la ville et prioit les personnes qu'il rencontroit en son chemin de luy enseigner quelque remède à son mal ; et, par ce moyen, remarqua plus de trois cens personnes qui luy avoient enseigné des remèdes, desquels il escrivoit les noms et surnoms en ses tablettes. Ce qu'ayant fait, entra en la maison du marquis, lequel il veit à table comme il disnoit, et se presenta à luy ainsi embeguiné qu'il estoit, faisant semblant d'estre bien tourmenté de maladie ; et, comme le marquis l'eust aperceu, ne pensant aucunement que ce fust son bastelleur, et qu'il luy dit qu'il commençoit un peu à se bien porter de ses dents : « Prens, dit le marquis, la medecine que je t'ordonne et prie monsieur saint Nicolas, et tu seras incontinent guary. » Le bastelleur, aiant entendu ceste recepte, s'en retourna en sa maison, print une fueille de papier et escrivit tous et un chacun les remèdes et les noms des personnes qui les lui avoient donnez, et meit en premier lieu le marquis, et consequemment les uns et les autres en leurs rengs. Trois jours après, faisant semblant d'estre quasi guary, s'estant noué la gorge et embeguiné comme auparavant, s'en vint trouver le marquis, luy monstrant la feuille de papier où il avoit escript tous les remèdes qu'on luy avoit donnez, et requiert qu'il luy face delivrer sa gageure. Le marquis ayant leu ce qui estoit escript en ceste feuille de papier et apperceu qu'il tenoit le premier lieu entre les medecins, il se print à rire avec toute sa compaignie, qui estoit informée de ce fait, et, se confessant vaincu par le bastelleur, commanda qu'on luy delivrast ce qu'il luy avoit promis.

Nouvelle CXI.

Des tourdions jouez par deux compaignons larrons qui depuis furent pendus et estranglez.

Un bon frippon, natif de la ville d'Yssouldun en Berry, ayant commis un infini nombre de larrecins et ayant esté souvent menacé, en la fin fut condamné à estre pendu et estranglé; mais, ainsi qu'on le menoit pendre, advint qu'un seigneur[1] passa par là, par le moyen duquel il obtint sa grace du Roy pour avoir craché quelques mots de latin rosty[2], lesquels, encor qu'ils ne fussent entenduz, feirent penser que c'estoit quelque homme de service : et, de faict, comme tel, après avoir eu sa grace, fut envoyé par le roy aux terres neufves, avec Roberval, lequel voyage servit de ce qui est allegué d'Horace :

Cœlum, non animum, mutant qui trans mare currunt.

C'est-à-dire :

Ceux qui vont delà la mer
Changent le ciel, non leur amer.

Car, estant de retour, il poursuyvit plus fort que paravant son mestier de desrober; tellement qu'estant surpris pour la seconde fois, il passa le pas qu'il avoit autrefois failly. Or, à dire la verité, je croy que cestuy-cy n'en fust pas eschappé à meilleur marché, d'autant qu'il est vray semblable qu'il avoit esté maintes autres fois surpris, n'estant possible qu'en faisant les larrecins par douzaines, il y procedast par art en un chacun d'iceux, car, si on veit jamais homme auquel on peust considerer que c'est que d'une nature encline à desrober, cestuy-cy en estoit un très beau miroüer; lequel, pour recompense de la peine qu'avoit prins un sien ami de lui sauver la vie par plusieurs fois, il luy emporta une robe

---

1. H. Estienne (ch. 15 de l'*Apologie pour Hérodote*) le nomme M. de Nevers; seroit-ce François de Clèves, né en 1516, mort vers 1566?
2. Ou de cuisine, sans doute.

longue toute neuve et plusieurs autres hardes, avec laquelle il fut surprins, l'ayant vestue, et encore une autre par dessus, qu'il avoit pareillement desrobbée ailleurs. Aussi luy furent trouvé trois chemises vestues l'une sur l'autre; et, bien peu auparavant il en avoit fait autant d'un saye de velours de quelqu'un qui luy avoit fait ce bien de le loger. Mais le plus insigne larrecin de luy en matière d'habillemens, ce fut quand il desrobba tous ceux qui avoient esté faicts pour un certain espoux et espouse, lesquels luy semblèrent bien valoir les prendre, pour ce que la pluspart estoient de soye; et ce qui faisoit s'esbahir davantage de ce larrecin estoit que, pour tout emporter (comme il avoit faict), il luy avoit convenu faire six ou sept voyages. Or les avoit-il emportez en un logis qu'on luy prestoit au monastère des dames de Sainte-Croix de Poictiers, auquel logis il estoit pour lors qu'on vint pour luy faire rendre compte desdits habillemens, d'autant qu'on n'avoit soupçon que sur luy. Mais, ayant veu par la fenestre ceux qui le venoient trouver, ne les attendit pas, ains s'enfuyt, ayant très bien fermé la porte. Neantmoins on trouva moyen d'entrer en ce logis, auquel (outre ces habillemens qu'on cherchoit) on trouva ce qu'on ne cherchoit pas, à sçavoir environ quarante paires de souliers de toutes sortes et façons et plusieurs paires de chausses, aussi plusieurs pièces de drap taillé avec pluzieurs livres qu'il avoit emportez aux escholiers. Mais ce gallant accoustra bien mieux sesdictes hostesses qu'il n'avoit fait ses hostes : car, au lieu qu'il ne leur avoit emporté que quelques habits, il emporta à ces dames leurs plus belles reliques, pour recongnoissance du plaisir. Toutesfois, le plus notable tour que joua ce subtil larron fut celuy qu'il commit en la prison où il estoit detenu pour ses forfaits, en laquelle estant logé par fourrier [1], ne peut toutesfois attendre qu'il en fust sorty pour retourner à son mestier; mais leans mesmes empoigna très bien le manteau du geolier, et là mesme le vendit, l'ayant passé à travers des treilliz de ladite prison qui estoient sur la rue. Toutesfois, quelque subtilité qu'il exerçast, il ne peut eviter qu'il ne fust mors d'une mule et puis pendu et estranglé [2].

Nouvelle CXII.

D'un gentilhomme qui foueta deux cordeliers pour son plaisir.

Un gentilhomme de Savoye [3] exerçant ses brigandages dedans ou auprès de sa maison, avoit [4] quelque humeur particulier [5] : et ores qu'il fût brigand de meilleure grace qu'aucuns qui s'en meslent, tou-

---

1. C'est-à-dire qu'il y étoit pour peu de temps, ayant été ramassé par une patrouille pour une contravention de police.
2. Voy., dans le t. 3, p. 147, des *Variétés historiques*, éditées par M. Fournier, la pièce intitulée : *Reigles, statuts et ordonnances de la cabale des filoux*, etc.
3. D'Avenchi, à en croire Estienne (*Apologie pour Hérodote*, ch. 18).
4. Var. : *ayant*.
5. Var. : *particulière* (Estienne, *loc. cit.*).

tesfois il se contentoit le plus souvent de partir avec ceux qu'il destroussoit, quant il se rendoient de bonne heure et sans attendre qu'il se fust mis en colère. Mais ce dont au contraire on luy vouloit plus de mal pour lors, c'estoit qu'il en vouloit fort aux moines et moinesses, et prenoit son passe-temps à leur jouer plusieurs tours qui estoyent (comme on dit en proverbe) jeux de prince, c'est-à-dire jeux qui plaisent à ceux qui les font : entre lesquels sera icy parlé d'un sien ayde, ou plustost d'un divisé en deux parties, par lesquelz il rendist deux cordeliers premierement (ce luy sembloit) bien joieux, et puis bien faschez. C'est que, ayant receu ces deux cordeliers en son chasteau, et leur ayant faict bonne chère, leur dict que, pour parachever le bon traictement, il leur vouloit donner des garses, à chacun la sienne; dequoy eux ayant faict refuz, il leur pria de se monstrer privez en son endroict, d'autant qu'il consideroit bien qu'ils estoient hommes comme les autres, et enfin les enferma de faict et de force en une chambre avec les garses, où les retournant trouver au bout d'une heure ou environ, leur demanda comment ils s'estoient portez en leurs nouveaux mesnages; et, leur voulant faire à croire qu'ils avoient fait l'execution, les contraignoit de le confesser malgré eux, et, les intimidant, leur disoit : « Comment, meschans hypocrites ! est-ce ainsi que vous surmontez la tentation ? » Et là dessus furent les deux pauvres cordeliers despouillez nuds comme quant ils vindrent du ventre de leurs mères; et, après avoir esté tant fouettez que les bras de monsieur et de ses varlets pouvoyent porter, furent renvoyez ainsi nudz. Or, si cela estoit bien faict ou non, j'en laisse la decision à leurs sçavans juges.

Nouvelle CXIII.

Du curé d'Onzain, près d'Amboyse, qui se feit chastrer à la persuasion de son hostesse

Un curé d'Onzain, près d'Amboise, persuadé par une sienne hostesse (laquelle il entretenoit) de faire semblant d'oster disoit-elle, tout soupçon à son mary, se fict chastrer (qu'on dist plus honnestement tailler), et se meit en la misericorde d'un nommé maistre Pierre des Serpens, natif de Vil-Antrois en Berry, et envoya ce prince curé querir tous ses parens et amys; et, après qu'il leur eut dit qu'il n'avoit jamais osé leur declarer son mal, mais qu'enfin il se trouvoit reduict en telz termes qu'il luy estoit force d'en passer par là, feit son testament. Et, pour faire encore meilleure mine, après avoir dit à ce maistre Pierre (auquel toutesfois il avoit baillé le mot du guet de ne faire que semblant, et pour ce il avoit baillé quatre escuz) qu'il luy pardonnoit sa mort de bon cœur, si d'aventure il advenoit qu'il en mourust, se meit entre ses mains, se laissa lier, et du tout accoustrer comme celuy qu'on vouloit tailler vrayement. Or faut-il noter que, comme ce curé avoit donné audit maistre Pierre le mot du guet de ne faire que semblant, aussi le mary de l'hostesse de son costé (après avoir entendu ceste farce) avoit donné le mot du guet de faire à bon escient, avec promesse de luy donner le double de ce qu'il avoit receu du prestre pour faire la mine. Tellement que maistre Pierre, persuadé par le mary, et tenant le pauvre curé en sa puissance, après l'avoir bien attaché, lié et garotté, executa son office realement et de fait, et puis le paya de ceste raison qu'il n'avoit point accoustumé se mocquer de son mestier, et que, s'il s'en estoit une seule fois mocqué, son mestier se mocqueroit de luy. Voilà comment le pauvre curé se trouva de l'invention de ceste femme, et comment, au lieu que, suivant ceste finesse, il se preparoit à tromper le mary mieux que jamais, il fut trompé luy-mesme d'une tromperie beaucoup plus prejudiciable à sa personne.

Nouvelle CXIV.

D'une finesse dont usa une jeune femme d'Orleans pour attirer à sa cordelle[1] un jeune escolier qui luy plaisoit.

Une jeune femme d'Orleans, ne voyant aucun moyen par lequel elle peust advertir un jeune escolier qui luy plaisoit sur tous, usa, pour parvenir à son intention, qui estoit de l'attirer à sa cordelle, de la debonnaireté de son beau-père confesseur, qu'elle vint trouver dedans l'eglise, où le jeune escolier

1. Dans ses lacs. Voyez un exemple de ce mot dans une pièce de vers citée parmi les notes de la Nouvelle LXXVII.

se promenoit; et, faisant la desolée, compta (sous pretexte de confession) à ce beau-père qu'il y avoit un jeune escolier qui la pourchassoit incessamment de son deshonneur, en se mettant, luy et elle aussi, en très-grand dangier, lequel elle luy monstra (par cas fortuit) au mesme lieu, ne pensant aucunement à elle; le pria affectueusement de luy faire telles remontrances qu'il sçavoit estre requises en tel cas. Et sur cela, comme celle qui faignoit tout cecy afin de faire venir à soy celuy qu'elle accusoit faussement d'y venir, elle disoit quant et quant à ce père confesseur (par le menu) tous les moyens desquelz l'escolier usoit, racomptant qu'il avoit accoustumé de passer au soir par dessus une telle muraille, à telle heure, pour ce qu'il sçavoit que son mary n'y estoit pas alors; et qu'il montoit sur un arbre, pour puis après entrer par la fenestre; bref, qu'il faisoit ainsi et ainsi, et usoit de tels moyens qu'elle avoit grande peine à se defendre. Le beau père parle à l'escolier, et luy fait les remonstrances qu'il pensoit estre les plus propres. L'escolier, qui sçavoit en sa conscience qu'il n'estoit rien de tout ce que ceste femme disoit, et qu'il n'y avoit jamais pensé, feit toutesfois semblant de recevoir ses remonstrances comme celuy qui en avoit besoin et en remercia le beau père; mais, comme le cœur de l'homme est prompt au mal, il eut bien de l'esprit[1] jusques là pour cognoistre que ceste femme l'avoit accusé de ce qu'elle desiroit qu'il feist, vu mesmes qu'elle luy donnoit toutes les adresses et tous les moyens dont il devoit user.

---

1. VAR. : *de l'espoir.*

Sur ceste occasion, le jeune homme, allant de mal en pis, ne faillit à tenir le chemin qu'on luy enseignoit ; de sorte qu'au bout de quelque temps, le pauvre beau père (qui y avoit esté à la bonne foy), se voyant avoir esté trompé par la ruse de ceste femme, ne se peut tenir de crier en pleine chaire : « Je la voy, celle qui a faict son maquereau de moy » ; et, ayant esté decelée, n'osa depuis retourner à confesse à luy.

Nouvelle CXV.

La manière de faire taire et dancer les femmes, lors que leur avertin les prend.

Un quidam assez paisible et rassis d'entendement espousa une femme qui avoit une si mauvaise teste qu'encore qu'il print toute la peine de la maison et de faire la cuysine, où qu'il fust à table en compaignie, il ne pouvoit eviter qu'il ne fust d'elle tourmenté et maudit à tous coups, et que, pour belles remonstrances et gracieux accueil qu'il luy sceust faire, elle ne s'en voulsist garder, encor que le plus souvent Martin Baston l'accolast. De quoy le bon homme fort estonné se delibera d'user d'un autre moyen, qui fut tel qu'à chacune fois qu'elle pensoit le fascher et maudire, il se prenoit à jouer d'une fluste qu'il avoit, de laquelle il ne savoit non plus l'usage que de bien aymer. Toutesfois, pour cela, sa femme ne laissa de continuer ses maudiçons, jusques à ce que, s'estant apperceue et estant indignée de ce qu'il ne s'en soucioit si fort qu'auparavant, elle se print à dancer de colère, et, s'estant aucunement lassé au son d'icelle, luy arracha d'entre les mains. Mais le bon homme, ne voulant perdre les moyens par lesquelz il trompoit ses ennuiz, se pendit d'une main à son col pour recouvrir sa fleute, et dèslors recommença plus beau que devant à sifler et en jouer. Tellement que ceste mauvaise femme, se sentant offensée par l'importunité que luy faisoit cette fleute, sortit de la maison, se promettant de n'endurer à l'advenir de telles complexions, et, dès le lendemain qu'elle fut retournée, elle reprint ses maudiçons mieux qu'auparavant. Toutesfois le mary ne delaissa à jouer de sa fleute comme il souloit, et, ce voyant, sa femme, vaincue par luy, luy promit qu'à l'advenir elle luy seroit plus qu'obeissante en toutes choses honnestes, pourveu qu'il mît la fleute reposer et n'en jouast plus, « pour ce, disoit-elle, qu'elle se sentoit estourdie du son. » Par ce moyen le bon homme adoucist sa femme, et cogneut que le proverbe ne fut jamais mal faict qui dit qu'il y a plusieurs moyens pour abbaisser l'orgueil des femmes et les faire taire sans coup frapper.

Nouvelle CXVI.

*De celuy qui s'ingera de servir de truchement aux
ambassadeurs du roy d'Angleterre, et
comment s'en acquitta, avec grande
honte qu'il y receut.*

Un personnage assez remarqué pour les grands honneurs esquelz il estoit entretenu en France[1] monstra bien qu'il avoit du sçavoir en la teste (mais non pas plus qu'il luy en falloit pour sa provision) : car, quand il eut leu la lettre que le roy d'Angleterre, Henry huictiesme, escrivoit au roy François premier de ce nom, où il y avoit entre autres choses : *Mitto tibi duodecim molossos*, c'est-à-dire : *Je vous envoye une douzaine de dogues*; il interpreta : *Je vous envoye une douzaine de mulets*. Et, se fiant à ceste interpretation, s'en alla avec un autre seigneur trouver le roy pour le prier de leur donner le present que le roy d'Angleterre luy envoioit. Le roy, qui n'avoit encore ouy parler de cecy, fut esbahy comment d'Angleterre on luy envoyoit des mulets, disant que c'estoit grande nouveauté, et pour ce il les vouloit veoir. Or, ayant voulu veoir pareillement la lettre et la faire veoir aussi à autres, on trouva *duodecim molossos*, c'est-à-dire *douze dogues*. De quoy ledict

---

1. Le chancelier et cardinal Duprat, d'après Estienne (*Apologie pour Hérodote*, ch. 17).

seigneur se voyant estre mocqué (et faut penser de quelle sorte), trouva une eschappatoire qui le feit estre encores davantage, car il dit qu'il avoit failly à lire, et qu'il avoit pris *molossos* pour *muletos*. Toutesfois pour cela ceux qui estoient autour du roy ne laissèrent à bien rire, ne se voulans aucunement formalizer de son latin.

Nouvelle CXVII.

Des menuz propos que tint un curé au feu roy de France Henry deuxiesme de ce nom.

Un certain curé[1], faisant sermon à ses paroissiens, ouyt plusieurs petits enfans crier, qui luy empeschoient à dire et expliquer ce qu'il avoit en l'entendement, dont il fut courroucé ; et, se souvenant que quelques autres enfans alloyent par la ville chantans vilaines chansons : « Un taz de petits fils de putains, disoit-il, s'en vont chantans une telle chanson : *Vous aurez sur l'oreille!* etc. Je voudrois estre leur père : Dieu sçait comment je les accoustrerois ! » Aussi bien rencontra-il une autrefois en parlant au roy Henry deuxiesme de ce nom, qui l'avoit fait appeler pour en tirer du plaisir : car, le roy luy ayant demandé des nouvelles de ses paroissiens, il luy dit qu'il ne tenoit

---

1. On a dit que c'étoit le curé de Brou. Du Fail, qui, dans ses *Propos rustiques* (ch. 3), rapporte ce conte, l'attribue à tout autre qu'à ce personnage.

pas à les bien prescher qu'ilz ne fussent gens de bien. Et le roy l'ayant interrogué s'ils se gouvernoient pas bien : « En ma presence (dit-il), ils font bonne mine et mauvais jeu, et sont prests de faire tout ce que je leur commande; mais, si tost que j'ay le cul tourné, souflez, Sire. » Ce qui fut pris en bonne part de luy, comme n'y allant point à la malice, non plus qu'ès rencontres qui luy estoyent coustumières en ses presches : car, si on eust apperceu qu'il eust equivoqué de propos deliberé sur ce mot de *souflez* (qui, outre sa première signification, se prend, en langage du commun peuple, pour cela aussi qui dit autrement : « De belles », c'est-à-dire : « Il n'en est rien »), on luy eust aprins à soufler d'une autre sorte. Et puis sonnez, tabourin[1] !

Nouvelle CXVIII.

De celuy qui presta argent sur un gaige qui estoit à luy, et comment il en fut mocqué.

Un bon frippon[2], ayant convié à disner deux siens compaignons, lesquels il avoit rencontrez par la ville, et voyant au retour qu'en sa maison il n'y avoit rien plus froid que l'atre, et que tous les prisonniers s'en estoyent fuiz de sa bourse, s'advise

---

1. C'est le : *En avant la grosse caisse!* des banquistes.
2. H. Estienne lui donne le nom d'Antoine (*Apologie pour Hérodote*, ch. 15).

incontinent de cet expedient pour tenir promesse à ceux qu'il avoit conviez. Il s'en va en la maison d'un quidam avec lequel il avoit quelque familiarité, et, en l'absence de la chambrière, prend un pot de cuyvre dedans lequel cuysoit la chair, et, l'ayant mis sous son manteau, l'emporte chez soy. Estant arrivé, commande à sa chambrière de verser le potage avec la chair en un autre pot de terre, et, après que ce pot de cuyvre fust vuidé (l'ayant très bien fait escurer), envoya un garson à celuy auquel il appartenoit pour le prier de luy prester quelque somme d'argent en retenant ce pot pour gaige. Le garson rapporte bonne response à son maistre, à sçavoir une pièce d'argent, qui vint fort bien à point pour fournir à table du reste qu'il y falloit, et un petit mot de scedule par laquelle ce crediteur confessoit avoir receu le pot de cuyvre en gaige sur laditte somme; lequel, se voulant mettre à table, trouva faute d'un de ses pots qui avoyent esté mis au feu; et alors ce fut à crier. La cuysinière asseure que, depuis qu'elle l'avoit perdu de veue, n'estoit entré que ce bon frippon; mais on faisoit conscience de le soupçonner d'un tel acte. Toutesfois, en fin, on va voir si on l'appercevroit point chez luy, et, pource qu'on n'en oyoit point de nouvelles, on le demande à luy-mesme. Il respond qu'il ne sçait que c'est, et, quand il se sentit pressé (d'autant qu'on luy maintenoit qu'autre que luy n'estoit entré vers le temps qu'il avoit esté prins) : « Il est bien vray, dit-il, que j'ay emprunté un pot; mais je l'ay renvoyé à celuy duquel je l'avois emprunté. » Ce qu'ayant esté nié par le crediteur : « Voyez, Messieurs, dit ce frippon, comme il se fait bon fier aux gens de maintenant sans bonne scedule ! Il me voudroit incontinent accuser de larrecin, si je n'avois scedule escripte et signée de sa main. » Alors il monstra la scedule que luy avoit apportée le garçon : tellement que, pour payement, le crediteur receut de la moquerie par toute la ville, le bruict estant couru incontinent qu'un tel (en le nommant) avoit presté argent sur un gaige qui estoit à luy.

Nouvelle CXIX.

De la cautelle dont usa un jeune garson pour estranger plusieurs moynes qui logeoient en une hostellerie.

Au diocèse d'Anjou fut une bonne femme, vefve hostesse, laquelle, par bonne devotion, avoit accoustumé loger les cordeliers et de les bien traicter selon son pouvoir, dont[1] un sien fils en fust marry, voyant qu'ilz despendoyent beaucoup du bien de sa mère sans espoir de recompense, et pour ce délibera les estranger. Advint que, trois ou quatre jours après, deux cordeliers arrivèrent leans pour y heberger, ausquelz le fils ne voulut faire semblant de malveillance, de peur d'offenser sa mère[2]. Mais, quand un chacun se fut retiré

1. Var. : *de quoy.*
2. Var. : *caignant (pour craignant) irriter sa mère.*

en sa chambre, sur la my-nuict, ledit filz apporta
un jeune veau de trois sepmaines ou un mois en
la chambre des frères cordeliers, et ce sans qu'il
fust apperceu aucunement. Or, sitost que ce maistre veau eut senty qu'il n'avoit sa nourrice près
de luy, il se traina par toute la chambre, cherchant à repaistre, et de fortune se mit soubs le
lict où les cordeliers estoient fort endormiz. Et
ainsi comme ce pauvre veau furetoit, il rencontra
la teste du plus jeune qui pendoit du costé de la
ruelle du lict, et ce veau commença à leicher le
pauvre moyne, qui suoit comme un pourceau : de
sorte qu'il s'esveilla en sursaut et appella en ayde
son compaignon cordelier, auquel il dit qu'il y
avoit des esprits leans qui l'avoient attouché par
le visage, le suppliant de le vouloir conforter. Et,
en disant [1] telles paroles, il trembloit si fort qu'il
estonna son compaignon, lequel luy commanda,
sur peine d'inobedience, de se lever et aller allumer du feu, ce que le pauvre frère refusoit faire,
craignant l'esprit. Toutes fois, nonobstant les requestes qu'il feit, il se leva du lict et se retira
vers le fouyer pour allumer de la chandelle. Quand
le veau entendit marcher, cuydant que ce fust sa
mère, s'approcha et mit le museau entre les jambes
dudict cordelier, et l'empoigna par ses dandrilles
(car les cordeliers sont cours vestuz par dessoubz
leurs grandes robbes). Adonc le pauvre cordelier
commença à crier hautement : Misericorde ! et incontinent s'en retourna coucher, implorant la grace
de Dieu, disant ses sept pseaumes et autres oraisons. Ce veau, ennuyé de perdre la tette de sa

1. Var. : *marmonnant*.

nourrice, couroit par la chambre, et enfin cria un haut cry de voix argentine (comme pouvez sçavoir), dont les moynes furent encores plus estonnez. Le lendemain, devant les quatre heures, le filz retourna aussi secrettement qu'il avoit fait auparavant et emmena son veau. Quant les pauvres cordeliers furent levez, ils annoncèrent à l'hostesse de leans ce qu'ilz avoyent ouy la nuict, et luy donnoyent à entendre que c'estoit un trespassé qui faisoit leans sa penitence, et ainsi descrièrent tant ceste hostellerie en le racomptant à[1] tous les frères qu'ilz rencontroient qu'onc depuis n'y logea cordelier ny autre moyne.

Nouvelle CXX.

Du larron qui fut apperceu fouillant en la gibbecière du feu cardinal de Lorraine[2], et comment il eschappa.

Il advint, au temps du roy François premier du nom, qu'un larron, habillé en gentilhomme, fouillant en la gibbecière du feu cardinal de Lorraine, fut apperceu par le roy estant à la messe viz-à-viz du cardinal. Le larron, se voyant estre apperceu, commença à faire signe du doigt au roy qu'il ne

---

1. Var. : *par-my.*
2. Charles de Lorraine, cardinal-archevêque de Reims, fils du premier duc de Guise, né en 1524, mort en 1574.

sonnast mot et qu'il verroit bien rire. Le roy, bien ayse de ce qu'on luy apprestoit à rire, le laissa faire, et peu de temps après vint tenir quelque propos audict cardinal, par lequel il luy donna occasion de fouiller en sa gibbecière. Luy, n'y trouvant plus ce qu'il y avoit mis, commença à s'estonner et à donner du passetemps au roy, qui avoit veu jouer ceste farce. Toutesfois ledict seigneur, après avoir bien ry, voulut qu'on luy rendist ce qu'on luy avoit prins, comme aussi il pensoit que l'intention du preneur avoit esté telle ; mais, au lieu que le roy pensoit que ce fust quelque honneste gentilhomme et d'apparence, à le voir si resolu et tenir si bonne morgue, l'experience monstra que c'estoit un très-expert larron desguisé en gentilhomme, qui ne s'estoit point voulu jouer, mais, en faisant semblant de se jouer, feit à bon escient. Et alors ledict cardinal tourna toute la risée contre le roy, lequel, usant de son serment accoustumé, jura, foy de gentilhomme, que c'estoit la première fois qu'un larron l'avoit voulu faire son compagnon.

Nouvelle CXXI.

Du moyen dont usa un gentilhomme italien afin de n'entrer au combat qui luy avoit esté assigné, et de la comparaison que fit un Picard des François aux Italiens.

Un gentilhomme italien, voyant qu'il ne pouvoit eviter honnestement un combat qu'il avoit entreprins contre un de sa qualité sans qu'il alleguast quelque raison peremptoire, l'avoit accepté; mais, s'estant depuis repenty, n'allegua autre raison (quand l'heure du combat fut venue) sinon qu'il dit à son ennemy qu'il estoit prest à combattre et l'attendoit à grande devotion, disant : « Tu es desesperé, toy; moy, je ne le suys pas; et pourtant je me garderay bien de combattre contre toy. » Il est bien vray que quelqu'un pourra respondre que pour un il ne faut pas faire jugement de tous, et que, si cela avoit lieu, on pourroit (à bon droit) tourner à blasme à tous les François ce qui fut dit par un Picard rendant tesmoignage de sa prouesse : car, se vantant d'avoir esté quelques années à la guerre sans desgaigner son espée et estant interrogué pourquoy : « Pource (dit-il) que je n'entrois mie en colère; mais toutes et quantes fois, disoit-il en continuant son propos, on voudra confesser verité, on dira haut et clair que les Italiens ont plus souvent porté les marques des François colerez que les François n'ont porté les marques des Italiens desesperez, et que, quand il n'y auroit un seul Picard qui sceust entrer en colère, pour le moins les Gascons y entrent assez, voire sont quelques fois assez entrez pour faire trembler les Italiens dix piedz dedans le ventre s'ils l'avoient si large [1]. » Combien que sept ou huit ineptes et sots termes de guerre que nous avons emprunté d'eux mettent en danger et les Guascons et toutes les autres contrées de France d'estre reputez autres qu'ilz n'estoient auparavant.

NOUVELLE CXXII.

De celuy qui paya son hoste en chansons.

Un, voyageant par païs, sentant la faim le presser [2], se meit en un cabaret, où il se rassasia si bien pour un disner, que aisement il pouvoit attendre le soupper [3], pourveu qu'il eust esté bien tost près. Or, comme le tavernier, son hoste, visitant ses tables, l'eust prié de payer ce qu'il avoit despendu et faire place aux autres, il luy feit entendre qu'il n'avoit point d'argent, mais que, s'il

---

1. Expression tirée, ainsi que celle-ci : Donner du cœur au ventre, du lexique militaire de ces temps. Branthome et Montluc l'emploient souvent. Ce dernier dit que les Suisses donnoient du cœur au ventre à notre infanterie.
2. VAR. : *qui le pressoit.*
3. VAR. : *qu'il eust bien attendu le soupper.*

luy plaisoit, il le payeroit si bien en chansons qu'il se tiendroit content de luy. Le tavernier, bien estonné de ceste responce, luy dit qu'il n'avoit besoin d'aucune chanson, mais qu'il vouloit estre payé en argent contant, et qu'il advisast à le contenter et s'en aller. « Quoy! dit le passant au tavernier, si je vous chante une chanson qui vous plaise, ne serez-vous point content ? — Ouy dea vrayement », dit le tavernier. A l'instant le passant se print à chanter toutes sortes de chansons, exceptée une qu'il gardoit pour faire la bonne bouche ; et, reprenant son haleine, demanda à son hoste s'il estoit content. « Non, dit-il, car le chant d'aucune de celles que vous avez chantées ne me peut contenter. — Or bien, dit le passant, je vous en vay dire une autre, que je m'asseure qui vous plaira. » Pour mieux le rendre ententy au son de ceste nouvelle chanson, il tira de son aisselle un sac plain d'argent, et se print à chanter ceste chanson assez bonne et plusque usitée à l'endroit de ceux qui vont par païs : *Mitt' la mano all' bursa, et paga l'hoste;* qui est à dire : Metz la main à la bourse et payes l'hoste. Quand il eust mis fin à cette chanson[1], demanda à son hoste si elle luy plaisoit et s'il estoit content. « Ouy, dit-il, ceste me plaist bien. — Or donc, dit le passant, puis que vous estes content et que je me suis acquitté de ma promesse, je m'en vay. » Et à l'instant se departit sans payer et sans que son hoste l'en requist[2].

1. VAR. : *Et ayant icelle finie.*
2. Voy. Pogge, *Histoire de Florence*, p. 467. Il rapporte qu'un batelier ayant demandé son paiement à certain passager, celui-ci lui répondit qu'il n'avoit pas un sou, mais

Nouvelle CXXIII.

*Du procès meu entre une belle-mère et son gendre
pour n'avoir pas depucelé sa fille
le premier jour de ses nopces.*

Au païs de Limosin fut faicte une nopce entre une jeune fille aagée de dix-huict ans, ou environ, et un bon garçon de village très bien emmanché. Or il advint que le compagnon, dez la première nuict, se mit en devoir d'accomplir l'œuvre de son mariage, et, pour gratifier à sa tendre espousée, il luy bailla auparavant son manche[1] à tenir pour luy faire envie de le secourir à son affaire. Mais, quand la pauvre fille l'eust tenu et apperceu qu'il estoit si gros, elle ne voulut oncques que le marié luy mist en son estuy, de pœur qu'il ne la blessast, et tousjours craignoit la lutte, dont le marié fut fort ennuyé, et, quoyqu'il peust

qu'il lui donnoit un conseil qui lui vaudroit de l'argent. « Bon! dit le batelier, ma femme et mes enfants ne vivent pas de conseil! » N'en pouvant tirer d'autre raison, il demanda quel étoit ce conseil : « C'est, dit-il, de ne jamais passer sans vous faire payer par avance. »

1. Ce mot, en italien *manico*, pourroit être l'origine de l'expression *mannequin* tant employée au XVIe siècle. En cela nous sommes de l'avis de M. Fournier (*Var. histor.*, t. II, p. 241). Mais pourquoi aller chercher un instrument de musique? N'est-il pas plus simple de s'en tenir au sens de Des Périers dans ce passage?

Nouvelle CXXIII.

faire, jamais ne peust persuader à la mariée de luy faire beau jeu : au moyen de quoy il fut contraint pour la nuict s'en passer. Et, quand le jour fut venu, la mère s'en alla devers sa fille pour sçavoir comment elle s'estoit portée avec son mary et comment il luy avoit fait. Elle luy feit responce qu'ils n'avoyent riens fait. « Comment ! dit la mère, vostre mary est donq chastré ! » Alors, comme furieuse, s'en alla au conseil de l'Eglise afin de faire desmarier sa fille, donnant à entendre à tous que son gendre n'estoit habille à engendrer. Sur cette colère elle le feit citer, afin qu'il luy fust permis de marier sa fille à un aultre, dont le pauvre marié fust très mal-content, considerant qu'il n'avoit offensé ne donné occasion pour estre ainsi deshonoré. Or, quand ils furent tous devant monsieur l'official et que la demanderesse eust requis separation de sa fille et de son gendre, et que, par ses raisons, elle eut dit que la première nuict de leurs nopces ledict gendre ne voulut ou ne peut[1] oncq faire l'œuvre de mariage à sa fille, et qu'il estoit chastré, adonq le gendre, au contraire, se deffend très bien, et dit qu'il estoit aussi bien fourny de lance que sa femme de cul, et ne demandoit autre chose que luitter[2] ; mais sa femme n'y voulut oncques entendre et feit la cane[3], au moyen de quoy il n'avoit peu riens faire. Adonc l'official demanda à

---

1. Var. : *sut*.
2. Ainsi trouve-t-on ce mot écrit dans les auteurs du temps : « Estoient les jeunes faisant exercices d'arc, de luytes, de barres », dit du Fail au chap. 1 de ses *Propos rustiques*, édit. 1732, p. 16.
3. Elle eut peur. Voy. Furetière au mot *Cane*.

la jeune espousée si elle l'avoit refusé, et elle luy dit que ouy, au moyen qu'il l'avoit si gros et qu'elle craignoit, comme encores faisoit, qu'il la blessast, car elle esperoit en après plustost la mort que la vie. Quand la mère eut entendu cette confession, et que, par tels moyens, elle devoit estre condamnée, elle supplia le juge d'asseoir les despens sur sa fille, attendu qu'elle avoit esté cause de ce procès. Toutesfois, par sentence, monsieur l'official condamna la pauvre jeune fille à prester son beau et joly instrument à son mary pour y besongner et faire ce qu'il devoit avoir fait la nuit precedante, et sans despens, attendu les qualitez des parties.

Nouvelle CXXIV.

Comment un Escossois fut guary du mal de ventre au moyen que luy donna son hostesse.

Il n'y a pas long-temps qu'un Escossois, ayant desjà servy à la garde du roy de France, et lequel avoit, dès sa jeunesse, gousté quelque peu des bonnes lettres, voyant que le roy caressoit les personnes doctes[1], et, d'autre part, considerant le moyen qu'il avoit de vaquer à l'estude pendant le temps qu'il estoit hors de quartier et de service,

---

1. Var. : *voyant que le roy s'y addonnoit.*

il choisit le logis d'une bonne femme vefve, et là se logea pour quelque temps. Un jour, se sentant mal de sa personne et n'ayant la langue si à delivre pour se faire entendre à autruy (comme il faisoit à son hostesse, à laquelle il demandoit conseil sur son mal), il luy dit : « Ma dam', moy ha grand mal à mon boudin. » Son hostesse, qui entendoit assez bien qu'il disoit le ventre luy faire mal, et que, pour recouvrer prompt allegement, il luy demandoit son advis, elle luy dit qu'il falloit qu'il feit ses prières et oraisons à monsieur S. Eutrope, lequel on dit guarir de tel mal. L'Escossois, ayant entendu cela, et sentant son ventre aller de pis en pis, ne voulut mettre en mespris le conseil de son hostesse, ains, suyvant iceluy, s'en alla à l'eglise la plus prochaine qu'il rencontra, et se meit en prières et oraisons telles qu'il sembloit à ceux qui l'oyoient que le saint deust promptement venir à luy. D'adventure, pendant qu'il estoit en telle meditation, il se trouva un bon frippon, lequel estoit caché derrière l'image de sainct Eutrope[1] et contemploit les allans et venans avec leurs contenances ; et, ayant remarqué les mines que faisoit cest Ecossois, il commença à crier : « Tru, tru pour Jehan d'Escosse et son bagaige ! » L'Escossois, qui entendit ces paroles, jettées assez rudement, pensa que ce fût quelque malin qui le voulsist empescher[2] en ses devotions ; à raison de quoy, après qu'il eust remarqué le lieu d'où pouvoit estre

---

1. VAR. : *estoit pendu au derrière de saint Eutrope.* Les prières à saint Eutrope sont supposées un bon remède contre l'hydropisie.
2. VAR. : *troubler.*

partie ceste voix qu'il avoit entendu, il print sa flesche et son arc, et vous descoche rasibuz l'image du sainct. Le frippon, qui estoit derrière, craignant que l'Escossois redoublast son coup, se print à descendre de l'escalier de boys où il estoit monté ; mais il ne peust s'enfuyr si secrettement qu'il ne feit un bruit qui effroya tellement l'Escossois, lequel pensoit que ce fût le sainct qui se meit à le poursuivre afin de le punir de l'offence qu'il avoit faicte[1], qu'il entra en telle frayeur qu'il en perdit incontinent son mal, et depuis vesquit gay comme Perot[2].

Nouvelle CXXV.

Des epitaphes de l'Aretin, surnommé Divin[3], et de son amie Magdaleine.

L'Aretin, non l'Unique[4], mais celuy qui a usurpé le surnom de Divin, s'est aussi donné arrogamment le tiltre de *fleau des princes*, estant du tout enclin à mesdisance. En quoy il n'espargnoit, comme on dit

---

1. VAR. : *le poursuivre et le chastier.*
2. VAR. : *que depuis il ne se sentit saisy du mal de ventre.*
3. Le licencieux écrivain d'Arezzo est assez connu pour que nous n'ayons pas besoin d'en parler. On s'est réjoui de sa conversion ; de tels adeptes discréditent plus une religion qu'ils ne la relèvent. Ce surnom, dont on parle, il se l'étoit donné lui-même : *il Divino Aretino*, dans l'exergue d'une médaille, gravée par son ordre, où il est représenté assis sur un trône, ayant à ses pieds des ambassadeurs qui lui offrent des tributs de la part des souverains leurs maîtres.
4. Un poète du nom de Bernard, seigneur de Nepi, de la

en commun proverbe, ny roy ny roc : car il escript en une preface d'une sienne comedie italienne [1] que le roy très chrestien François premier du nom luy avoit enchaîné la langue d'une chaîne d'or, faite en façon de langues, qu'il luy avoit envoyée afin qu'il n'escrivist de luy comme il avoit fait de plusieurs autres seigneurs. Mesmement, en un des dialogues qu'il a faicts, il introduit deux courtisanes, recitant l'une à l'autre les moyens par lesquels elles estoient parvenues aux richesses, et comme par leur saige conduite et maintien gracieux elles s'estoient entretenues en honnestes compagnies; à raison de quoy, estant l'une d'elles decedée de son temps, il luy dressa l'epitaphe tel que s'ensuyt, lequel depuis a esté fort divulgué :

Epitaphe.

De Magdaleine icy gisent les os,
Qui fut des v... si friande en sa vie,
Qu'après sa mort, tous bons seigneurs supplie,
Pour l'asperger, luy pisser sur le dos.

Or il est mort n'a pas long-temps, ce preud'hom-

---

famille des Accolti, d'où sortirent des cardinaux et des jurisconsultes célèbres, fut surnommé l'Unique, à cause de son étonnante facilité de versification. Aujourd'hui oublié après avoir joui d'une grande renommée, on ne retrouve ses traces que chez les historiens de la cour de Léon X. Dans le Recueil des lettres écrites à l'Arétin (*Venise, Marcolini,* 2 vol. in-8) il y a un billet signé *vostro unico Aretino* (t. 1, p. 134). Voyez aussi B. Castiglione, le *Courtisan,* et Ruscelli, *Devises.*

1. Je n'ai point trouvé dans ses préfaces — les ai-je toutes lues? — de passage relatif à cette chaîne; mais, dans une de ses letttres au roi de France (nov. 1533), on lit ces lignes : « *Ecco tre anni sono che mi prometteste la catena di cin-*

me Aretin [1], auquel les Florentins, ses compatriaux, ont fait cestuy epitaphe, digne de luy et de son athéisme [2].

Epitaphe de l'Aretin.

Qui giace l'Aretino, amaro tosco
D'el seme humano, di cui la lingua trafisse
E vivi e morti, di Dio mal' non dice
E si scuso con dir' : No lo conosco [3].

que libre d'oro, e non credo che sia pur dubbio ne la venuta del Messia dei Gieudei, poi che pur venno di lingue smaltaite di vermiglio, e con breve nel cui bianco e scritto : lingua ejus loquetur mendacium. » Il y avoit déjà fait allusion trois ans auparavant dans le *Marescalco*, 3e acte, scène 5, et dans la *Cortigina*, 3e acte, scène 7.

1. Les éditeurs qui se sont succédé depuis deux siècles avoient lu *Avertin*; nous avons cru devoir rétablir Arétin, d'après les premiers textes. Ce n'est d'ailleurs pas un grand crime d'avoir confondu ces deux mots, que Marot déjà fait rimer ensemble :

Si Dieu ne l'avoit deffendu
Et je fusse en mon advertin,
Je donnerois à l'Aretin,
Et si gagnerois la partie.

L'Arétin mourut en 1556.

2. Etoit-elle inscrite sur son tombeau dans l'église Saint-Luc, à Venise?

3. Nous en connaissons cette variante :

« *Qui giace l'Aretin, poëta Tosca,*
Che d'ognun disse majo che di dio,
Scusando si col dir' : Io n'ol conosco. »

Elle fut ainsi traduite en latin :

« *Condit Aretini cineres lapis iste sepultos,*
   Mortales atro qui sale perfricuit ;
Intactus Deus est illi, causamque rogatus,
   Hanc dedit : Ille, inquit, non mihi notus erat. »

Ces différentes versions prouvent la renommée de cette

TRADUCTION.

Icy gist l'Aretin, qui fut l'amer poison
De tout le genre humain; dont la langue fichoit
Et les vifs et les morts; contre Dieu son blason
N'addressa, s'excusant qu'il ne le cognoissoit.

NOUVELLE CXXVI.

De la harengue qu'entreprint de faire un jeune homme en sa reception[1] de conseiller, et comment il fut rembarré.

Ce jeune homme, ayant esté envoyé aux universitez pour y apprendre la loy civile et s'en servir en temps et lieu, au gré et contentement de son père, fut là entretenu assez souefvement et delicatement. Advint que, se baignant en ses aises et delices, il rejetta au loing ses codes et digestes, pour imprimer en son cerveau l'idée d'une amye, et, se paissant en tel object, convertit ses leçons en lecture de Petrarque et autres telz prodigues d'honneur. Pendant ce temps son père alla de vie à trespas. De quoy advertis, les parens et amys du jeune homme, pensant qu'il fust un sçavant docteur et qu'il eust profité passablement en la loy,

---

épitaphe, que cette Nouvelle n'a pas peu contribué à populariser en France.

1. VAR. : *pretendant se faire recepvoir.*

luy mandèrent la mort de son père et l'advertirent qu'il estoit temps qu'il esleut l'estat et vacation qu'il vouloit ensuivre, et que à ce faire[1] ils se monstreroient ses amys. Le jeune homme, se rangeant sur leur conseil et advis (encore qu'il n'eust estudié en la loy), print son chemin vers la maison de feu son père. Après qu'il eut visité ses amis, et qu'il fut asseuré des biens que son père luy avoit delaissez, il luy vint en l'entendement d'achepter un estat de conseiller en la cour de parlement. A cela s'accordèrent ses amys; et, pour amitié qu'ils avoient eu avec son père, ils luy promirent d'en faire demande au roy François premier, duquel, comme très fidèles serviteurs, estoient reciproquement cheriz. Un jour qu'ils estoient avec le roy, ils luy firent demande de cest estat de conseiller; ce qu'il leur octroya, et leur en furent delivrées lettres. De cela bien joyeux, en advertirent le jeune homme, et luy feirent sçavoir[2] comme il se devroit gouverner quand il se presenteroit à la court. Le jeune homme, suyvant en tout et par tout leur conseil, feit ses dilligences et apprestz. Bref, il presente ses lettres d'estat; elles furent leues en plaine chambre. Peu de temps après, la court, ayant esté certiorée de l'insuffisance du suppliant, le renvoya aux estudes. De ce bien estonné, il s'en retourne vers ses parens et amys, et les supplie de faire entendre au roy le reffuz qu'on luy avoit fait en la court de parlement. Le roy en fut ad-

---

1. Var. : *choisist moyen de se pourveoir d'estat ou office, à quoy faire, etc.*
2. Var. : *auquel ils donnèrent à entendre.*

verty. Il manda incontinent à messieurs de la court ce qu'ilz allassent par devers Sa Majesté[1]. La court de parlement delègue deux conseillers d'icelle, lesquels elle chargea de faire telles remonstrances que de raison. Après qu'ils se furent presentez devant le roy, afin d'entendre sa volonté, il leur demanda pourquoy ils faisoient reffuz de recevoir ce jeune homme en leur compagnie, veu qu'il luy avoit fait don de cest office de conseiller. Les deleguez luy feirent entendre leur charge, et dirent que la court estoit assez informée de son insuffisance, et pourtant ne le pouvoit honnestement admettre. Le roy, ayant receu ceste remonstrance pour saincte et raisonnable, en sçeut bon gré à messieurs de la court, et ne s'en soucioit plus. Quelque jours après le jeune homme reprend ses erres de supplication, et importune tellement ses amys qu'ils furent persuadés supplier derechef le roy de mander à la court de le recevoir, se submettant à l'examen requis en tels cas; luy remonstrant au surplus qu'il estoit homme pour luy faire service à l'advenir; joinct aussi que le père du jeune homme avoit esté son officier par un long temps et avoit acquis bon bruit pendant sa vie. Le roy, entendant ces remonstrances aussi, et se souvenant de celles que luy avoient fait messieurs de la court sur ce fait, il commanda derechef qu'il fust receu. La court de parlement s'y opposa et feit secondes remonstrances. Ce nonobstant, le roy voulut qu'il fust receu. Et, comme messieurs de la court remonstroient que le jeune homme

---

1. VAR. : *eussent à venir parler à lui.*

estoit leger d'entendement et fol, il leur dit :
« Et bien ! puis qu'ils sont si grand nombre de
saiges et savans personnages, ne sçauroient-ils
souffrir un fol entr'eux ? » A cette parole, les deleguez
se departent et rendent la court certaine de
la volonté du roy. Le jeune homme, se promettant
en luy-mesme d'estre parvenu à son attente,
et que à ceste heure il seroit receu, se presente
derechef à la court et demande à estre examiné
selon l'ordonnance. La court commande à un
des huissiers le faire entrer et conduire en une
chaire que pour ce faict on luy avoit preparée.
Après qu'il fut monté et qu'il eut bien ruminé ce
qu'il vouloit dire, il commença sa harangue par
un verset du Psalme 118, et dit ainsi :

Lapidem quem reprobaverunt ædificantes, hic factus est in caput anguli, c'est-à-dire :

> *La pierre par ceux rejettée*
> *Qui du bastiment ont le soing*
> *A esté assise et plantée*
> *Au principal endroit du coing*[1],

voulant par là donner à entendre à la court
qu'elle n'avoit deu le mepriser ainsi qu'elle avoit
fait. Ce qu'ayant entendu un des anciens de la
court, auquel ne plaisoit guères la temerité de ce
jeune homme, se leva, et, faisant responce digne
à telle outrecuidance, respondit ce qui s'ensuit :

A domino factum est istud, et est mirabile in oculis nostris.

---

1. Traduction de Th. de Bèze.

c'est-à-dire :

Cela est une œuvre celeste
Faicte pour vray du dieu des dieux,
Et un miracle manifeste [1]
Lequel se presente à noz yeux.

Par ceste responce il reprima tellement l'audace du jeune homme que depuis il ne luy advint de haranguer de telle sorte en une si honneste compagnie.

Nouvelle CXXVII.

D'un chevalier aagé qui feit sortir les grillons de la teste de sa femme par une saignée, et laquelle auparavant il ne pouvoit tenir soubz bride qu'elle ne luy feist souvent des traitz trop gaillards et brusques.

C'est un grand bien en mariage de cognoistre les imperfections les uns des autres et de trouver les remèdes pour eviter [2] tant de riottes [3] et debatz qui adviennent ordinairement en la pluspart des mes-

---

1. VAR. : *Estre le faict d'un très genereux*
   Et un obstacle manifeste.
2. VAR. : *qui servent à eviter*
3. VAR. : *les inconvenients de tant de riottes*

nages, comme en celuy d'un fort gentil chevalier de la Tuscane, lequel, après avoir emploié la fleur de sa jeunesse au fait des armes, de la chasse et des lettres pareillement, s'advisa un peu tard à soy renger ès liens de mariage, qui fut enfin avec une une belle et jeune damoyselle, laquelle il traicta fort gracieusement en toutes choses, fors qu'au deduict d'amours, auquel il se portoit assez laschement, à cause de son aage. Mais la nouvelle mariée n'eut cognoissance par quelque temps de ce deffaut, sinon par communication d'autres bonnes commères qu'elle frequentoit, et lesquelles elle ouyt deviser du passe-temps dru et menu qu'elles recevoient de leurs jeunes marys. Cela l'esmeut[1] à en vouloir sentir pareille fourniture que les autres. Mais, pour y parvenir avecques couverture de son honneur, en addressa la plaincte à sa propre mère, laquelle, après quelques remonstrances au contraire (de la conscience blasmée du moyen), ne la pouvant à plain destourner de ceste intention ainsi dictée, pour rompre ce coup, luy dit : « Ma fille, puis que je ne voy autre unguent qui puisse adoucir vostre mal, je vous diray : Il y a des hommes de diverses humeurs et complexions, qui se taillent et font cheoir les cornes par fer ou par poison ; aucuns les portent patiemment, et, comme ils ont meilleur estomach, ils digèrent les pillules de cocuage facilement, sans mot sonner. Pource il faut que vous essayez la patience de vostre mari par quelques traits legers et de peu d'importance. » A ces propos la fille respond qu'elle ne

---

1. Var. : *Qui l'esmeut.*

vouloit aucunement user des finesses requises en tels cas, que d'attraire [1] à sa cordelle un personnage de disposition gaillarde et de bonne reputation, soubz le manteau duquel soit couverte la reputation telle qu'estoit celle de son capellan. La mère luy chargea de tenter ainsi la douceur du chevalier, et selon icelle donner bon ordre au demourant. La fille luy promet de n'y tarder guères de ce faire [2]. Cependant que le gentilhomme son mary estoit à la chasse, elle print en main une coignée et entre en son jardin, et là se print à abattre un beau laurier, lequel avoit esté planté là de la main de son mary, et pour cette consideration il en estoit jaloux et passoit volontiers le temps souz cet ombrage, en attendant que les viandes ordonnées pour traicter ses amis fussent assaisonnées. Pour vous le faire court, voilà l'arbre par terre; voicy venir le mary: elle luy en fait coucher des branchages au feu, qui furent incontinent apperceuz par luy. Toutesfois, avant que d'en mener bruict, remit son manteau sur ses epaulles et va sur le lieu pour mieux s'en asseurer. Il ne faut point demander, après qu'il eut veu la fosse fresche, s'il fut bien troublé : car il s'en retourna plein de menaces et demanda à sa femme qui estoit celuy qui luy avoit joué ce bon tour, et elle luy feit responce qu'elle l'avoit fait pour le rechauffer à son retour de la chasse, et pour avoir entendu cet arbre conforter la vielesse. Pour cette fois elle l'appaisa, et pensoit luy avoir fait avaller sa colère aussi douce que

---

1. VAR. : *Et encore moins attraire.*
2. VAR. : *Pour cela exploiter.*

sucrée. Cela fait, le lendemain matin elle en advertit sa bonne mère, laquelle luy dit que c'estoit bon commencement, mais qu'il falloit encore essayer davantage, comme à luy tuer la petite chienne qu'il aimoit tant, ce qu'elle entreprint de faire, et le feit à l'occasion que cette petite chienne, retournant de la ville d'avec son maistre, toute boueuse se jetta sur le lict, où la dame avoit, par exprès, mis une riche couverture; et, comme on l'eut chassée de là, elle s'en vint sauteler sur la robe de madame, laquelle, feignant avoir gasté ses beaux habits, empoigna un cousteau, et, en la presence de son mary, luy en couppa la gorge. Ce ne fut pas encore assez au jugement de la mère, si, après l'arbre inanimé et la chienne morte, elle n'offençoit d'abondant son mary en quelques personnes des plus cheries de luy, et ce qu'elle feit pareillement : car elle renversa (en un banquet qu'il faisoit à la fleur de ses amis) la table, qui estoit chargée de viandes, et, se voulant excuser, dit qu'elle avoit ce fait par mesgarde et voulant prevoir au service. Sur ces indignations, la nuict donna conseil au gentilhomme de l'empescher lever du lict; l'empescha bon gré mal gré[1], et luy remonstra qu'il falloit qu'elle s'y tînt encores pour quelques remèdes qu'il luy avoit apprestez pour la guarir. Elle, en se deffendant, disoit qu'elle se trouvoit en bonne disposition et gaillarde en son esprit. « Je le crois ainsi, dit-il,

---

1. Le texte de cette Nouvelle jusqu'à cet endroit a été reproduit d'après une édition sans date de Galiot du Pré. Nous n'avons point relevé toutes les variantes des éditions subséquentes : elles sont trop nombreuses, trop fautives.

et trop de quelques grains, à quoy convient remedier d'heure. » Lors, luy ramentevant les trois honnestes tours qu'elle luy avoit jouez consecutivement, nonobstant les remonstrances et menaces qu'il luy avoit faites à chacune fois, par lesquelles il avoit juste crainte de quelque quatriesme pire que tous les autres precedans, envoie querir un barbier, auquel il feit entendre ce qu'il vouloit qu'il executast : c'est assavoir que, pour certaines considerations qu'il luy taisoit, son plaisir et intention estoit qu'aussi tost qu'il luy auroit presenté sa femme, il ne feit faute d'executer sa charge, s'il vouloit luy complaire. Le barbier, après avoir entendu tels propos, s'enhardit de demander au gentilhomme quelle estoit sa volonté, de laquelle il fut incontinent asseuré. Le gentilhomme, après avoir fait allumer un grand feu en une chambre de son logis où l'attendoit le barbier, s'en va en la chambre de sa femme, qu'il trouva toute habillée (faignant d'aller veoir sa mère, à laquelle, peu de jours auparavant, elle avoit decelé l'impuissance de son mari, luy requerant au surplus la vouloir addresser au combat amoureux qu'elle avoit entreprins contre un champion de son aage). De ce adverty, le gentilhomme, redoublant le fiel et courroux (qu'il desguisa au mieux qu'il peut), luy va dire : « M'amye, certainement vous avez le sang trop chaud, qui vous cause par son ebullition tous ces caprices et inconsiderez tours que faites tous les jours. Les medecins, à qui j'en ay parlé et consulté, sont d'avis qu'il convient vous saigner un peu, et disent cela pour vostre santé. » La damoiselle, entendant ainsi parler son mary et ne s'estant encor apperceue de son entreprinse, se laissa conduire où il voulut. Il la mena en la chambre où le barbier l'attendoit, et luy commanda s'asseoir le visage devant le feu, et feit signe au barbier qu'il prînt son bras dextre et luy ouvrist la veine ; ce qu'il fit. Tandis que le sang decouloit du bras de ceste damoyselle, son mary, qui sentoit oculairement les grillons s'affoiblir, commanda fermer ceste veine et ouvrir celle du bras senestre, ce qui fut pareillement fait. Tellement que la pauvre damoyselle resta demy morte. Le gentilhomme, bien joyeux d'estre parvenu à fin de son entreprise, la fait porter sur un lict, où elle eut tout loisir d'apprendre à ne plus fascher son mary[1]. Si tost qu'elle fut revenue de pasmoison, elle envoye un de ses gens vers sa mère, laquelle, ayant apprins du messager toutes les traverses et algarades qu'elle avoit joué à son mary, et se doutant (la bonne dame !) qu'au moyen de ce sa fille la voulust semondre de la promesse que (outre son gré) elle luy avoit faite, s'en va la trouver au lict, et commença à dire : « Et bien ! ma fille, comment vous va ? Ne vous faschez point, vostre desir sera bien tost accomply, touchant ce que m'avez recommandé. — Ha ! ma mère, respondit-elle, je suis morte ; telles passions ne trouvent plus fondement en moy ; si bien y a operé mon mary, auquel je me sens

---

1. C'est à la suite d'un pareil traitement que la tradition fait mourir la comtesse de Châteaubriant. Un jour *six hommes masqués saignèrent la comtesse aux bras et aux jambes et la laissèrent mourir en cet état.* (P. Lacroix, *Dissertations sur quelques points curieux de l'histoire de France*. Paris, Techener, 1838 ; la pièce intitulée : *La comtesse de Châteaubriant*.)

aujourd'hui plus tenue du bon chemin où il m'a remise par sa prudence que de l'honneur qu'il m'avoit premierement fait de m'espouser ; et, si Dieu me rend ma santé, j'espère que vivrons en bon et heureux mesnage. L'histoire racompte qu'ilz furent depuis en mutuel amour et loyaulté, au grand contentement l'un de l'autre.

Nouvelle CXXVIII.

De deux jouvenceaux Sienois amoureux de deux damoyselles espagnolles, l'un desquelz se presenta au danger pour faire planchette à la jouissance de son amy, et qui luy tourna à grand contentement et plaisir.

A Siene y avoit deux jeunes hommes de fort bonne maison, voysins et nourriz ensemble, et de mesme marchandise, ce qui engendra une très grande et intrinsèque amitié entr'eux. Ilz se deliberèrent un jour de faire un voyage en Espagne pour le trafiq de leurs marchandises. Après qu'ilz eurent quelque temps sejourné à Valence en Espagne, ilz devindrent extremement amoureux de deux gentifemmes espagnolles, mariées à de nobles chevaliers du païs. Les deux Sienois se nommoyent l'un Lucio et l'autre Alessio. Lucio estoit plus advisé en l'amour de sa dame Isabeau que son compagnon n'estoit en la poursuite de sa choisie, et lesquelles ne cedoient en mutuelle amitié à la fraternité des deux Italiens. Or dura ce pourchas d'amour entr'eux l'espace de deux ans qu'ilz furent à negotier en Valence, sans qu'ilz peussent parvenir plus avant que aux simples caresses de la veue et œillades, plus pour le respect qu'ilz avoient aux chevaliers qu'au danger où ilz se fussent mis en païs estrange s'ilz eussent attenté de plus près par embassades, missives, resveilz et aubades. Il advint un jour que la damoyselle Isabeau entra en une eglise où le passionné Lucio s'estoit mis à couvert de la pluye. De bonheur, en se pourmenant par l'entour de l'eglise, il apperceut sa dame assise en un coing et accompagnée d'une seule servante, qui fut aussi à propos comme s'il y eut esté mandé. Ceste rencontre luy donna hardiesse de s'approcher d'elle, et la salua gracieusement. Elle luy rendit salut avec une modestie assaisonnée d'une sourde gayeté. La servante, qui paraventure estoit du conseil secret et bien apprise, se leva d'auprès sa maistresse comme pour aller regarder quelque image. Lucio, bien joyeux de ceste commodité de pouvoir manifester ses passions à sa dame, commença sa harangue ainsi que s'ensuit : « Madame, je croy que ne soyez ignorante de l'amour desmesuré qui depuis deux ans entiers me tient prisonnier de vostre beauté, à laquelle il ne s'est peu descouvrir, pour la reverence de vostre honneur. Aussi suis-je asseuré qu'avez assez ouy dire combien ce feu d'amour si longuement clos et couvert en ma poitrine l'a embrasée, ne trouvant en moy issue pour s'evaporer. Je ne fay doubte que le dieu Cupido ne soit appaisé et contenté à la fin par le sacrifice continuel de mes longs soupirs, larmes et travaux, et que, pour en recouvrer allegeance, il ne m'ait preparé ceste oportunité en laquelle je vous requiers (Madame), en briefves paroles que le lieu et le temps peuvent souffrir, pitié, mercy et misericorde. » La dame Isabeau, non moins passionnée d'ardeur amoureuse que Lucio, luy respondit : « Mon amy (puis que vostre courtoisie, honnesteté et constance ont merité ce nom), je vous prie de vous asseurer d'amour reciproque en mon endroit, et que la commodité seule en a jusques aujourd'huy retardé le mutuel contentement. Toutesfois je suis deliberée d'employer tous mes sens à nous moyenner bien tost une heureuse rencontre qui puisse assouvir noz longs desirs, de laquelle je ne failliray à vous donner bon et seur advertissement. » Lucio, l'en remerciant un genoil en terre, n'oublia de luy ramentevoir son compaignon Alessio, pour lequel elle luy promit pareillement qu'elle feroit office de bonne amye envers sa compagne, pour le merite de son amour constante. La survenue du peuple à l'heure du service les fit departir fort enviz. Bref, Lucio vole pour porter ces nouvelles à son amy Alessio, et ne passèrent deux jours qu'ilz receurent un message de eux trouver environ les deux heures de nuict au logis de madame Isabeau, à quoy ilz ne faillirent d'une seule minute d'horloge. Là les attendoit madame Isabeau, laquelle, après la porte ouverte aux poursuyvans, s'arresta à deviser avec Lucio et luy dit que son mary, ayant depuis quelque temps renoncé à la suyte de la court et au plaisir de la chasse, l'avoit par si long temps frustrée de l'occasion de leur entreveue, non moins desirée de son costé que du sien; mais qu'à la fin, vaincue d'extreme affection, elle avoit voulu hazarder ce larrecin de Venus, si luy et son compaignon avoient en eux la hardiesse d'en accomplir le dessein: c'est à sçavoir, que Alessio se despoilleroit à nud et iroit en son lict près de son mary tenir sa place, tandis que Lucio demeureroit pour deviser avec elle. Alessio (quelque grande amitié quasi fraternelle qu'il portast à Lucio) trouva cela de dure et difficile entreprise, si la damoyselle Isabeau ne l'eust renforcé par promesse de guerdon qu'elle luy avoit moyenné envers sa compaigne, outre le profond sommeil de son mary, qui ne se fust resveillé jusques au jour. Or tout ce qu'elle persuadoit à Alessio estoit afin que, se remuant dedans le lict, son mary sentit sa jambe, ou quelque autre partie humaine, qu'il penseroit estre elle. « Quoy! le vous feray-je long? » Alessio, persuadé par l'un et par l'autre, se despouille, non sans grande frayeur, et s'en va tenant Isabeau par la robbe, et se couche doucement en sa place, se gardant de tousser et cracher si près de son hoste. Cependant, Lucio et Isabeau jouent leurs jeux paisiblement en une autre chambre du logis. Le pauvre Alessio, se voyant près la personne du chevalier, sans qu'il osast se remuer, trembloit, tombant en diverses pensées; maintenant il disoit que la damoyselle les trahissoit tous deux, le livrant le premier à la gueulle du loup; maintenant estimoit, si elle les traitoit de bonne volonté, qu'elle s'oublioit entre les bras de son amy, le laissant en ce grand et eminent danger jusqu'à la pointe du jour; à laquelle heure il est tout esbahy qu'il les veid entrer en la chambre après qu'ilz eurent fait un grand tintamarre d'huys; et, approchans de la courtine, luy demandèrent comme il avoit reposé celle nuict. A l'instant, la damoyselle Isabeau leva la couverture du lict, qui fit apparoir à Alessio s'amye couchée auprès de luy en lieu de l'ennemy, et n'avoit (la tendrette!) non plus remué ni cligné l'œil que luy. De cela furent fort louez les deux amans : c'est à sçavoir, Alessio pour le danger où il se mit afin d'avancer l'entreprinse de son amy, et son amye, à raison de ce qu'elle s'estoit si honnestement contenue estant couchée après de luy. Qui fut occasion de les laisser prendre quelque demy once de plaisir au combat amoureux. On dit que cette couple d'amans entretint son credit pendant le temps que les mariz servoient leur roy pour un mesme quartier.

Nouvelle CXIX.

D'une jeune fille surnommée Peau d'Asne, et comment elle fut mariée par le moyen que luy donnèrent les petits formiz [1].

En une ville d'Italie il y avoit un marchand, lequel, après qu'il se veid passablement riche, delibera de se reposer et achever joyeusement le demourant de sa vie avec sa femme et ses enfans, et pour ceste consideration se retira en une metairie qu'il avoit aux champs. Or, pource qu'il estoit homme d'assez bonne chère et qu'il aimoit la gentillesse d'esprit, plusieurs bons personnages le visitoyent, et entr'autres un gentilhomme d'ancienne maison et son voysin, lequel, pour le desir qu'il avoit de joindre quelques pièces de terre du marchand avec les siennes, luy feit à croire qu'il desiroit grandement que le mariage se feit de son fils avec la puisnée de ses filles, nommée Pernette, pourveu qu'il l'advançast en quelque chose. Le marchand, entendant assez bien où tendoit le gentilhomme, qui le mocquoit, l'en remercia gracieusement comme celuy qui n'eust jamais pensé tel bien luy devoir advenir. Toutefois, ces propos parvenuz aux oreilles du filz du gentilhomme

---

1. Cette nouvelle n'a aucun rapport avec le conte de Perrault.

et de la fille du marchand, ils osèrent bien, chascun endroit soy, sonder les cœurs et les affections l'un de l'autre; ce qui fut conduit si dextrement que, de propos familiers, ils se promirent mariage et se resolurent d'en avertir leurs parens. Quelque temps après le fils du gentilhomme s'addressa au père de Pernette, lequel il combatit avec telles raisons emmiellées de promesses de l'advantager en son propre qu'il le rengea à sa volonté et qu'elle luy demoureroit à femme, pourveu que sa mère y consentist. Or il faut entendre que les sœurs de Pernette estoient jalouses de son ayse et de ce qu'elle marchoit la première; tellement que, pour divertir leur père de sa promesse, elles luy mirent à sus choses et autres. D'autre part, la mère, qui se repentoit de l'avoir jamais portée en son ventre, ne voulut consentir à ce mariage si avant toutes choses Pernette ne levoit de terre, et avec sa langue, grain à grain, un boisseau plein d'orge, que à ceste fin elle luy feroit espandre. Outre-plus, le marchand, voyant que ce mariage ne plaisoit à sa femme, et prenant pied à ce que ses autres filles luy avoyent dit, voulut que dèslors en avant Pernette ne vestist autre habit qu'une peau d'asne qu'il luy achepta, pensant, par ce moyen, la mettre en desespoir et en desgouster son amy. Pernette, au contraire, redoubloit son amour par la rigueur qu'on luy tenoit, et se promenoit souvent vestue de ceste peau. Ce qu'entendant son amy, il s'en va vers le marchand, lequel, faisant bonne mine et plus mauvais jeu, luy dit qu'il lui vouloit tenir promesse, mais que sa femme vouloit telle chose (qu'il luy compta) estre faicte. Pernette, oyant ces propos, se presente à son père et luy demande quand il vouloit qu'elle se mist en besogne. Son père, ne pouvant honnestement rompre sa promesse, luy assigna jour. Elle n'y faillit pas. Comme elle estoit environ ces grains d'orge, ses père et mère faisoient soigneuse garde si elle en prendroit deux en une fois, afin de demourer quittes de leurs promesses; mais, comme la constance rend les personnes asseurées, voicy un nombre de formiz, qui se trainèrent où estoit cest orge, et feirent telle diligence avec Pernette (et sans qu'on les apperceust) que la place fut veue vuyde. Par ce moyen Pernette fut mariée à son amy, duquel elle fut caressée et aymée comme elle avoit bien merité. Vray est que, tant qu'elle vesquit, le sobriquet *Peau d'Asne* lui demoura.

Fin des Nouvelles Recreations attribuées à Bonaventure Des Periers, et du tome II et dernier des Œuvres françoises.

DIVERSES LEÇONS.

Tout en nous attachant à reproduire exactement les éditions originales des *Nouvelles Récréations et joyeux Devis*, nous avons cru devoir corriger quelques passages mal imprimés dans ces premières éditions. Ainsi nous avons écrit :

Page 108, ligne 5 : Il y avoit en Avignon un tel averlan, *au lieu de* : Il y en avoit un en Avignon.

Page 178, ligne 3 : Et si troussoit, *au lieu de* : Et ne troussoit.

Page 181, ligne 7 : douzil, *au lieu de* : doigt sil.

Page 187, ligne 6 : debotte, *au lieu de* : deboute.

Page 187, ligne 12 : debotter les gens, *au lieu de* : debouter les gens.

Page 239, ligne 17 : un advocat en une ligne, *au lieu de* : un advocat en une vigne.

Page 369, ligne 20 : chanson assez bonne et

plusque usitée, *au lieu de* : chanson et plusque usitée.

Page 54, note 2, *au lieu de* : Nouvelle I, *lisez* : Nouvelle XCI.

Page 291, ligne 2 de la note, *au lieu de* : φδογώ, *lisez* : φ oγγὴν.

www.ingramcontent.com/pod-product-compliance
Lightning Source LLC
Chambersburg PA
CBHW070931230426
43666CB00011B/2394